Gertrud I. Hürlimann   Handlesen ist erlernbar

Gertrud I. Hürlimann

Handlesen ist erlernbar

Ein methodisch aufgebautes Lehrbuch
mit Einbezug astrologischer Parallelitäten

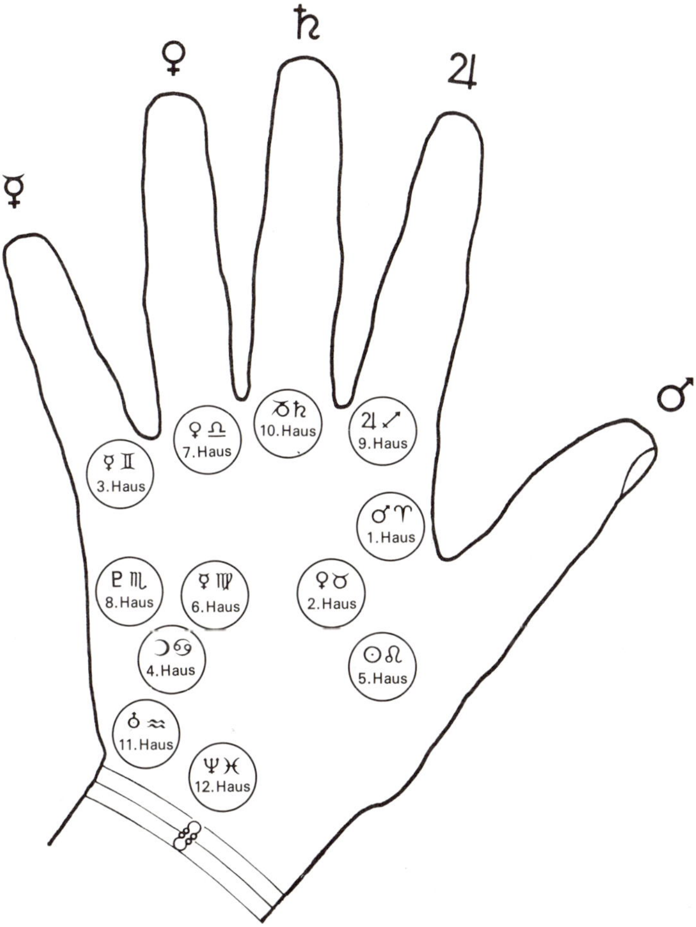

M & T Verlag
Edition Astroterra

1. Auflage 1981
2. Auflage 1982
3. Auflage 1983
4. Auflage 1984
5. Auflage 1985

M&T Verlag, 8040 Zürich
ISBN 3-7265-3006-1

Inhaltsverzeichnis

Vorwort

Dieses Buch verdankt sein Entstehen den ständigen Nachfragen um Abgabe meiner Kurs-Manuskripte. Es soll inskünftig als Lehr- und Begleitmaterial zu meinen in Zürich laufend stattfindenden Einführungskursen in die Psychologie der Hand Verwendung finden. Mit der Möglichkeit, die Theorie zu Hause nachzulesen, wird fortan während des Unterrichts weit mehr Zeit als bisher für praktische Übungen zur Verfügung stehen. Das Buch ist primär ein chirologisches Lehrbuch und auch für Nichtastrologen verständlich geschrieben, wenngleich meine Ausführungen viele astrologische Parallelitäten aufzeigen.

An dieser Stelle sei allen herzlich gedankt, die wesentlich zu einer Bereicherung des Buchinhaltes und damit zu einer Hebung seines Wertes beigetragen haben. Es sind dies vor allem die Fotografin Frau Helga Weber-Kahlo und jene Teilnehmerinnen und Teilnehmer an meinen Kursen, die ihre Hand zum Fotografieren zur Verfügung stellten und auch der Wiedergabe der entstandenen Bilder im vorliegenden Buch zustimmten und jene, die ihre Handabdrucke samt Geburtsdaten zu Forschungszwecken und zur Veröffentlichung freigaben. Es versteht sich von selbst, daß weder Namen noch im Buch fehlende Geburtsdaten bekanntgegeben werden.

Besonderer Dank gebührt dem Anatomischen Institut Zürich für die freundliche Genehmigung, embryonales Bildmaterial veröffentlichen zu dürfen. Ein besserer Beweis für das vorgeburtliche Entstehen der Handlinien könnte gar nicht erbracht werden.

Seit dem 17. Lebensjahr gilt mein Hauptinteresse der Psychologie und der Astrologie sowie den diesen Disziplinen verwandten Gebieten. Zu jener Zeit durfte noch kaum gesagt werden, daß man sich mit einer so «abergläubischen» Thematik wie der Astrologie beschäftigte. Ich hatte denn auch in dieser Hinsicht einiges einzustecken, was mich aber keineswegs entmutigte. Zugleich standen mir jahrelang liebe Menschen zur Seite und führten mich – wie sich später herausstellte – in die richtige Bahn.

1963 kam ich erstmals beruflich mit der Chirologie in Kontakt. In München – in Zusammenarbeit mit einem Astrologen-Chirologen – lernte ich, die Hand stets im Zusammenhang mit dem Geburtsbild zu betrachten. Daß die Hand eine Parallele zum Geburtsbild aufweist, dürfte nichts Neues sein, werden doch in der Chirologie bestimmte Handbereiche mit Namen bezeichnet, die in der Astrologie üblich sind. JULIUS NESTLER schreibt in seinem «Lehrbuch der Chiromantie», daß es früher zwei Richtungen von Chiromanten gab: eine – es soll diejenige der Zigeuner sein – versah die Handlinien mit organischen Namen (Herz-, Magenlinie usw.), und eine andere, jene des Priesterstandes, benutzte die mythologischen Bezeichnungen. Andererseits beschäftigten sich nicht nur Zigeuner und Priester mit den Handlinien, sondern auch Ärzte, welche ebenfalls organische Bezeichnungen vorzogen. Der Leser findet in meinem Buch eine Zusammenstellung der verschiedenen Linienbezeichnungen.

In der heutigen chirologischen Fachliteratur ist die mythologische Namensgebung gebräuchlich, die ich einer eingehenden Revision unterzogen habe. Aufgrund chirologischer Forschungen und astrologisch folgerichtig gezogener Schlüsse habe ich das für den Daumenballen übliche Planetensymbol, die Venus, gegen dasjenige des Ringfingers, die Sonne, ausgewechselt. Außerdem entwickelte ich ein eigenes, für die Hand verwendbares Horoskop-Schema. Im Frühjahr 1978 gab ich das Ergebnis meiner astro-chirologischen Forschungen anläßlich einer Astrologentagung in Bensheim im Vortrag «Hand und Horoskop» bekannt. Seither benutzen einige Lebensberater mein System (GIH-System) und bestätigen dessen Richtigkeit. 1980 ließ ich es zudem in einer deutschen Zeitschrift veröffentlichen.

Andererseits konnte ich in Erfahrung bringen, daß schon früher Chirologen – wie zum Beispiel Friedrich C. Heide, Köln, in Zusammenarbeit mit einer psychologisch geschulten Forschergruppe – zur Überzeugung gelangten, daß die Sonne aus psychologischer und astrologischer Sicht in den Daumenballen gehöre und die Venus in den Ringfinger. Allerdings kann ich mich mit der von Heide gleichzeitig vorgenommenen Zuteilung des Mars zum Mittelfinger nicht einverstanden erklären. Würde er heute noch leben, nähme er vermutlich diesbezüglich selbst eine Korrektur vor. Auch der Heilpraktiker, Astrologe und Chirologe Rudolf Engelhardt mißt dem Ringfinger venusische Bedeutung zu. Doch er möchte im Daumenballen den Mond sehen, wofür mir das Verständnis fehlt. Es ist keineswegs beabsichtigt, frühere Autoren zu kritisieren; ich möchte im Gegenteil darauf hinweisen, daß immer wieder der Versuch unternommen wurde, den Daumenballen von seiner Bezeichnung «Venusberg» zu befreien.

Wenn der Leser das Kapitel «Die vertikale Zweiteilung der Hand» durchgearbeitet hat, wird er die Motive für meine Planetenauswechslung besser verstehen, geht es doch bei der vertikalen Zweiteilung um die Bedeutung des aktiven und des passiven Prinzips. Der astrologisch Geschulte wird mir beipflichten, wenn ich postuliere: Wenn Sonne, Mars und Jupiter unmittelbar tätige, aktive Planetenprinzipien der Tierkreiszeichen Löwe, Widder und Schütze sind – wie sich Thomas Ring ausdrückt – diese aktiven Symbole auf der *aktiven* Seite der Hand stehen müssen. Auch der astrologisch Unbelastete wird kaum Mühe haben, den Sachverhalt zu verstehen. Dabei möchte ich gleich festhalten, daß ich die Auswechslung von Sonne und Venus nicht aufgrund der Zweiteilung der Hand vornahm. Dies geschah, als ich das erste Mal mit den «Bergen» der Innenhand konfrontiert wurde. Damals war mir die Zweiteilung der Hand in aktiv und passiv noch gar nicht bekannt. Ich glaubte, nicht richtig verstanden zu haben, daß das Vitalitätsprinzip des Daumenballens primär etwas mit der Venus zu tun haben sollte. Doch zu jener Zeit hatten andere Dinge den Vorrang, und die Zeit war nicht reif dazu, mit meiner «Sonnenidee» durchdringen zu können.

Was zum vorliegenden Buch noch zu sagen wäre, ist, daß ich für den Leser alle die im Literaturverzeichnis angeführten Schriften durchgearbeitet habe und mit eigenen Erfahrungen ergänzte. Eines der wesentlichsten Bücher, dessen Quintessenz miteinbezogen wurde, ist das Werk der Chirologen und Graphologen HUGO STEINDAMM und ELSBETH ACKERMANN «Mysterium Mensch». Dieses Buch wurde im Jahre 1941 von der Gestapo verboten und beschlagnahmt. Seine zweite Auflage erschien 1947 in verbesserter Form unter dem Titel «Hand und Persönlichkeit» im A. Marcus & E. Weber's Verlag, Berlin W 35. Es ist mir völlig unverständlich, daß eine Arbeit von derart hervorragender Qualität nicht nochmals neu aufgelegt wurde. Fast habe ich übrigens den Eindruck, daß auch STEINDAMM/ACKERMANN an der «Venusberg»-Bezeichnung zweifelten, denn sie umgingen die mythologischen Namen und alphabetisierten die Berge und die Linien.

In der vorliegenden 5. Auflage habe ich die astrologischen Bezeichnungen für den Daumen einer nochmaligen eingehenden Prüfung unterzogen, und zwar in bezug auf das zweite Daumenglied. Meine astrologische Interpretation dafür hat mich nie völlig befriedigt. Ich vermutete im 2. Daumenglied immer Jupiter/Schütze bzw. das 9. Feld/Haus, dem astrologisch die Vernunft zugesprochen wird. Anderseits war ich stets von einer überragenden Beteiligung der Sonnenkräfte am Daumen überzeugt. Wenn man aber bedenkt, daß die Sonne das Grundglied des Daumens, den Daumenballen, symbolisiert, von dem die herausragenden beiden Glieder abhängig sind, so glaube ich heute doch, mit meinen Ausführungen auf den Seiten 124 und 193 richtig zu liegen.

Ich hoffe, mit meiner Arbeit mitzuhelfen, die Chirologie von ihrem Ruf der Wahrsagerei zu entlasten, denn sie ist, wie die Graphologie und die Astrologie, ein Diagnostikmittel zur Erfassung der Persönlichkeit und somit ein Zweig der Psychologie.

Walchwil am Zugersee, im April 1985

Der Mensch

Der Mensch besteht in seiner Ganzheit aus Körper, Seele und Geist. Er ist ein mit einem Leib bekleidetes geist-seelisches Wesen. Die Körperbildung erfolgt in Übereinstimmung mit der Geist-Seele. Die körperliche Erscheinung ist geist-seelische Manifestation.

Die Seele

Der Seelenbegriff wird nicht nur in den Religionssystemen, sondern auch in der Psychologie unterschiedlich interpretiert. Widersprüche sind daher unvermeidlich. Im Zusammenhang mit der Hand erscheint mir die nachstehende Definition die geeignetste:

Körper, Seele und Geist, die in der Chirologie eine wesentliche Rolle spielen, entstammen verschiedenen Welten[1]: der Körper der materiellen, die Gefühle der astralen und die Gedanken der mentalen, wobei es in der astralen wie mentalen Welt verschiedene Ebenen gibt. Körper, Seele und Geist sind einander ebenbürtig, der Unterschied besteht nur in der Art der Verdichtung. Zwar scheint die Seele das wesentlichste Glied der Dreierkette zu sein, denn ohne das Zwischenglied Seele kann sich der Geist in der materiellen Welt nicht manifestieren. In Wirklichkeit ist der Mensch als ganzes eine seelische Trinität: eine Geist-Seele, eine Intellekt-Seele und eine Körper-Seele. Die Emotionen sind Bestandteil der Körper-Seele.

Wird diese Dreierstruktur als Anschauungs-Schema zweigeteilt, entsteht eine Geist-Seele und eine Stoff-Seele. Die Seele ist halb Stoff, halb Geist. Die Stoff-Seele ist stofflich genug, sich mit dem materiellen Körper zu verbinden und die Geist-Seele ist feinstofflich genug, um die Beziehungen zur geistigen Welt aufrechtzuerhalten. Körper und Geist sind durch die Funktionen der Seele, den *seelischen Funktionen,* miteinander verbunden.

Die Seele hat bewußte und unbewußte Funktionen. Der kleinste Teil der seelischen Funktionen ist dem Menschen bewußt, und dieser kleine Teil entspricht dem *Ich-Bewußstein.* Das Ich-Bewußtsein ist der Intellekt-Seele gleichzusetzen.

Die Intellekt-Seele entstammt der Mentalwelt. Die Mentalwelt grenzt an die Intuitionswelt[2], die der geistigen bereits nahe steht. Daher ist es kaum vermeidlich, daß das, was man unter *Geist* versteht, sich oft mit dem Intellekt überschneidet, so daß sich die Begriffe vermengen, obwohl beiden unterschiedliche Bedeutung zukommt. Andererseits darf Intuition nicht mit Inspiration verwechselt werden.

[1] KARL SPIESBERGER, *Die Aura des Menschen,* Verlag Hermann Bauer, Freiburg.
[2] C.W. LEADBEATER, *Die Chakras,* Verlag Hermann Bauer, Freiburg i. Br.

Intuition ist eine höhere Stufe des Intellekts, eine blitzartige Erkenntnis aufgrund ernsthaft verarbeiteter Sachverhalte. Sie erfolgt ausschließlich nur nach getaner harter intellektueller Arbeit. *Inspiration* ist ein mediales Erfühlen und geschieht bildhaft. Sie ist eine Stufe höher als die Intuition. Inspirationen gehören der geistig-spirituellen Welt an und nicht, wie die Intuition, der geistig-intellektuellen. *Geist* ist nicht näher definierbar, denn Geist ist etwas Abstraktes, nicht Faßbares.

Das, was der Mensch als Gesamtwesen ist, entspricht der Seele, und die Seele baut sich ihr Gehäuse selbst. Das körperliche Erscheinungsbild wird auf unbewußter Ebene geformt. Das innere Selbst modelliert den Leib. Darum kann aus der Form des menschlichen Körpers auf die seelischen Qualitäten geschlossen werden. Körper und Seele sind eins, was bei psycho-somatischen Krankheiten deutlich genug zum Ausdruck kommt.

Das *Unbewußte* enthält Individuelles und Kollektives. In unserem Unbewußten liegen die von uns und unseren Ahnen einmal geschauten Urbilder oder Archetypen. Unsere Vorfahren haben die mythischen Bilder als «Gottheiten» in ihrer Seele noch erfahren. Im Laufe der Zeiten haben wir diesen Instinkt verloren, denn esoterisch gesehen sind wir selbst die Ahnen.

Die Urbilder oder Archetypen beziehen sich auf die Tierkreiszeichen und ihre Planetenprinzipien, nicht auf die Sternbilder am Himmel. Da die Astronomie aus der Astrologie entstand, benützen beide die gleichen Elemente. Die Astronomie mißt und wägt die Gestirne. Für die Astrologie sind sie reine Symbolik. Der Tierkreis hieß übrigens in unserem Kulturkreis früher Tyrkreis[3], was mit Tieren an sich überhaupt nichts zu tun hat, sondern mit dem Gott Tyr. Nur einzelne charakteristische Züge sind Tieren analog.

Mit den Tierkreiszeichen sind wir beim Horoskop angelangt. Horoskop heißt Stundenschau, von hora = Stunde und skopein = schauen. Geschaut wird die Himmelskarte zur Stunde der Geburt. Doch damals, als dieser Begriff entstand, wurden noch keine individuellen Horoskope gestellt, sondern nur für Länder und Könige, und der König war gleichzusetzen mit seinem Land.

Das Horoskop oder Kosmogramm, besser Geburtsbild, zeigt in großen Zügen den Lebens- und Lehrplan dieser Existenz, ohne des freien Willens zu entbehren. Allerdings entspricht dieser freie Wille sinngemäß eher demjenigen einer Wahlfreiheit.

[3] Hans Sterneder, *Der Schlüssel zum Tierkreisgeheimnis und Menschenleben,* Drei Eichen Verlag Hermann Kissener, München.

Existenz kommt von existere = heraustreten. Damit ist ein Heraustreten aus der geistigen Welt gemeint, um als diese oder jene Erscheinung auf der materiellen Ebene zur Schule zu gehen und gleichzeitig eine Aufgabe zu erfüllen.

Dem gegenwärtigen Entwicklungsgrad der Seele und der zu absolvierenden Lebensschule entsprechend, baut sich das innere Selbst einen geeigneten Körper. Darum kann eine Seele nur zu einer bestimmten Zeitqualität bei einem für sie geeigneten Elternpaar inkarnieren, welches ihr das benötigte Erbgut vermittelt, das sich dem selbsteigenen Individualkern anfügt. Die Zeitqualität zeigt das Geburtsbild, das gleichzeitig Spiegel des Unbewußten ist. Den Schlüssel zur Entzifferung des Unbewußten bietet die Symbolik. Der gleichen Symbolik untersteht die Hand.

Gemäß dem für diese Existenz eingegebenen «Computer-Programm» entwikkeln sich die drei Schichten der Keimblätter des menschlichen Embryos. Bei einer natürlichen Geburt tritt der Embryo dann aus dem Mutterleib, wenn die Konstellation der Gestirne der inneren Struktur der Seele entspricht. Im Falle einer künstlichen Geburt muß dieser Eingriff für den werdenden Menschen als «schicksalhaft» bezeichnet werden. Man glaubt zu schieben – und wird geschoben ...!

Die Programmierung des Lebensplanes erfolgt stets aufgrund des anstehenden Karmas. *Karma* ist ein Sanskritwort und bedeutet: positive und negative Ergebnisse von Gedanken, Worten und Taten aus bis dahin durchlaufenen Inkarnationen. Bei den Taten ist die Gesinnung weit wesentlicher als die Handlung an sich. Das scheinen selbst in Fachkreisen nur wenige zu wissen. Auch verhält es sich so: Was dem einen gestattet sein mag, ist dem andern noch lange nicht erlaubt. Je mehr der Mensch um die geistigen Gesetze weiß, um so mehr Verantwortung hat er zu tragen. Seltsamerweise glauben auch hier viele, die geistigen Gesetze gälten nur für ihre Mitmenschen.

Die Reinkarnationslehre, die uns Christen fremd erscheint, wenn nicht gar befremdend, wurde im Jahre 325 nach Christus am Konzil von Nicaea «abgeschafft», weil sie aufgrund der damals herrschenden Sitten der führenden Gesellschaftsschicht unbequem war. Es liegt mir aber fern und steht mir auch nicht zu, irgend jemanden von der Reinkarnationslehre überzeugen zu wollen. Ich biete sie nur an, weil die unterschiedlichen Schicksale damit einer Erklärung näher kämen.

Die Begriffe Chiromantie/Chirologie

Der Ursprung der *Chiromantie* (von Chiro = Hand, aus dem Griechischen cheiro (cheir) und Mantik = sehen), der *Weissagung aus der Hand,* scheint in Vorderindien bei den Hindus zu liegen. Alle Völker des Altertums übten die Chiromantie aus: die Chinesen, die Assyrer, die Ägypter, die Chaldäer und die Hebräer. Durch die Verbindung zwischen Kleinasien, Ägypten und Griechenland, vielleicht auch durch Zigeuner eingeführt, kam sie in den Westen. Die Chiromantie wird noch heute ausgeübt. Sie ist reine Wahrsagekunst aus den Handlinien – eine Begabung, also nicht erlernbar.

Die *Chirologie* (von Chiro = Hand, Logos = Vernunft oder Lehre), *Die Lehre von der Hand,* kann man erlernen. Allerdings ist sie zugleich eine Kunst, nämlich die Kunst der Kombination. Die Chirologie ist eine auf Beobachtung und Erfahrung aufgebaute Wissenschaft. Sachkundige hielten die Merkmale fest und klassierten sie. Ziel der Chirologie ist die Untersuchung des menschlichen Charakters und der Begabungsanlagen.

Der Vorgang der Handanalyse

Die Handanalyse beginnt mit der Protokollaufnahme der Befunde der Außenhand. Von der Innenhand wird ein Abdruck genommen.

Der Handabdruck

Zur Herstellung eines Handabdruckes werden benötigt: ein DIN A4-Bogen Schreibmaschinenpapier, ein dünner Schaumgummi als Unterlage, eine kleine Glasplatte, eine Tube Japan Aqua schwarz und eine kleine Walze zum Verreiben und Auftragen der Farbe.

Der Vorgang: Auf der Glasplatte wird etwas Farbe mit der Walze gut verrieben und sehr dünn auf die Handfläche aufgetragen. Die Hand wird flach und locker auf das Papier gelegt, die Finger nur leicht, der Handübergang zu den Fingern etwas fester auf die Unterlage gedrückt. Die Handrückenmitte muß, wegen der meist vorhandenen leichten Hohlhand, ziemlich stark auf die Unterlage gepreßt werden, bis die ganze Innenhandfläche das Papier berührt. Beim Wegnehmen der Hand werden zuerst die Finger und dann der Handrumpf abgehoben. Dadurch wird auch der Handansatz abgezeichnet. Der Daumen wird separat abgedruckt (siehe Muster Seite 15). – Die schwarze Farbe löst sich unter laufendem Wasser sofort von der Haut ab.

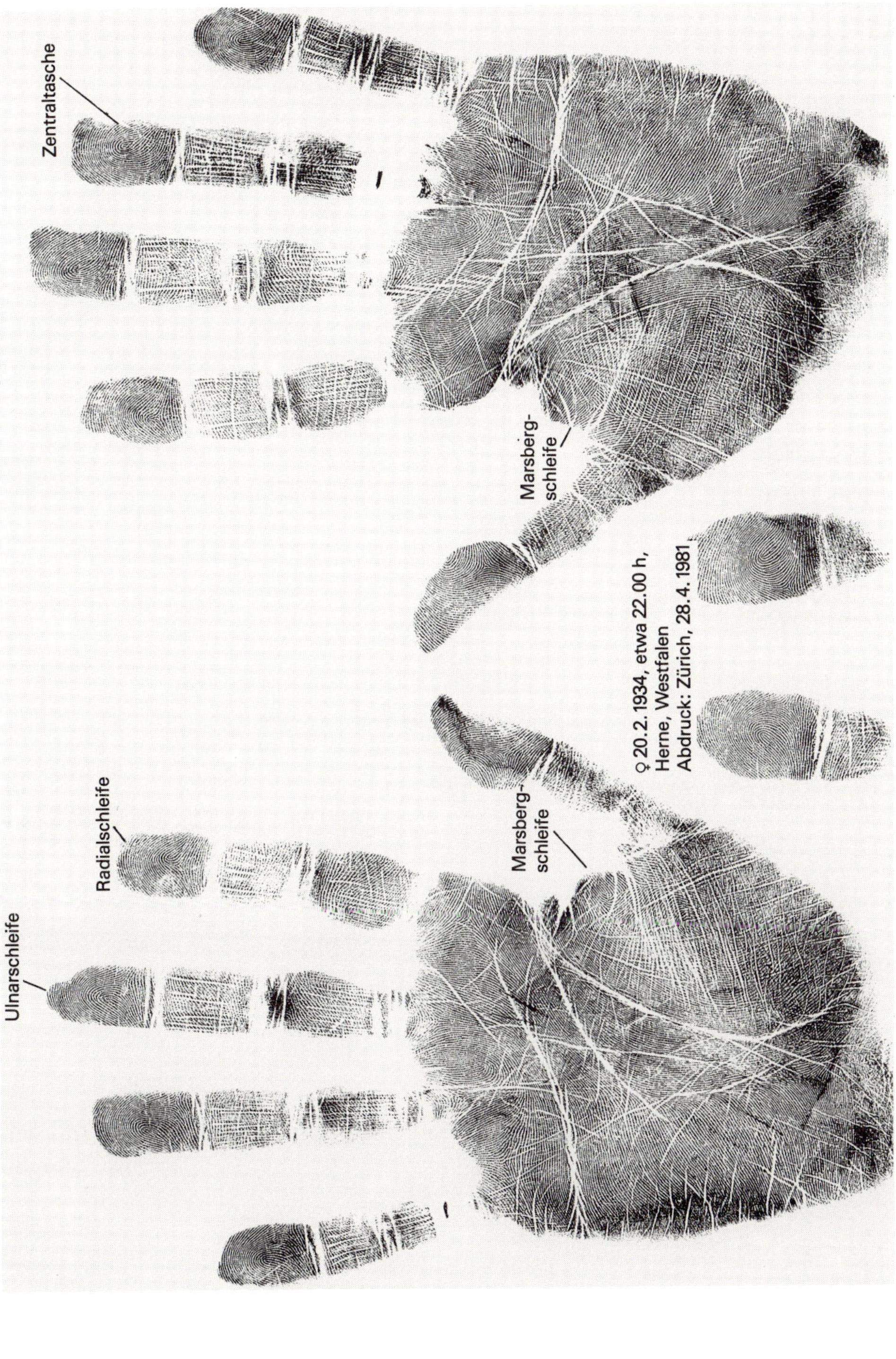

Zentraltasche
Marsberg-
schleife
♀ 20. 2. 1934, etwa 22.00 h,
Herne, Westfalen
Abdruck: Zürich, 28. 4. 1981
Radialschleife
Ulnarschleife
Marsberg-
schleife

Der Vorgang der Handanalyse
Merkmalprotokoll

1. *Personalien*
   Name:
   Beruf:
   Geburtsdatum:
   Datum des Abdrucks:

2. *Proportionen der Hand*

Rumpfhand	○	Fingerhand	○
gut proportionierte Hand	○		
große Hand	○	kleine Hand	○

3. *Hand-Typ*

reiner Typ	○			gemischter Typ	○
vorw. spatelig	○	eckig	○	konisch	○
elementare Hand A	○			elementare Hand B	○
motorische Hand:		knochig	○	fleischig	○
sensitive Hand:		groß	○	klein	○

4. *Radialbetonung* — rechts ○ links ○
   Ulnarbetonung — rechts ○ links ○

5. *Haut- und Handkonsistenz*

hart ○ weich ○	fest	○	feucht	○	trocken	○
Knöchel durchdrückbar:	knapp	○	mittel	○	stark	○

6. *Fingeransätze*

Daumen rechts:	tief	○	normal	○	hoch	○
Daumen links:	tief	○	normal	○	hoch	○
Kleinfinger rechts:	tief	○	normal	○	hoch	○
Kleinfinger links:	tief	○	normal	○	hoch	○

7. *Daumenbeweglichkeit*

rechte Hand		*linke Hand*
○	flexibel	○
○	fest	○
○	starr	○
○	Daumenwinkel 45°	○
○	Daumenwinkel 60°	○
○	Daumenwinkel 90°	○

8. *Handberge*

	flach	*erhöht*	*überhöht*
☉ Thenar	○	○	○
☽ Mondberg	○	○	○
♆ Neptunberg	○	○	○
⛢ Uranusberg	○	○	○
♂ Marsberg	○	○	○
♇ Plutoberg	○	○	○
♃ Zeigefingerberg	○	○	○
♄ Mittelfingerberg	○	○	○
♀ Ringfingerberg	○	○	○
☿ Kleinfingerberg	○	○	○

verschobene Berge

rechts: ♃ ♄ ♀ ☿ links: ♃ ♄ ♀ ☿

9. *Fingerdurchläßigkeit* ja ○ nein ○

10. *Fingerstellungen*

axiale Verbiegungen rechte Hand		*axiale Verbiegungen linke Hand*
○	Zeigefinger zum Daumen	○
○	Zeigefinger zum Mittelfinger	○
○	Mittelfinger zum Zeigefinger	○
○	Mittelfinger zum Ringfinger	○
○	Ringfinger zum Mittelfinger	○
○	Ringfinger zum Kleinfinger	○
○	Kleinfinger zum Ringfinger	○
○	Kleinfinger zur Außenhand	○

gerade Fingerstellung

rechts: 1 2 3 4 5 links: 1 2 3 4 5

11. *Fingerformen*

linke Hand		*rechte Hand*	
spatelig:	1 2 3 4 5	spatelig:	1 2 3 4 5
eckig:	1 2 3 4 5	eckig:	1 2 3 4 5
konisch:	1 2 3 4 5	konisch:	1 2 3 4 5
knotig *o*:	1 2 3 4 5	knotig *o*:	1 2 3 4 5
knotig *u*:	1 2 3 4 5	knotig *u*:	1 2 3 4 5

12. *Betonte Fingerglieder*

rechte Hand		*linke Hand*
1 2 3 4 5	Nagelglied	1 2 3 4 5
1 2 3 4 5	Mittelglied	1 2 3 4 5
1 2 3 4 5	Wurzelglied	1 2 3 4 5

13. *Fingernägel*

rechte Hand		*linke Hand*
1 2 3 4 5	dreieckig	1 2 3 4 5
1 2 3 4 5	rechteckig	1 2 3 4 5
1 2 3 4 5	mandelförmig	1 2 3 4 5
1 2 3 4 5	kurz lang breit schmal	1 2 3 4 5

I. Die Lehre von den Handformen (Chirognomie)

Die Hand erhält ihre Form durch Vererbung, durch die Funktion der endokrinen Drüsen und durch die Biochemie der Zellen. Die Hand hat eine Doppelfunktion: Greifen und Tasten. Ein Großteil unserer Gehirntätigkeit bezieht sich auf unser begriffliches Denken. Dieses hängt sehr eng mit der Greif- und Erfassungstätigkeit der Menschenhand zusammen, denn, was wir greifen können, das wird uns auch begrifflich nahegebracht.

Als kleine Kinder hatten wir unsere Greifperiode und suchten alle herumstehenden Gegenstände zu erfassen, um sie zu begreifen. All das, was wir uns später an abstrakten und philosophischen Begriffen erworben haben, ist zuerst einmal gleichnishaft irgendwo und irgendwann von unseren Händen ergriffen und von unserem Verstand begriffen worden.

Wie in allen Wissensgebieten sind auch in der Chirologie Schemata üblich und notwendig, und so wird denn die Hand zuerst einmal unterteilt in eine Rumpf- und eine Fingerhand. Als Norm gilt gleiche Rumpf- und Fingerlänge.

Die Rumpfhand

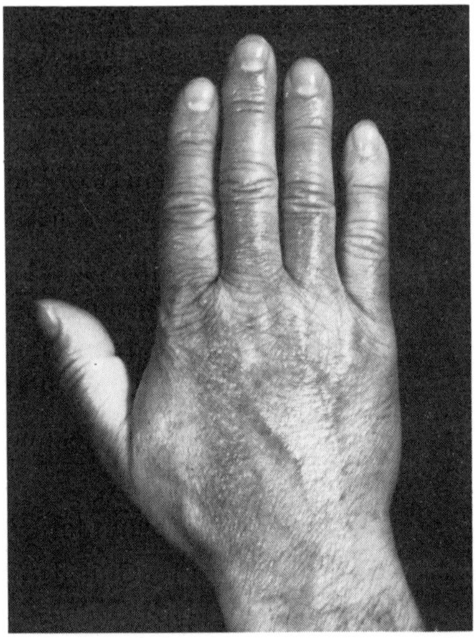

Bei der Rumpfhand ist der Handrükken länger und in der Regel breiter als die Fingerlänge. Meist besitzt sie einen starken, manchmal etwas steifen Daumen. Die Rumpfhand entspricht dem Greifen und dem instinkthaften Erfühlen. Sie ist eine materiell ausgerichtete, wirtschaftlich nützliche aktiv-tätige Hand. Praktische, reale Gesichtspunkte stehen beim Eigner im Vordergrund. Der Verstand ist nur auf Naheliegendes ausgerichtet.

Ob die Rumpfhand positiv oder negativ eingestuft werden kann, entscheidet der Gesamtbefund der Hand.

Deutung

Positiv: Realismus
Negativ: Materialismus

Die Fingerhand

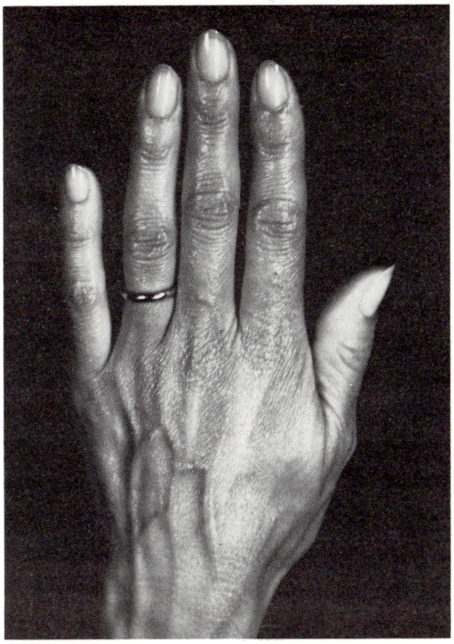

Die Fingerhand zeigt umgekehrte Proportionen. Der Handrücken ist kürzer als die Fingerlänge. Die Fingerhand entspricht dem Tasten und dem seelischen Erspüren. Die Finger sind bewußtseinsnaher als der Handrumpf. Sie stellen eine höhere Stufe des letzteren dar. Die Finger verraten das Benehmen, die Ausrichtung im Beziehungsleben und die geistige Differenziertheit.

Die abgebildete Fingerhand ist gleichzeitig eine sensible Hand.

Deutung

Positiv: Idealismus, Religiosität
Negativ: Illusionen, Exaltiertheit

Das Messen von Rumpf und Fingern

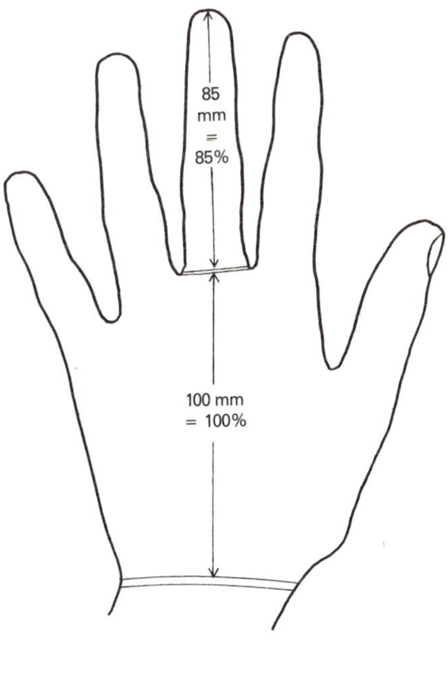

Es gibt zwei Meßmethoden: das Messen an der Außenhand und das Messen an der Innenhand. Gemessen wird immer der Mittelfinger im Verhältnis zum Handrumpf.

Das Messen an der *Außenhand* geschieht, indem die Länge vom Rumpfansatz bis zum Knöchelende des Mittelfingers für den Rumpf – und vom Knöchelende bis Spitze Mittelfinger für die Finger bestimmt wird. Die Stelle des Knöchelendes wird am besten beim Bilden einer Faust erkannt.

Buttkus, der Autor von *«Die Rätsel der Hand»*, mißt für seine Handtypen an der Innenhand. Beim Messen an der *Innenhand* wird die Distanz vom Rumpfansatz bis Mittelfingeransatz und vom Mittelfingeransatz bis zur Fingerspitze bestimmt. Die Differenz zur Außenhandmessung beträgt wegen der Zwischenhaut ungefähr einen Zentimeter zuungunsten der Finger.

Für die meisten Hände wird sich ein genaues Messen erübrigen, weil das Überwiegen von Rumpf oder Fingern an der Außenhand gut erkennbar ist.

Grundsätzliches

Alle waagrechten Formen verkörpern stoffliche, alle senkrechten geistige oder intellektuelle Grundanlagen.

•• Ein breiter Handrumpf gehört einem triebhaften, stofflich-materiell ausgerichteten Menschen. •• Je kürzer und breiter die Hand, umso materieller ist die Grundanlage. Beim Eigner stehen lebensnahe Denkausrichtungen und manuelle Begabungen im Vordergrund. •• Je länger und schmaler das Gesamtbild der Hand erscheint, desto ideeller und sensibler geprägt ist die Seelenstruktur. Entsprechend erwerbsuntüchtig und ungeeignet für manuelle Betätigung ist der Handeigner.

Am vorteilhaftesten sind Mittelwerte. Ausgewogene Proportionen finden sich bei Menschen mit intellektuellen, überlegenden Fähigkeiten, die Darstellungssinn haben und Begabung sowohl für Analyse als auch zur Synthese zeigen.

Große Hände/Kleine Hände

Hände können groß oder klein sein. Wie sie einzustufen sind, ergibt sich aus ihrem Verhältnis zur Gesamtgestalt des Menschen. Als Normalmaß der Handlänge gilt die Gesichtslänge und hinsichtlich der Breite sollten die nebeneinandergelegten Hände das Gesicht bedecken. Hände, die größer und breiter sind, gehören meist körperlich arbeitenden Menschen, sofern der Umstand der Vergrößerung keine krankhaften Aspekte aufweist, wie z.B. eine Akromegalie (Riesenwuchs). Die Handgröße ist von der Funktion der endokrinen Drüsen abhängig.

Die nachstehenden Deutungen können nur bei deutlicher Abweichung von der Körpergestalt verwertet werden, und auch dann sind sie bestenfalls nur Modifizierungen. Außerdem ist das biologische Geschlecht zu berücksichtigen. Frauenhände sind naturgemäß zarter und kleiner.

Deutungen

Große Hände sind tastende Hände. Menschen mit großen Händen fassen kaum vorschnell Aufgaben an. Sie sind eher vorsichtig und verhalten sich zur Umwelt distanziert. Große Hände geben die Fähigkeit, auf Einzelheiten einzugehen. Sie verraten Exaktheit, Gründlichkeit, Geschick für feine, präzise Arbeit, bei der es auf Genauigkeit ankommt, sowie Sinn für Analysen. Oft besitzen Spezialisten große Hände wie Uhrmacher, Juweliere, Zahnärzte, Chirurgen, Techniker, Feinmechaniker.

• Die Nachteile der großen Hand äußern sich in Kleinlichkeit, Pedanterie, einem Sich-Verlieren in Einzelheiten. Meist fehlt dem Handeigner der Gesamtüberblick.

Große schlanke Hände sind geistreichen Menschen eigen. Minuspunkt ist die Eingenommenheit von sich selbst.

Große und starke Hände verraten einen umgänglichen, wohlwollenden Charakter. Die Geistesgaben sind meist etwas geringer als bei großen schlanken Händen.

Kleine Hände gehören instinktsicher, lebhaft und spontan reagierenden Menschen. Sie organisieren gut, urteilen rasch, übergehen Einzelheiten, haben eine Begabung zur Synthese, achten mehr auf das Endziel und besitzen die Fähigkeit, großen Plänen und Ideen Ausdruck und Form zu geben.

Die Gebärde der Hand

Ob sich ein Mensch mehr in einer entspannten, gelockerten oder mehr in einer gespannten, verkrampften seelischen Verfassung befindet, verrät die Ausdrucksbewegung der Hand. Jede Bewegung ist Sprache der Seele.

Im *Schmerz* krampfen sich die Finger zusammen, im *Schreck* spreizen sie sich auseinander, in der *Wut* ballt sich die Faust, warnend erhebt sich der Zeigefinger. Schlaffe Bewegungen zeigen Schwäche oder Krankheit an oder sind bezeichnend für einen alten Menschen. Fahrige Bewegungen weisen auf seelische Zerrissenheit oder Nervosität. Fingertrommeln verrät Ungeduld.

• Liegen die Finger geschlossen nebeneinander, gehört der Handeigner dem introvertierten Einstellungstyp an. In gleicher Richtung weisen leicht nach innen gebogene Finger. •• Sind sie aber gekrümmt, verraten sie die Geste des Greifens und Raffens im Sinne von Egoismus, Sparsamkeit bis Geiz. •• Dicht aneinandergehaltene Finger offenbaren ein Konzentriertsein auf ein Ziel oder ein Gebundensein an Konvention und Tradition.

• Leicht gespreizte Finger sind Merkmal eines extravertierten Menschen. Der Extravertierte benötigt mehr Außenraum. •• Ist dic Handhaltung locker, deutet sie auf Vielseitigkeit, Aufnahmefähigkeit und innere Sicherheit. •• Minuspunkte sind zu große Ungebundenheit und Mangel an Konzentration. •• Sind auch die Finger beim Anspannen zu stark nach außen gebogen – besonders der Mittelfinger – kann diese Fingerhaltung Oberflächlichkeit, Leichtsinn oder Verschwendung, jedenfalls zu wenig Verantwortungsbewußtsein bedeuten. •• Sonst aber weisen leicht nach außen gebogene Finger auf Sensibilität (die Fähigkeit, Reize zu empfinden und wahrzunehmen), Feinfühligkeit, schnelle Auffassung und Anpassung, aber auch auf Überempfindlichkeit hin. •• Am günstigsten ist ein leicht aufgebogener Ringfinger, weil er transsaturnine* Schwingungen aufzunehmen vermag. Zwar ist dies bei den anderen Fingern auch der Fall, beim Ringfinger aber ein besonderes Plus.

* Transsaturnine Planeten sind: Uranus = Intuition
Neptun = Inspiration
Pluto = Transformation

Ist der Ringfinger eckig, fließt das vom Ringfinger Erspürte geordnet ein. Bei Spatelform hat der Fingereigner die Fähigkeit, das Erspürte bereits praktisch verwertbar hereinzuholen (siehe Seite 116 ff.).

Die Haltung des Daumens

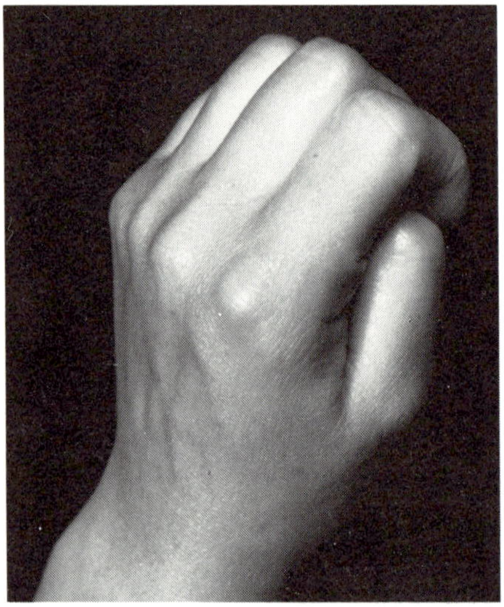

Der Daumen als Ausdruck der Persönlichkeit sagt in seiner Haltung sehr Wesentliches aus.

- Säuglinge, Kranke und Ängstliche halten den Daumen eingezogen, ebenfalls andächtig Lauschende. Menschen mit eingezogenem Daumen möchten ihre Ruhe haben. Sie leben mehr im Unbewußten.
- Ein starker Daumen zieht sich nur in kritischen Lebensphasen oder bei Erschöpfungszuständen ein.
- Der Gewalttätige, der seinen Willen gegen außen kundtun möchte, ballt seine Faust und preßt den Daumen über die eingerollten Finger.

Der Händedruck

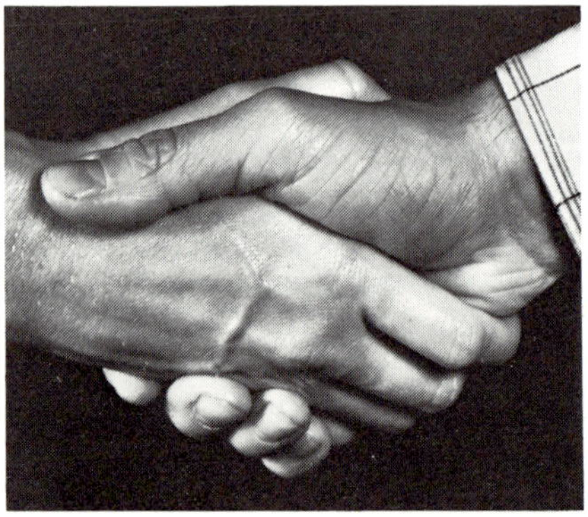

Auch die Art und Festigkeit des Händedrucks sagt einiges aus.

- Ein kurzer, entschlossener Händedruck zeugt von einer warmherzigen, starken Persönlichkeit.
- Ein fester Händedruck, bei dem die Hand etwas länger gehalten wird, stammt von einem aufrichtigen, gemütvollen Menschen.
- Ein Mensch, der die Hand kaum drückt und sie sogleich wieder entzieht, ist lau oder ängstlich, jedenfalls nicht entschlussfreudig.
- Von seelischem Mitempfinden oder unmittelbarer Begeisterung spricht ein Druck mit beiden Händen zugleich.

Die Konsistenz und Elastizität von Hand und Haut

Hände können hart, fest oder weich sein und die Haut rauh, glatt, elastisch, seidig, trocken oder feucht. Die Festigkeit wird geprüft, indem bei entspannter Hand die Knöchel seitlich leicht zusammengedrückt werden. Die Ermittlung der Hautbeschaffenheit geschieht durch Befühlen und Ertasten.

Deutungen

Harte Hände gehören aktiven Menschen mit vorwiegend männlichem Charakter. Praktische, materielle Ziele stehen im Vordergrund. Die Eigner harter Hände sind stärker ich-bezogen, selbstbeherrscht und je nach Grad der Härte ausdauernd, hart bis unnachgiebig. Die harte Konsistenz verstärkt die Bereitschaft zur Anstrengung, hemmt aber gleichzeitig das Gefühlsmoment.

• Pluspunkte der harten Hand sind: Widerstandskraft, Ausdauer, Entschlossenheit, Kampfbereitschaft, Spannkraft, Selbstzucht und Zähigkeit.

• Minuspunkte: Unnachgiebigkeit, Egozentrik, Mangel an Elastizität. •• Übertrieben knöcherne Hände deuten auf Habsucht.

Feste, solide, muskulöse Hände sind Zeichen von Festigkeit, Mut, Tatkraft, Energie, Ausdauer, Konsequenz und Ernsthaftigkeit. Klare, schnelle Entschlüsse und methodisches Denken sind diesen Menschen eigen.

• Minuspunkte: Mangel an Höflichkeit und Zärtlichkeit.

Weiche Hände lieben Ruhe und Bequemlichkeit. Die Wesensmerkmale der weichen Hand sind weiblicher Art. Fantasiekräfte und rezeptive Eigenschaften herrschen vor. Menschen mit weichen Händen haben ein empfängliches, empfindsames Gemüt. Eine feine, weiche Haut verstärkt die gefühlsmäßige Reaktion. Das Sinnenhafte hemmt jedoch die Aktivität und die Widerstandskraft. Die Handkonsistenz der weichen Hand entspricht in der Regel der Hautbeschaffenheit.

• Pluspunkte der weichen Hand sind: Anpassung, Duldsamkeit und Nachgiebigkeit, Takt, leichte Zugänglichkeit, wandlungsfähig und diplomatisch.

• Minuspunkte: Energiemangel, haltlos, genußfreudig, sinnlich, beeinflußbar, bequem bis träge, unentschieden, Launenhaftigkeit oder Verträumtheit, wenig Abwehrkräfte gegen Krankheiten.

•• Breite, weiche Hände neigen zu Gutmütigkeit.

Sind die Hände von geschmeidiger, elastischer Plastik, so besteht ein Gleichgewicht zwischen Tatkraft und Fantasie. Meist besitzen intelligente, flexible Menschen solche Hände.

• Warme Hände: Warmherzigkeit, Mitgefühl • kühle Hände: ruhig, besonnen, verdeckte Gefühle • trockene Hände: tatkräftig, beweglich • feuchte Hände: erhöhte Empfindsamkeit •• nur zeitweise transpirierende Hände: Nervosität, Erregung, Schüchternheit, Beeindruckbarkeit.

Die drei Grundhandformen

Grundlage jeder Handdeutung ist die Handform. Die angeborene Handform bleibt zeitlebens gleich. Die Berufsausübung hat nur bedingten Einfluß auf die Hand. Sie kann die Gesamtform nicht völlig verändern, hat aber Einwirkung auf die Hautkonsistenz, deren Färbung und auf die Gesamtverbreiterung der Hand. Bei Musikern trifft dies zum Beispiel für die Fingerspitzen zu, bei gewissen Berufsarten für den Daumen, bei schwerer manueller Arbeit kann sich die Hand vergröbern. Im Alter verliert die Hand ihre Elastizität und Beweglichkeit. Der Flüssigkeitsverlust im Gewebe macht sie trockener und läßt sie einschrumpfen. Dadurch erscheinen die Linien ausgeprägter, fast so, als hätten sie sich vermehrt. Die aktive Hand, in der Regel die rechte, ist grundsätzlich etwas stärker und breiter als die linke. Sämtliche Aussagen gelten immer für Rechtshänder. Bei Linkshändern verhält es sich umgekehrt.

Es gibt *drei Grundhandformen:* die spatelige, die eckige und die konische (kegelförmige). Alle weiteren Formen gelten als zusätzliche Unterteilungen.

In der chirologischen Fachliteratur finden sich aber meistens sieben Formen. Der napoleonische Capitaine Stanislas d'Arpentigny (1791-1866) hat *sechs Grundanlagen* und *eine gemischte Form* unterschieden und unter den nachstehenden Bezeichnungen in die Literatur eingeführt:

Breiter Typ	**Schmaler Typ**
1. Elementar-Hand (Arbeiter)	4. Konische Hand (Künstler)
2. Spatel-Hand (Unternehmer, Vorgesetzte)	5. Knotige Hand (Gelehrte)
3. Eckige Hand (Verwalter, Beamte)	6. Psychische Hand (Idealisten)

7. Gemischte Hand

Die Bestimmung der Handform erfolgt an der Außenhand. Wird eine Gesamtbestimmung vorgenommen, sind die Finger inbegriffen. Handrumpf und Fingerendungen müßten dann von gleicher Gestalt sein. Das ist aber eher selten der Fall. Kann die Gesamthand keiner der drei Grundformen zugeordnet werden, ist die Hand gemischt. Bei der gemischten Hand sind Handrücken und Finger gesondert zu betrachten. Die meisten Hände sind Mischformen, doch häufig ist eine überwiegende Form erkennbar.

Die Handform offenbart die typischen Charakter-Anlagen. Mit typisch ist ein Grundverhalten gemeint, das Gruppen von Menschen eigen ist. Diese vorwaltenden Dispositionen betreffen aber nicht nur das Verhalten, sondern auch das Erleben. Das Verhalten ist an der Außenhand, die seelische Erlebnisweise an der Innenhand ersichtlich. Die bekanntesten Typologien sind: die alten Temperamentstypen, unterteilt in Choleriker, Melancholiker, Sanguiniker und Phlegmatiker; die Einstellungs- und Funktionstypen von C.G. JUNG wie Extraversion/Introversion mit den Funktionen Denken, Fühlen, Empfinden und Intuieren; die Konstitutionstypen von E. KRETSCHMER: der pyknische, der leptosom-asthenische oder athletische Körperbau mit den Seelenstrukturen cyclothym, schizothym und viskös; oder die Lebensformen von E. SPRANGER: der theoretische Mensch, der ökonomische Mensch etc. Auch die Astrologie kennt solche Typen, nämlich die zwölf Sonnenstands- und Ascendententypen der Tierkreiszeichen. Viele Menschen heben sich kaum vom Typischen ab.

Das Typische im Menschen bleibt zeitlebens gleich, denn es ist vererbt, genauso wie Sonnen- und Mondstand, Ascendent und Medium Coeli (MC) vererbte Punkte im Geburtsbild darstellen. Die Sonne als Gesamtlebensantrieb und der Ascendent als Körperkonstitution prägen nicht nur die Außenhand, sondern auch die Lebenslinie. Die ebenfalls durch die Sonne angezeigte Verhaltensweise und das durch den Ascendenten mit Geburtsgebieter, 1. Haus-Planeten und auf diese fallenden Aspekte festgelegte Anlagegefüge prägen primär die Gestalt der Finger. Das Seelische (Mond) wiederum ist in erster Linie an der Hand- und Hautkonsistenz sowie dem Hypothenar ersichtlich. Für die Konstitution mitverantwortlich ist außerdem das zweite Horoskophaus als Substanzhaus, was sich auf die Fülle des Thenars auswirkt. Die Finalität, das MC, die Zielrichtung des Handeigners, zeigt sich wiederum primär an den Fingern, auch an deren Beziehungen zum Mittelfinger sowie in der Innenhand vor allem an der Saturnlinie.

Um nicht mißverstanden zu werden: Selbstverständlich sind die vererbten Punkte ebenso typisch wie individuell, aber familientypisch, denn der Ascendent und das Medium Coeli, aufgrund derer die Häuser im Geburtsbild bestimmt werden, zeigen individuelle wie vererbte Faktoren. Aber alle Zeichen und Symbole haben eine mehrdeutige Aussage und sind auch mehrschichtig. Die Erlebnisweise ist nur an der Innenhand, die Verhaltensweise aber bereits an der Außenhand ersichtlich.

Die nachfolgenden Angaben, die teilweise ins Detail gehen, gelten ausschließlich für den reinen Typ. Gemischte Hände sind vielseitiger. Bei Mischhänden ist die vorrangige Gestalt mit der Zusatzform zu kombinieren. Das ist Talent- und Übungssache. Der Anfänger behilft sich, indem er den Handumriß mit einem Stift nachzieht, ohne die Finger bewußt abzuspreizen oder aneinanderzupressen.

Die gemischte Hand ist in allen Kreisen, Schichten und Berufen am häufigsten vertreten. Der Grundtyp gibt die Grundanlage des Wesens und der Neigung, die Nebenanlage sorgt für Spezifizierung.

Die drei Grundhandformen werden so dargestellt, wie sie in unserem Kulturkreis üblich sind. Die primitive Form der elementaren Spatelhand ist nicht aufgeführt.

Die Spatelhand

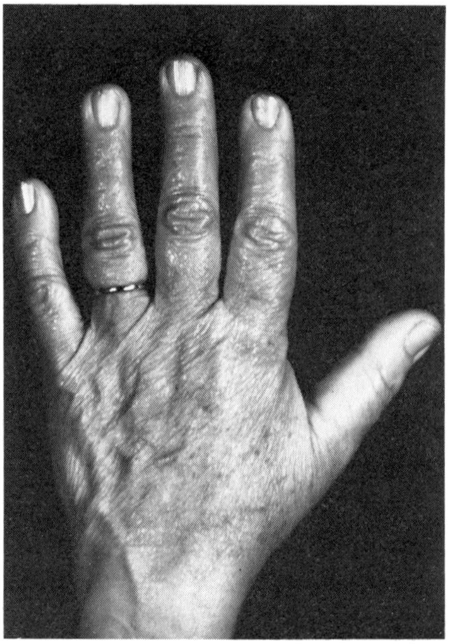

Die Form

Die Spatelhand besitzt die Form eines nützlichen Werkzeuges. Sie hat meistens im Knöchelbereich ihre breiteste Stelle. Die Handwurzel und der Daumen sind kräftig. In der Regel überwiegt der Rumpf.

Charakteristik/Verhalten

Die Spatelhand gehört einem ich-betonten Menschen, der gerne in Bewegung ist. Spatelhänder sind Tatmenschen, die sich aktiv im materiellen Bereich einsetzen und in wirtschaftlichen Belangen gute Kenntnisse besitzen. Die Lebensbedürfnisse sind praktischen Erwägungen angepaßt. Immer energisch sich in der Welt behauptend, ist das Geleistete stets konkret sichtbar. Sind auch die Finger spatelig, so daß die Gesamtform als Spatelhand bezeichnet werden kann, ist die geistig-seelische Wahrnehmungskraft auf ausschließlich greifbar Gegebenes, Naheliegendes ausgerichtet. Das Interesse liegt nur in materiell Machbarem. Spatelhänder neigen zur Berechnung, sind forsch, lieben jede Art Kampf oder Abenteuer und wollen stets die Oberhand haben.

Prinzip: männlich, Ich-Betonung, Aktivität.

Astrologisch: Die Spatelhand zeigt horoskopisch entweder ein stärkeres Vorhandensein des Elementes Feuer, wobei bevorzugte Feuerelemente Widder und Löwe sind, oder Mars/Pluto/Sonne im Geburtsbild an dominanter Stelle oder in Spannungsaspekten stehen.

Soziologisch: • Menschen, die etwas tun • Arbeiter • Handwerker • Geschäftsleute • Sportler.

Spannungsfaktoren: • eine zu stark den Triebbereich kontrollierende Kopflinie • eine gutgeschwungene, kommunikationsbereite Emotionalis als Gegensatz zur Ich-Betonung • konische Finger als passives Einfühlen gegenpolig der Aktivität • sensible Innenhandstruktur gegenüber männlicher Robustheit • Mißverhältnisse zwischen Mars- und Plutoberg (Durchsetzung und Umweltbedingungen) • zu schwacher Thenar (zuwenig Vitalkräfte).

Pluspunkte der Spatelhand (z. T. nach Steindamm-Ackermann)

• Sammlung innerer Kräfte (weil keine Ablenkbarkeit) • Betätigungsdrang (infolge Gespanntheit) • Strebsamkeit • Unternehmersinn • Fleiß • Freiheitsliebe • Erwerbstrieb • Vorliebe für praktische Tätigkeiten • Naturliebe (wegen Gefühlsabgeschlossenheit gegenüber Menschen) • Erdgebundenheit • Tapferkeit • Zähigkeit • körperlicher Bewegungstrieb.

Minuspunkte der Spatelhand

• Ich-Betonung • Egozentrik (weil Mangel an Einfühlung gegenüber der inneren Wahrnehmungswelt) • Überempfindlichkeit im Ich-Gefühl • Eigensinn • Kritiklust (infolge Mangel an Einfühlung) • Rechthaberei • Oppositionslust • aufbrausend • berechnend • Rastlosigkeit • beginnt viele Arbeiten gleichzeitig.

Differenzierungen (z. T. nach Rudolf Spring)

Spatelform an intellektueller Hand (eckiger Einschlag mit realitätsbezogener Kopflinie, ausgeprägtem Realitätsbereich und Betonung der Finger-Mittelglieder): • Kühne Planes- und Projektentwerfer • Strategen • Unternehmer • Industrielle • Großkaufleute • Organisatoren • führende Politiker • Ingenieure, Techniker • Chirurgen.

Die ovale Hand

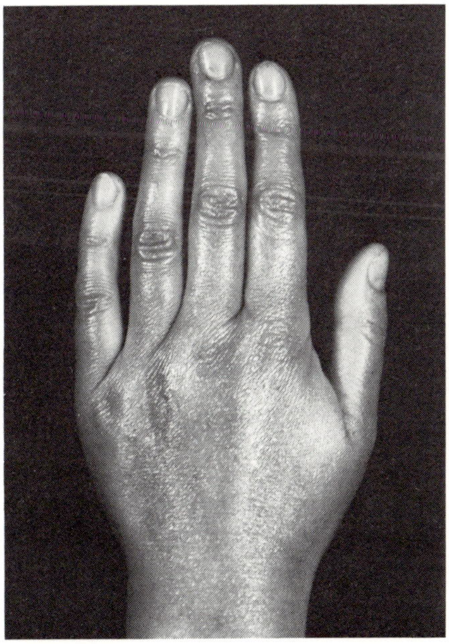

Die Form

Wenn Zeigefinger und Kleinfinger sich an ihre Nachbarfinger anlehnen, entsteht das Bild einer ovalen Hand.

Charakteristik/Verhalten

Die ovale Hand ist ebenfalls eine aktive tatkräftige Spatelhand, solange der Rumpf genügend Breite und Festigkeit aufweist. Der Eiform wegen aber braucht sie einen tragenden Hintergrund, eine kollektive Sicherheit, im Sinne einer Gruppe von Menschen oder einer Familie, in die sie sich eingebunden fühlt. Die ovale Spatelhand ist meist spannungsgeladen, weil die beiden Pole aktiv/passiv bzw. *Ich/Du* zu nahe beieinanderliegen, woraus die Tendenz des Umsichkreisens entsteht.

Die eckige Hand

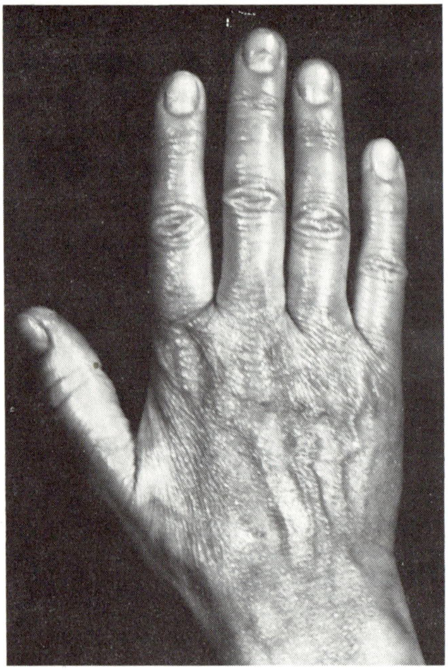

Die Form

Die eckige Hand besitzt als Gesamteindruck die Gestalt eines aufgestellten Rechtecks. Wird ausschließlich der Rumpf betrachtet, kann er auch ein Quadrat darstellen.

Charakteristik/Verhalten

Menschen mit eckiger Hand sind die tragende Schicht der Gesellschaft. Ethisch ausgerichtet, fügen sie sich den gegebenen Richtlinien von Gott und Staat ein und helfen auch mit, letzteren aufzubauen. Bei ihrer bewußten Auseinandersetzung mit der Realität steht der Einsatz intellektueller und/oder gestalterischer Kräfte im Vordergrund. Da sie meist kompromißbereit sind, weil der Mitmensch ihnen gleichberechtigt erscheint, finden sie sich in der Welt sehr gut zurecht. Infolge ihrer Distanz zu sich selbst sind sie auch in der Lage, Menschen und Situationen objektiv zu beurteilen. Sie steuern ihr Leben vernünftig aus und schätzen gesetzlich geregelte Zustände. Die materielle Sicherstellung ist ihnen wichtiger als freies Unternehmertum. Ihr Verhalten ist unauffällig. Eckhänder sind treu und traditionsgebunden und daher meist vorschriftsgemäß gekleidet. Erziehung und Gewohnheit spielen eine große Rolle.

Prinzip: neutral, eher männlich, vorwiegend verstandesbetont, konservativ.

Astrologisch: starke Jungfrau- und/oder Steinbock/Schützebesetzung und/oder Saturn/Jupiterstellungen dominant.

Soziologisch: • Ärzte • Aufsichtsorgane (Polizei) • Beamte • Buchhalter • Erzieher • Ingenieure • Kassiere • Kaufleute • Lehrer • Militär, höhere Offiziere • Notare • Organisatoren • Präzisionsarbeiter • Priester • Rechtsanwälte • Richter • Techniker • Treuhänder • Verwalter • Wissenschaftler • Künstler.

Spannungsfaktoren: • überbetonter Thenar (Spannung zwischen Vernunft und elementarer Triebverhaftung) • überbetonter Hypothenar (Spannung zwischen Vernunftgebundenheit und bildhaftem, archetypischem Denken) • in unkreativer Hand auch eine Uranus- und Neptunlinie.

Pluspunkte der eckigen Hand

• Bodenständigkeit • Besonnenheit • Folgerichtigkeit, methodisch geordnetes Denken • Gründlichkeit • Ordnungssinn und Pünktlichkeit • Pflichtgefühl • Nüchternheit • Gleichmaß • Gesetzmäßigkeit • Umsicht • Einteilungsvermögen • Organisationsbestreben • Vaterlandstreue • Traditionsgebundenheit.

Minuspunkte der eckigen Hand
(bei flachem Thenar und Hypothenar sowie mangelnden Fingerbergen)

• Einseitigkeit • Enge • Kleinlichkeit • Mangel an Pathos und Begeisterungsvermögen • Schwerfälligkeit • Bürokratismus • Dogmatismus • Pedanterie • Nörgelei • maßregelnd.

Differenzierungen

Eckig/Spatel: Hervorragende Fähigkeiten für Industrie und Handel. Ziel ist meist die Erlangung materieller Erfolge.

Eckig mit Spateleinschlag: Bevorzugt feste Stellung, aber in Vorgesetzten-Funktion.

Eckig mit geistigen und *materiellen Fingerknoten,* bei meist knochiger Hand: • Ordnungsliebend • genau • wissensdurstig • seelische Harmonie und Nüchternheit • schweigsam.

Soziologisch: • wissenschaftliche Berufe • Professoren • Philosophen • Mathematiker • Bei Forschern sind die Ergebnisse meist im wirtschaftlichen Leben verwertbar.

Eckig/konisch: Der konische Einschlag schwächt das rein Intellektuelle ab und macht den Eckhänder sympathischer, umgänglicher, freundlicher, wärmer, weicher, wohlwollender, fröhlicher, gefühlvoller, teilnehmender, weltoffener, ästhetischer und begabter für Kunst und Musik.

Die konische Hand

Die Form

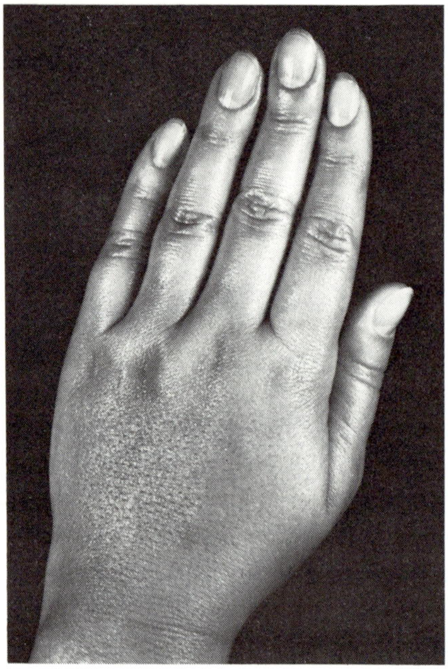

Verschmälert sich der Handrumpf gegen die Fingerknöchel und laufen die Finger kegelförmig zu, wird die Handform als konisch bezeichnet. Der konische Handrumpf ist am Handgelenk breiter als bei den Fingerwurzeln. Meist ist die Hand von gefälliger Gestalt, mit eher zart gebautem Handrumpf und langen glatten Fingern (Nestler). Nestler bezeichnet die konische Hand in Anlehnung an d'Arpentigny auch als künstlerische oder artistische Hand.

Charakteristik/Verhalten

Bei Menschen mit konischer Hand ist das Gefühlsleben stärker entwickelt als die Verstandestätigkeit (Nestler, 1922). Auseinandersetzungen mit der Realität oder einem Sich-Stellen gegenüber Schwierigkeiten und körperlichen Anstrengungen wird ausgewichen. Der konischen Hand mangelt es an Stabilität und an Wirklichkeitssinn; intellektuelle Geschäftstüchtigkeit ist nicht ihre Stärke. Sie ist eine auf geistig-seelische Kommunikation ausgerichtete Hand und strebt mehr nach geistigen als materiellen Werten. Schöngeistige Literatur, Poesie, Kunst, künstlerische Belange, Malerei, Schauspiel, Gesang, Musik, Film, Schönheitspflege stehen im Vordergrund. Sie liebt die Kunst um der Kunst willen (Nestler). Ästhetik, die Ergründung des Lebenssinnes, weltanschauliche Themen und ein liebevoller *Du*-Bezug sind Hauptanliegen der konischen Hand.

Prinzip: weiblich, *Du*-Bezogenheit, Passivität.

Astrologisch: Starke Waage und/oder Fischebesetzung. Dominanz der Planetenprinzipien Venus/Neptun/Mond.

Soziologisch: • Weibliche Personen • Ästheten • Künstler, Musiker • Medien, Spiritisten, Mystiker • Schwärmer • haltlose, labile Persönlichkeiten • Träumer.

Spannungsfaktoren: • zu starke Handbasis (Spannung zwischen ideeller Aufgabe und Triebverhaftung • Uranuslinie (Gegenpole, Passivität und seelische Dynamik) • ausgeprägte Radialseite (Mißverhältnis von Ego-Betonung und *Du*-Bezogenheit) • zu starke Saturnlinie (Spannung zwischen Leistungsbezogenheit und Passivität).

Positive Unterstützungen: Klare Kopflinie und gut geschwungene Emotionalis. Bei der konischen Hand ist die Kommunikationsbereitschaft in Form einer guten Gemütslinie wesentlich. Eine Saturnlinie von nicht zu starker Zeichnung.

Pluspunkte der konischen Hand (nach STEINMANN-ACKERMANN)
• Beeindruckbarkeit • Einfühlung, Sensitivität • Beweglichkeit, Abwechslungstrieb • Mitschwingen. •• In Verbindung mit Sinnlichkeit: Zärtlichkeitsgefühl.

Minuspunkte (bei Mangel an Zielstrebigkeit, erkennbar an zerrissener oder fehlender Saturnlinie): • Labilität • Flatterhaftigkeit • Unselbständigkeit • Verführbarkeit. •• Bei sehr weicher Hand- und Hautkonsistenz: Genußsucht, Vergnügungssucht. •• Bei weichem Gewebe im Neptunbereich: Drogenanfälligkeit.

Bei zu starker Vitalität (erkennbar an überfülligem Thenar, verwaschener, sehr starker oder breiter Lebenslinie): • Ausschweifungstrieb • Mangel an Selbstdisziplin • Beherrschtwerden von den Reizen der Umwelt.

Weitere Differenzierungen/Varianten

Konisch/eckig: • Gibt der konischen Lockerheit eine ernstere, nüchternere Note. *Berufe:* Graphiker, Karikaturisten, Kunstmaler, Plastiker (Bildhauer), Schauspieler, Sänger (Kunstmaler, Plastiker und vor allem Bildhauer benötigen zusätzlich einen eckigen bis spateligen Ringfinger).

Überbetonung der Finger: • Haltlosigkeit • Wirklichkeitsfremdheit • Selbsttäuschung • Illusionen • fehlende Sinnenwärme • Abneigung zu körperlicher und mechanischer Tätigkeit (NESTLER).

Weiche Hand mit Grübchen (Bild Seite 30): Liebt Luxus und Bequemlichkeit, Schmuck, schöne Kleider. Meist glückliches Naturell.

Weich und fleischig, Handberge voll und dick, Finger rundlich, namentlich die Grundglieder: Vergnügungshand • Neigung zu Bequemlichkeit und Trägheit • eitel • Schmeicheleien zugänglich • vermeiden körperliche und geistige Anstrengung • fühlen sich recht wohl in ihrer Haut.

Handrumpf kurz, breit und dick mit großem Daumen: Drang nach Reichtum (NESTLER).

Schlaffe, träge Hand: Verfällt Verlockungen und Verführungen.

Die spitze Handform: Sie ist eine Abart der konischen. Die Eigenschaften der konischen Hand finden eine Übersteigerung in eher negativer Richtung.

Die gemischte Hand

Die gemischte Hand ist vielseitiger, mitunter aber auch spannungsgeladener. Die Auswirkungen sind zweifacher Art: entweder als Leistung oder als Versagen.

Kombinationen (nach STEINDAMM-ACKERMANN)

Eckiger Handrumpf/konische Finger

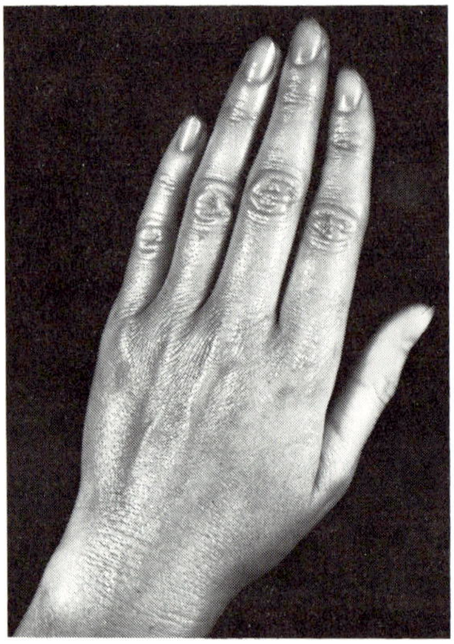

Grundanlage: Besonnenheit, Gesetzmäßigkeit, Gründlichkeit, Nüchternheit, Ordnungssinn, Pflichtgefühl.

Art der Aufnahmefähigkeit aus dem Außenraum: Beeindruckbar, sensibel, zartfühlend.

Spannung: Diskrepanz zwischen Aufnehmen und Verarbeitung. Gegensatz zwischen den bewußtseinsnahen Gefühlen und den unbewußten Kräften der Persönlichkeit.

Finalität: Der sensiblen, ästhetischen, zartfühlenden oder religiösen Aufnahmefähigkeit steht die innere unbewußte Systematik gegenüber. Es besteht auf die Dauer die Unfähigkeit, die ständig hereinströmende Fülle an wahllos hereinkommenden Eindrücken systematisch zu verarbeiten. Die ichbewußte Seele fühlt sich überfordert. Resultat ist eine Unzufriedenheit mit sich selbst und der Vielfältigkeit der Welt, die nicht in den Griff bekommen werden kann.

Konischer Handrumpf/eckige Finger

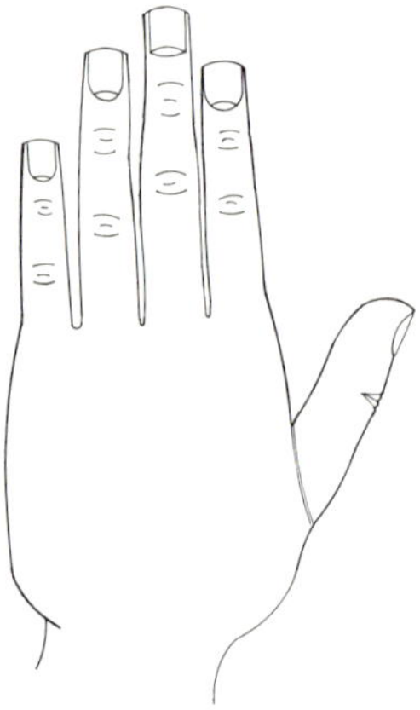

Grundanlage: Beeindruckbarkeit, Sensibilität, Mangel an Festigkeit, Schönheitssinn, Zartgefühl.

Art der Aufnahmefähigkeit aus dem Außenraum: nüchtern, systematisch geordnet.

Spannung: Diskrepanz zwischen Aufnehmen und Verarbeitung.

Finalität: Die Grundanlage erhält auf die Dauer das Übergewicht. Das geschieht unbewußt und kann Jahre dauern. Die Nüchternheit und Sachlichkeit der Außenwelt wird nicht mehr vertragen. Der Handeigner bricht aus dem bisherigen Rahmen der Verhältnisse aus.

Die linke und die rechte Hand

In der linken und rechten *Außenhand* ist als Typisches die mütterliche und väterliche Erbmasse angelegt. Mit Erbmasse ist auch das Erbgut der Vorfahren des Elternpaares gemeint. Meistens ist es so, daß die rechte Außenhand väterliche und die linke mütterliche Erbzüge trägt. Vereinzelt kann es sich auch umgekehrt verhalten oder dem Geschlecht des Handeigners polar entgegengesetzt.

Logischerweise müssen sich die Erbanlagen der Eltern in den Händen der Nachkommen widerspiegeln, denn Träger der Erbanlagen sind die Chromosomen, die im Zellkern jeder Körperzelle liegen. In den menschlichen Körperzellen finden sich 46 Chromosomen. Die Keimzellen des Menschen haben nur 23. In der befruchteten Eizelle vereinigen sich die 23 Chromosomen des Vaters mit den 23 Chromosomen der Mutter. Die Körperzellen des Kindes erhalten wieder 46 Chromosomen. In den Chromosomen liegt die DNS (Desoxyribonukleinsäure), der eigentliche Speicher der Erbinformation.

Auch in der *Innenseite* der linken und rechten Hand zeigen sich die Erbanlagen, und zwar in der Papillarleistenstruktur und den drei Hauptlinien. Die Nebenlinien sind individuell, können aber auch ererbte Strebungen der Eltern anzeigen, die aus der Latenz gehoben werden möchten. Die Papillarleistenstruktur, die Handinneres und Fußsohle bedeckt, ändert sich zeitlebens nicht, die Hauptlinien kaum erwähnenswert, die Nebenlinien können sich ständig ändern. Der mütterlich/väterliche Rechts-Linksbezug ist derselbe wie bei der Außenhand. Die linke Hand des Kindes kann einer mütterlichen Hand ähneln und die rechte einer väterlichen oder umgekehrt. Es gibt selten Menschen, deren linke und rechte Hand bis in die Hautmusterung identisch sind.

Wenn die linke Hand gegenüber der rechten ein völlig anderes Bild aufweist, dann muß der Handeigner zwischen der verschiedenartigen Erbmasse väterlicher- und mütterlicherseits eine Synthese finden. Ist die linke Hand sehr ungünstig gezeichnet, so hat der Handeigner eine kritische Anlage einer seiner Vorfahren geerbt, die er bei guter Zeichnung der rechten Hand zu beherrschen weiß, zum mindesten in dem Sinne, daß die Umwelt nicht vordergründig darauf aufmerksam wird. Der Handeigner trägt dann die Schwierigkeiten, die Diskrepanz seiner Erbmasse, in sich selber aus, ohne sie nach außen zu projizieren. Das ist nicht einfach; es erzeugt Spannungen, doch Spannungen können in Leistungen umgesetzt werden.

Die linke Hand wird mehr dem Unbewußten, Weiblichen, die rechte Hand dem Bewußten, intellektuell Machbaren zugeordnet. Jede Hirnhälfte kontrolliert normalerweise eine Körperhälfte, und zwar die dem jeweiligen Gehirnteil entgegengesetzte. Bei fast allen Rechtshändern, aber auch bei den meisten Linkshändern, d. h. bei 95% der Menschen liegt das Sprachzentrum in der linken Hirnhälfte. 1861 lokalisierte der Pariser Chirurg Paul Broca das Sprachzentrum in der linken Hemisphäre, im linken Stirnlappen. Zwar besitzt die rechte Hemisphäre auch einen Sprachschatz, aber er ist stumm und begrenzt. Die rechte Stirnhälfte hat dafür Fähigkeiten, die der sprachbetonten linken abgehen: der Sinn für Formen und Strukturen. Formen- und Strukturensinn sind in der rechten Stirnhälfte viel ausgeprägter. Darum verfügt ein künstlerisch veranlagter Mensch über eine gutgezeichnete linke Hand. Gleichzeitig wird ein weiblicher Einschlag feststellbar sein. Bekanntlich sind viele Künstler Linkshänder und haben meist körperlich oder gefühlsmäßig eine weibliche Prägung. Bei Linkshändern ist das Bildhafte stärker entwickelt, was gleichzeitig besagt, daß sie eher vom Unbewußten her reagieren.

Die Nebenlinien der beiden Hände sind individuell. Sie haben mit den seelischen Funktionen Wollen, Denken und Fühlen zu tun. Nicht durch der Hände Arbeit bilden sich die Nebenlinien, sondern durch den Denkakt, der ein individueller ist, und durch unbewußt verlaufende Strebungen. In der rechten Hand liegen Tat und Ziel. Es hängt vom Handeigner ab, wie er seine Denkakte einsetzt und seine Handlungen vollzieht. Darin hat er Wahlfreiheit. Der Esoteriker sagt, daß die linke Hand den passiven Teil des Karmas darstelle und die rechte den aktiven, also das, was der Mensch in dieser Existenz zu bewältigen hat.

Linke und rechte Hand stellen in Funktion und Struktur die beiden Pole eines energetischen Feldes dar. Links befindet sich das Vegetativ-Gefühlshafte und rechts das Aktiv-Bewußte (Dr. H. Debrunner). Die linke Hand offenbart primär die Erbanlage im Sinne des Karmas und die rechte Hand das, was der Mensch zusammen mit seinem Individualkern bewußt aus der Erbanlage macht. Der Individualkern ist geistiger Art und für den Chirologen aus der Hand nicht ersichtlich. Das Elternpaar gibt nur die körperliche Substanz mit den sogenannten Erbanlagen weiter.

Im allgemeinen ist es so, daß bis zum 30. Lebensjahr die linke Hand für die Begutachtung der Charakterstruktur und auch für mantische Aussagen bessere Resultate liefert, denn sie sagt aus über die Erbanlage, die noch über die erste Zeit des Erwachsenenalters unbewußt dominiert. Erst nach dem erstmaligen Saturndurchlauf im Radixhoroskop hat der Handeigner seine Anlagen einigermaßen in den Griff bekommen und kann sie nun besser bewußt steuern. Der Saturnumlauf dauert 29 Jahre, 166 Tage und 23 Stunden. Das sind ungefähr viermal sieben Jahre, der bekannte Siebenerrhythmus. •• Anderseits könnte man die linke Hand dem Mond (Symbol der Mutter) und die rechte Hand der Sonne (Symbol des Vaters) zuteilen. Im ersten Lebensdrittel beeinflußt der Mond sehr wesentlich die Entwicklung. Später wirkt mehr die Sonne.

Öfters zeigt sich, dass bei Tag Geborene eine ausgeprägtere rechte Hand haben und bei Nacht Geborene eine stärker gezeichnete linke. Menschen mit ausgeprägterer linker Hand wurzeln mehr im Unbewußten und sind verstärkt umweltabhängig. Eine klar gezeichnete und besser geprägte rechte Hand zeigt, daß sich ein Mensch im Leben behauptet und bewußt mit der Realität auseinandersetzt. Auch diese beiden Komponenten – seelisch bewußt und seelisch unbewußt – sind astrologisch bestens belegbar.

Der Augenblick der Geburt ist durch das Einsetzen der Lungentätigkeit, den ersten Atemzug, meist verbunden mit einem Schrei des Neugeborenen, festgehalten. Dieser Augenblick entspricht der Zeitqualität des Ascendenten. Mit dem Ascendenten steht fest, wie viele Gestirne sich oberhalb der Horizontachse befinden und wie viele unterhalb. Diese Planetenstände sind in der Ephemeride, das sind Gestirnstandstabellen, nachschlagbar.

Bei einer *Taggeburt* befindet sich das Zentralgestirn, die Sonne, oberhalb der Horizontachse und meistens auch Merkur, da sich dieser nie weiter als 28° von der Sonne entfernen kann. Auch der Venus ist es nicht möglich, sich weiter als 48° von der Sonne zu distanzieren. Also steht auch sie – jedenfalls bei einer Mittagsgeburt – über der Horizontachse.

Gestirne oberhalb der Achse sind bewußtseinsnaher und theoretisch verfügbar. Zwar verläuft auch im Tagesbewußtsein noch vieles unbewußt. Aus chirologischer Sicht ist nur das wirklich bewußt, was gerade in der Kopflinie verarbeitet wird. Und – parallel dem Geburtsbild: Was oberhalb der Kopflinie liegt, kann besser ins Bewußtsein gebracht werden.

Bei der *Nachtgeburt* verhält es sich umgekehrt. Gestirne unterhalb der Horizontachse wirken mehr unbewußt. Sie sind praxisnäher und funktionieren ohne langes Überlegen.

Daß die rechte Hand nicht nur das Bewußte, Aktive und die linke nicht ausschließlich das Unbewußte symbolisiert, zeigt das nächste Schema.

II. Die Schemata der Unterteilungen der Innenhand

Die vertikale Zweiteilung der Hand

Außer der horizontalen Zweiteilung der Hand in eine Rumpf- und Fingerhand wird die Hand auch in der Vertikalen zweigeteilt. Eine fingierte Linie, von der Mitte des Handgelenkes zur Spitze des Mittelfingers gezogen, teilt die Hand in eine aktive und passive Seite. Diese Zweiteilung zeigt die Verteilung zentrifugaler und zentripetaler Energien im Sinne der Jungschen Einstellungstypen *Extraversion/Introversion.* Öfters vollzieht diese Zweiteilung eine bereits bestehende vertikale Linie: die Saturnlinie:

Die Radialbetonung

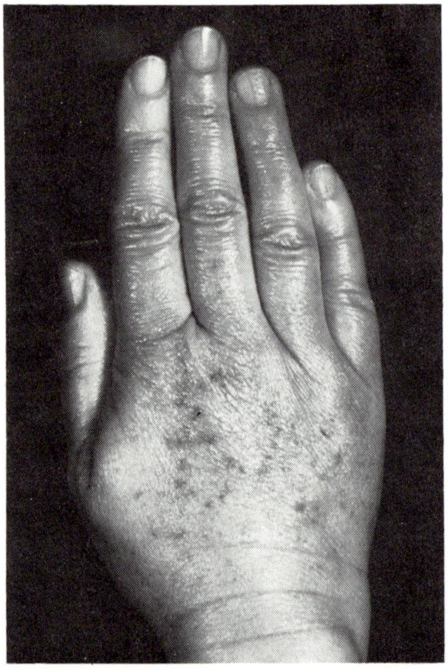

Radialbetont ist eine Hand dann, wenn Daumen und Zeigefinger größer und stärker sind als Ringfinger und Kleinfinger. Ein größerer Zeigefinger symbolisiert ein gutes Selbstwertgefühl, Autoritätsansprüche und Geltungsstreben. Bei gleichzeitig starkem Daumen, der das zweite Drittel des Zeigefingerwurzelgliedes erreicht, ist die Durchsetzung der Persönlichkeit in der Welt gewährleistet. • Bei überlangem Zeigefinger ist der Ich-Anspruch zu groß. Die Radialbetonung entspricht dem extravertierten Einstellungstyp. Der Extravertierte orientiert sich an real Gegebenem. Aufgrund seiner männlich-aktiven Stoßkraft ist er in der Lage, seine Umwelt selbst zu gestalten. Der Ichbewußtseinsgrad ist stärker ausgeprägt als derjenige des Introvertierten, und auch das Selbstwertgefühl ist größer.

Astrologisch gesehen befinden sich Ascendent und Sonnenstand bei Radialbetonung meist in Feuerzeichen oder weisen dominante Sonne/Mars- und/oder Jupiterstellungen auf. Auch ein stark besetztes Substanzhaus (2. Horoskophaus) oder eine Stierkomponente begünstigen eine Radialbetonung der Hand.

Die Ulnarbetonung

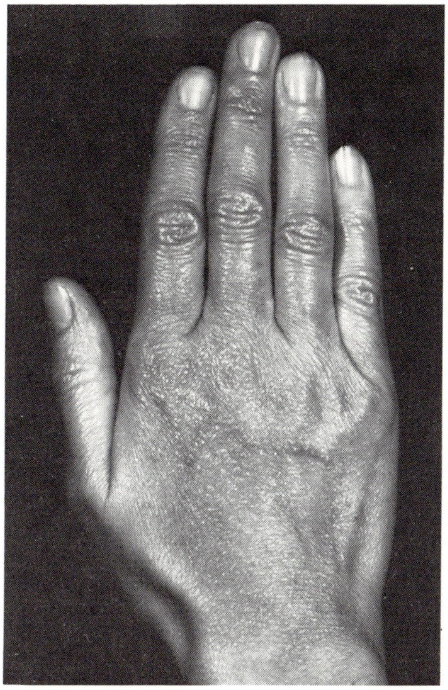

Bei stärkerer Ausprägung des Ringfingers, der außerdem länger sein muß als der Zeigefinger, gilt die Hand als ulnarbetont. Außerdem sollte der Kleinfinger mindestens den Ansatz des Ringfinger-Nagelgliedes erreichen. Meist weist gleichzeitig der Hypothenar eine Verlängerung auf in Form eines in den Handgelenkansatz abgezogenen Uranusberges.

Eine ulnarbetonte Hand weist auf einen introvertierten Einstellungstyp. Bei längerem Ringfinger spielen subjektive Ansichten eine größere Rolle. Introvertierte sind weniger objektiv dem gegenüber, was die Realität verlangt und auch weniger umwelteingepaßt. Die Urteile des introvertierten Einstellungstypus sind nicht selten der üblichen Meinung entgegengesetzt. Die Innenwelt bedeutet ihm mehr. Darum zieht er sich gerne in sich selbst zurück.

Bei Ulnarbetonung herrschen rezeptive Eigenschaften vor. Läßt das Innenhandbild Kreativität erkennen, sind schöpferische Leistungen zu erwarten. • Eine ausgeprägte Ulnarseite mit erhöhtem mittleren Hypothenar (Mondberg) offenbart eine fantasiebegabte oder künstlerische Natur. •• Bei weicher Hand dürften Genuß und Bequemlichkeit nicht fremd sein. •• Ragt der Kleinfinger über den Nagelglied-Ansatz des Ringfingers hinaus, sind merkurielle oder intellektuelle Fähigkeiten vorhanden. •• Ein zu langer Kleinfinger wiederum offenbart einen guten Redner, vielleicht aber auch einen Schwätzer. Nur der Gesamteindruck der Hand wird letzteres ausklammern können.

Astrologisch überwiegen bei Ulnarbetonung weibliche Komponenten, wie starke Wasserzeichenpositionen und/oder Mond/Venus-Dominanzen, wobei sich Merkur öfters in beweglichen Zeichen oder Häusern befindet.

Eine weitere Schema-Einteilung bildet die horizontale Dreiteilung der Hand.

Die horizontale Dreiteilung der Hand

Die Vorstellung, daß die Persönlichkeit schichtenweise gegliedert wäre, ist eine sehr alte. Schon bei Platon (427–347 v. Chr.) und Aristoteles (384–322 v. Chr.) sind Schichten- oder Seelenmodelle zu finden. Auch das Christentum kennt ein Dreier-Modell, ebenso Locke, Hume und Kant. Am bekanntesten dürfte das Freudsche Seelenmodell sein. Freud, er lebte von 1856 bis 1939, war Nervenarzt in Wien und Begründer der Psychoanalyse. Sein Modell heißt *Es, Ich* und *Über-Ich.* Das Ich hat die Ansprüche der Welt mit den Ansprüchen des Es und Über-Ichs in Einklang zu bringen. Gelingt dies dem Ich nicht, gilt die Ich-Funktion als gestört, und der Mensch reagiert neurotisch. Das Freudsche Modell ist für die Dreiteilung der Hand sehr brauchbar.

• Ebenso verwendbar, aber vielleicht weniger bekannt, ist das *Huna*-Modell[4], ein aus dem alten Ägypten, Israel und Mesopotamien stammendes psychologisches System, das die Priester Hawaiis, die Kahunas, praktizierten. «Ka» heißt Hüter und «Huna» Geheimnis. Nach der Huna-Lehre ist der Mensch gleichzeitig eine Einheit und eine Dreiheit. Was bei Freud die drei Instanzen ES, ICH und ÜBER-ICH, sind in der Huna-Lehre die drei Selbste: *Unteres Selbst, Mittleres Selbst* und *Hohes Selbst.* Der Unterschied zum Freudschen Modell bezieht sich auf die reale Ansprechbarkeit des Unteren und des Hohen Selbstes der Huna-Lehre als individuelle geistige Persönlichkeiten durch das Mittlere Selbst, und dabei ganz besonders auf das Erkennen und die notwendige Erziehung des Unteren Selbstes (von Heinrich Krotoschin bezeichnet als «Auto-Psychoanalyse» und «Auto-Psychiatrie»), nach der der Weg zum Erreichen des Hohen Selbstes in der «Dreiheit» (des «Neugeboren-Seins») als Krönung der Huna-Entwicklung freigelegt ist.

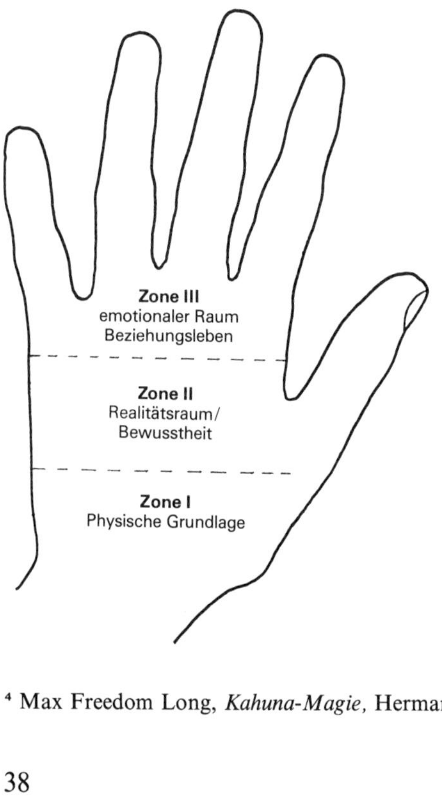

• In der Hand finden beide Modelle ihren Platz. Was das eine nicht auszudrücken vermag, schafft das andere.

• Die Dreiteilung der Hand geschieht durch zwei fingierte Querlinien.

• Die erste Horizontale beginnt am Ansatz des Daumens, beim hervortretenden Knöchel des zweiten Daumengliedansatzes, und durchquert die Handfläche zur Gegenseite.

[4] Max Freedom Long, *Kahuna-Magie,* Hermann Bauer Verlag KG, Freiburg i. Br.

• Die zweite fiktive Transversale nimmt ihren Anfang zwischen Daumeneinschnitt und Zeigefingeransatz und verläuft parallel zur ersten.

Daraus ergeben sich drei Ebenen oder Schichten, die eine Beziehung zum Freudschen Seelenmodell und zu den drei Selbsten der Huna-Lehre aufweisen. Meistens erfährt eine dieser drei Ebenen durch Flächenausdehnung eine Betonung, was nicht ausschließt, daß eine andere Schicht, obwohl flächenmäßig kleiner, durch füllige Berge oder ein ausgeprägtes Liniennetz ebenso betont sein kann. Die horizontale Dreiteilung funktioniert jedoch nur, wenn der Daumen weder zu hoch noch zu niedrig, sondern mittelhoch angesetzt ist. Bei niedrig angesetztem Daumen fällt die unbewußte oder Triebschicht mit der Realitätsebene zusammen.

Im Bild der Hand sind diese drei Schichten gegeneinander offen. Sie durchdringen sich, sind aufeinander bezogen und durch den Verlauf der Saturnalis verbunden. Es kann daher nie eine Zone für sich allein beurteilt werden. Alle drei sind voneinander abhängig.

Zur Psychologie der drei Seelenschichten

• Die unterste Schicht, Zone I, stellt die physische, materielle Grundlage der Hand dar. Auf der Daumenseite liegt der Gesamtlebensantrieb, gegenüber – auf der Kleinfingerseite – der vegetative Lebensraum. Zone I entspricht in etwa dem Freudschen Es. Das Es oder Unbewußte beinhaltet: Ererbtes, bei der Geburt Mitgebrachtes, konstitutionell Festgelegtes, die Triebe, plus während der Ich-Entwicklung Erworbenes, das verdrängt wurde. In der Huna-Lehre bezieht sich Zone I auf das Untere Selbst. Die Steuerung dieser körperlichen, materiellen oder psycho-somatischen Zone geschieht seelisch unbewußt.

• Die Mittelschicht, die Realitätsebene, ist die bewußtseinsnaheste Seelenschicht. Sie entspricht dem Freudschen Ich oder dem Mittleren Selbst der Huna-Lehre. Die vom Es oder Unteren Selbst dargebotene Vitalkraft kann hier als Wille eingesetzt und gesteuert werden. Ebenso werden dem in der Realitätszone sich befindenden bewußten Ich die im Unbewußten registrierten sensorischen Eindrücke zur Auswertung präsentiert, denn das bewußte Ich, chirologisch die Kopflinie = Intellekt, besitzt Urteilskraft und gibt entsprechende Befehle, wenn Handlungen erforderlich werden. Das bewußte Ich, die Kopflinie, der Intellekt, der Verstand, hat sich mit der Realität auseinanderzusetzen sowie die Ansprüche des Es und des Über-Ichs miteinander in Einklang zu bringen. In der Mittelschicht, der Zone II, der Realitätsebene, spielt sich der Lebenskampf ab. Die mittlere Seelenschicht wird vom bewußten Ich gesteuert.

• Die dritte Zone, die den Fingern nächstgelegene, die geistig-seelische oder überbewußte Schicht, bezieht sich auf die sublimierten Triebe für das Beziehungsleben. Den größten Teil dieser Zone beansprucht der emotionale Raum, der zwischen der obersten Beugefalte, der Emotionalis, und den Fingerbasen liegt.

Die Emotionen sitzen zwar im Unbewußten, in der Zone I. Aber die seelisch-geistige Schicht offenbart die Verarbeitung seelisch erlittener Niederlagen und die Gefühlsreaktionen an sich. Außerdem entspricht dem Saturnprinzip in Zone III die Kontrollinstanz, das Gewissen und das Pflichtbewußtsein.

Die dritte Schicht hat unter anderem eine Beziehung zum Freudschen Über-Ich.

Die oberste Seelenschicht ist leitbildhaft orientiert.

Das Freudsche Seelenmodell und die Huna-Lehre

Beiden, dem Freudschen Modell und der Huna-Lehre, ist in Zone III das Gewissen gemeinsam. Übersetzt in die Huna-Lehre bedeutet ein gutes Gewissen die Vorbedingung zu einer funktionsfähigen Aka-Schnur. Keinesfalls hat Zone III etwas mit dem Hohen Selbst zu tun. In der Freudschen Lehre findet das Hohe Selbst, als spirituelles Wesen, keinen Platz. Das Freudsche Über-Ich dagegen ist eine saturnine Figur, in der Hand als Saturnfinger, Saturnberg und Saturnlinie, als kategorischer Imperativ erkennbar, die Kontroll-Instanz, der Niederschlag der Erziehung.

Seltsamerweise hat die Hand noch eine vierte, kaum angedeutete Schicht: der Bereich der nicht mehr erfaßbaren Urkräfte. Diese vierte Schicht entspricht dem Hohen Selbst der Huna-Lehre. Nach meinem System befinden sich symbolisch in der nicht mehr erfaßbaren Schicht der Urkräfte der Komplex Uranus/Wassermann/11. Feld oder die *Intuition* sowie Neptun/Fische/12. Haus, die Verbindung zum Spirituellen, Göttlichen oder die *Inspiration.* Diese beiden Planetenprinzipien, das intuitive und inspirative, oder das Hohe Selbst, können nie direkt mit dem Intellekt in Verbindung treten. Sie müssen sich einerseits eines vermittelnden Prinzips und andererseits einer Koordinationsstelle bedienen. Das vermittelnde Prinzip ist der Götterbote Merkur (Gedanken-, Gesinnungs- und Vermittlungsprinzip), in die Huna-Sprache übersetzt, die Aka-Schnur. Koordinations- und Übersetzungszentrale für eingehende Informationen bildet chirologisch der Mondberg, psychologisch das Unbewußte und hirnphysiologisch der Thalamus.

III. Das Relief der Handfläche

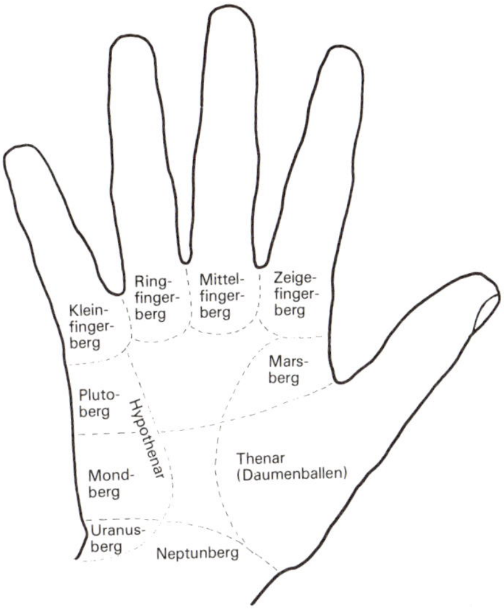

Erhöhungen und Flächen der Innenhand ergeben ein reliefartiges Gepräge. Erhöhte Stellen werden Berge genannt. Sie tragen meist mythologische Namen, wie sie in der Astrologie üblich sind. Berge sind Energiespeichern vergleichbar, gefüllt mit motorischen oder seelischen Kräften. Sie drücken vorhandene Potenzen aus. Jeder Berg symbolisiert andere, nur ihm eigene Impulse. Der höchste Berg verrät die ausgeprägtesten Trieb- oder Wunschkräfte. Mittels der Bergmerkmale ist der Mensch wesensgemäß schnell erfaßbar. Aber nicht nur durch Fülle, auch durch Linien kann ein Berg herausgehoben sein.

Die Hand weist zehn Berge auf, die sich wie folgt verteilen:

- Zwei im Ur-Grund der Hand: der Neptun- und der Uranusberg. Diese Impulse sind nicht erfaßbar.
- Zwei in der Körper-Ebene: der Thenar und der Hypothenar, letzterer auch Mondberg genannt. Sie beinhalten Vitalkräfte, Kräfte, die den Körper erhalten sowie motorische und sensorische Energie.
- Zwei in der Realitätsebene: der Mars- und der Plutoberg. Sie zeigen sublimierte Triebkräfte, die vom Ich bewußt gesteuert und für die Bewältigung täglicher Situationen eingesetzt werden.
- Vier im seelisch-geistigen Bereich: der Zeigefinger-, der Mittelfinger-, der Ringfinger- und der Kleinfingerberg. Jeder Finger besitzt einen Energiespeicher in Form eines Berges. Diese Speicher enthalten sublimierte Trieb- oder Wunschkräfte für das Beziehungsleben.

Je nach Ausprägungsstärke gelten die Berge als erhöht, überhöht oder als flach. Überhöhung entspricht einem regelrechten kleinen Ballen, platt verlaufend, einer Ebene gleich. Jedes Übermaß und jeder Mangel an Energie wirkt sich negativ aus.

Die Bergfülle kann sich während des Lebens ändern. Unsere Vitalkräfte und seelischen Energien verändern sich im Laufe des Lebens auch. Genau dies wird durch die Berge ausgedrückt.

Der Thenar

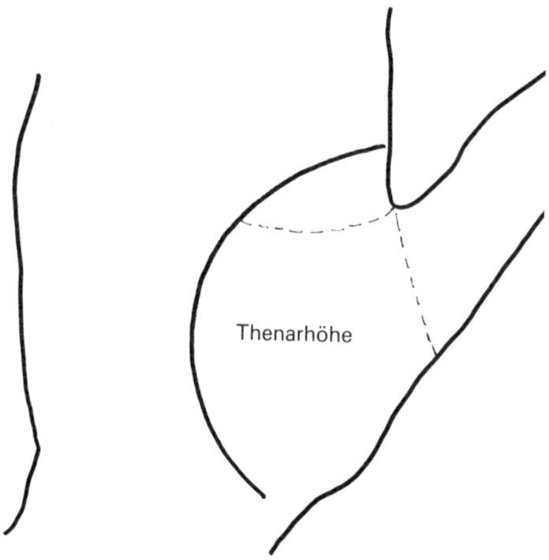

Der Thenar ist der größte der Handberge. Er liegt im untersten Handraum auf der aktiven Seite. Der Thenar oder Daumenballen bildet die Wurzel des Daumens. Der Thenar symbolisiert das Potential des Gesamt-Lebensantriebes, die verfügbaren Körperkräfte für die Ich-Durchsetzung, die Substanz des Wollens, die Dynamik, die Libido, die Ich-Erhaltungs- und Art-Erhaltungskräfte. Bei gutausgeprägtem Thenar begünstigt die körperliche Betonung die Lebens- und Sinnenfreude sowie Ursprünglichkeit, Familiensinn, Warmherzigkeit, Rhythmus, Farben- und Formensinn. Meist entspricht der Fülle des Thenars physiognomisch die Nackenfülle, im übertriebenen Fall ein «Stier»-Nacken.

Astrologisch sehe ich dem Thenar analog den Komplex Sonne/Löwe/5. Haus, sekundär den Komplex Stier/2. Haus (Substanz). Die Stier/Venus-Qualität, als 2. Haus Substanzprinzip, prägt die Fülle und Konsistenz des Thenars. Trotzdem kann der Thenar nicht als Venusberg bezeichnet werden, wie dies in der alten chirologischen Literatur üblich ist. Das Vitalitätsprinzip Löwe ist im Thenar vorrangig und nicht die Venus/Stier-Qualität.

Sonnenprinzip: Lebendes Geschöpf, Vitalität, männlich-aktiv.

Psychologisch: Lebenswille, Entschlußfähigkeit, natürliches Durchsetzungsvermögen.

Soziologisch: Mann, Vater, leitende Persönlichkeit, der Vorgesetzte, die Autorität, der König.

Biologisch: Gesundheit, Lebenskraft, Körper.

Organisch: Zelle, Herz-Kreislaufsystem, Augen.

Löwe: Schöpferkraft, Besitzstreben, Triebhaftigkeit, selbstsicheres Vorgehen, Gestaltungswille, Darstellungsfähigkeit.

5. *Haus:* • Sicherung der Nachkommenschaft durch Triebhaftigkeit • Kinder • Libido • der erotisch/sexuelle Kontakt • Abenteuer • Spekulationen • Dynamik • das schöpferische Prinzip • Freude an Geselligkeit • lebendige Spielfreude • Experimente • Ansammlung der eigenen Gefühle.

Das Stier-Prinzip: • Verlangen nach Beständigkeit und Sicherheit • praktische Meisterung des Lebens • Gespür für Werte • Sinn für das alltäglich Notwendige • Streben nach Verwurzelung • Speicherungsvorgänge • Inbesitznahme • das Naheliegende.

Anatomisch: Hals, Nacken, Kehle, Kehlkopf, Stimmbänder.

2. Haus-Prinzip: • Körpersubstanz, Assimilationen • Körpergewicht, Selbstwert.

Venusprinzip als Stierqualität: • Persönliche Anziehungskraft • Sinnenfreude, Sinnenwärme • eher sexuell genießerisch ausgerichtet als fein erotisch.

Deutungen

Entwickelter Thenar: • gute Lebenskapazität • schöpferische, gestalterische Impulse • Lebensfreude • Lebenswärme • Familiensinn • Harmonie- und Rhythmusgefühl.

Überbetonter Thenar: • übersteigerte Triebkräfte • Genußsucht •• Linienlos: gestaute, explosive Triebkräfte • Unbeherrschtheit.

Flacher Thenar: • mangelnde Vitalkraft • schnelle Erschöpfbarkeit • Nüchternheit • mangelnde Sinnenwärme.

Thenarverlagerung

• Ist bei ausgeprägtem Daumenballen der «Stierraum» miteingeschlossen, verbindet sich die solare, löwenhafte Herzlichkeit mit der Sinnenhaftigkeit der Stier-Venus.

• Wird die Thenarhöhe zur Handwurzel abgezogen, sind sinnenhafte Freuden für den Handeigner zweitrangig oder er ist immun gegen allzu menschliche Schwächen. Öfters besteht Mangel an vitalen Impulsen.

Der Mondberg

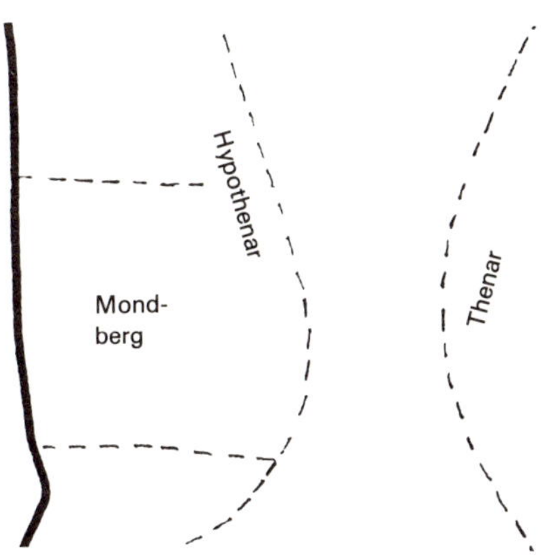

Die Muskelanschwellung auf der Ulnarseite heißt in der Erbbiologie Hypothenar. Den weitaus größten Raum des Hypothenars beansprucht der Mondberg. Der Mondberg, als astrologische Trinität Mond/Krebs/4. Haus, symbolisiert die seelische Kapazität, das Gemüthafte, die Bilderwelt der Seele. Der Mondberg ist die Quelle aller Sehnsüchte, der Fantasien, des Märchenhaften, all dessen, was sich in unseren Träumen symbolhaft zeigt und vom Tagbewußtsein entschlüsselt werden will. Das ganze

Mythen- und Sagengut, das Archaische, die Urbilder, sind dem Mondberg einverleibt. Aber auch alles, was der Mensch aus der Außenwelt aufnimmt und vom Ich-Bewußtsein nicht verarbeitet werden kann oder will, wird in den Mondberg abgeschoben, verdrängt, wie der Fachausdruck heißt. Oft überfordert er dabei das Unbewußte und es bilden sich «Komplexe». Der Mondberg beinhaltet sowohl Gemüthaftes, individuell Unbewußtes als auch kollektiv Unbewußtes.

Esoterisch hat der Mondberg Bezug zum Garten Eden, dem Paradies, wörtlich para dies = jenseits des Tages, eine Wortkombination aus dem Griechischen und Lateinischen. Da die Seele unsterblich ist, und sie sich schon öfters materialisierte, gibt es für sie nichts Neues. Sie hat alles schon einmal geschaut (PLATON). Der Mondberg bildet auch die Brücke zum Ursprung der Seele, zum Sprung aus dem Ur in den Mutterleib. Ebenso ist der Mondberg an das Ur-Gedächtnis gekoppelt mit der Fähigkeit, Bilder aus früheren Zeiten auftauchen zu lassen, die über karmische Beziehungen Auskunft geben. Doch meist liegt über diesem Mondbereich ein Schleier, der nur mit Hilfe einer Verbindung zu höheren Dimensionen (Uranus und vor allem Neptun) gelüftet werden kann. Irrtümlicherweise besteht die Meinung, mit dem Mondberg ließe sich hellsehen. Das kann man mitnichten. Eine Begabung ist immer an eine Dreierstruktur gebunden, in diesem Fall an Mond/Merkur/Neptun.

• Der Mondberg hat nebst vielen Funktionen auch diejenige einer «Satellitenstation» für Intuitionen und Inspirationen. Die Empfangsanlage ist mondhaft auffangend und reflektierend. Die Übersetzungs- und die Übermittlungsstelle sind von Merkur besetzt. Der Mondberg hat symbolisch gesehen die Fähigkeit, Uranische Blitze als glasklare Bilder aufzufangen, welche der Merkur (Götterbote) dann dem Stirnhirn als Intuition übermittelt und ins Bewußtsein bringt.

• Ähnlich verhält es sich mit den Eingebungen Neptuns. Doch sind diese meistens unklar, fast verschwommen. Das kommt daher, weil die Geisteswelt noch eine Schicht höher liegt als die Intuitionswelt (*«Die Chakras»* von C.W. LEADBEATER). Die neptunischen Bilder kommen psychologisch gesehen aus dem tiefsten menschlichen Ur-Grund, müssen verschiedene Schichten passieren, und werden dadurch oft leicht beeinträchtigt und können beim Ich-Bewußtsein verfälscht ankommen.

Es gibt Hellseh-Medien, die ihre Antenne an den Mondberg ihrer Klienten anschließen, das Unbewußte «anzapfen», und zum Erstaunen der Beteiligten die Vergangenheit herausholen können. Dies ist eine häufigere Begabung als allgemein angenommen wird.

Die Zukunftsschau dagegen ist weit komplizierter. Sie weist Ähnlichkeiten mit der vorerwähnten Neptun-Durchgabe an die Mondstation auf.

Mondprinzip: Seele, weiblich.

Psychologisch: Mütterlichkeit, Beschaulichkeit, Sentimentalität, emotionale Beeindruckbarkeit, Gedächtnis- und Einbildungskräfte, Reflexion.

Soziologisch: Mutter, Gattin, Frau, Familie, Volk.

Biologisch: Fruchtbarkeit, das vegetative Leben, Flüssigkeitshaushalt des Körpers, Lymphkreislauf, Blutserum.

Organisch: Magen, Brüste, Gebärmutter, Kleinhirn, Bauchspeicheldrüse.

Psycho-somatisch: Wechselwirkung zwischen Gemütsverfassung und dem Magen und dem vegetativen Nervensystem.

Krebs: Das Empfinden (das In-sich-Finden), die Impression als innere Wahrnehmung, uralte Erkenntnisse. • Heimatverbundenheit, Ahnenkult, Tradition.

Soziologisch: Geschichts- und Altertumsforscher, Antiquitätenhändler.

4. Haus: Heim, Haus, Häuslichkeit, Familie, Heimat, Geborgenheit, eigene Identität, innere Substanz, Herkunft, Erbmasse.

Deutungen

Gut ausgeprägter Mondberg: • begünstigt künstlerisches Schaffen • Fähigkeit des seelischen Schauens • unterschwellige Beobachtungsgabe • gute Aufnahmefähigkeit • erfühlendes Wahrnehmen •• schöpferisch, wenn der untere Hypothenar (Uranusberg) ebenfalls gut gestaltet und nicht gestaut ist. Als gestaut wird ein Berg bezeichnet, auf dem sich keine Linien befinden. Bei gestautem Mondberg kann das Bildhafte nicht umgesetzt werden.

Überhöhter Mondberg: • starkes Verlangen nach Geborgenheit • anfällig für Launenhaftigkeit • kollektive Abhängigkeit.

Flacher Mondberg: • Mangel an Fantasie • Naturfremdheit • Nüchternheit • Das Intellektuelle ist wesentlicher als das Gemüthafte, der Verstand dominiert über das Gefühl.

Der Uranusberg

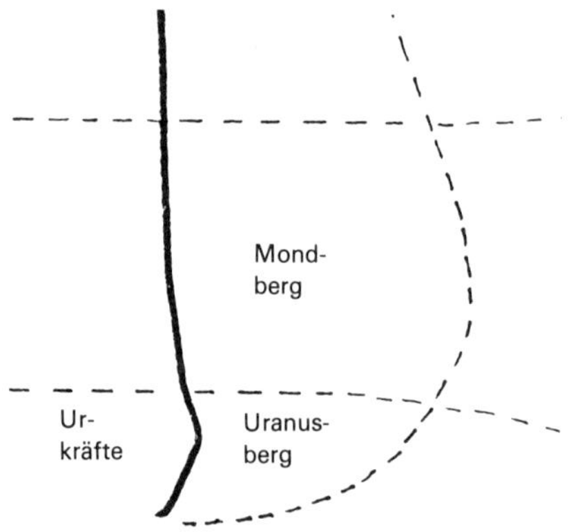

Der unterste Teil des Hypothenars, der oft etwas verlängert in das Handgelenk abgezogen erscheint, trägt den Namen Uranusberg. Der Uranusberg liegt größtenteils in der Zone der nicht mehr erfaßbaren Urkräfte. In der Mythologie ist Uranos der Himmel. Uranus symbolisiert das Prinzip des Verlassens der Norm, der Entpolarisierung, auch das Prinzip der Überraschungen und die blitzartig erkennende Zusammenschau. Uranus ist ein Prinzip höchster Spannung und eruptiver Plötzlichkeit.

Astrologisch ist der Uranusberg der Dreierstruktur Uranus/Wassermann/11. Haus analog.

Uranusprinzip: Plötzlichkeit, Umwälzung, Intuition.

Psychologisch: Freiheitsliebe, eigene Wege gehend, leichte Erregbarkeit, eruptiv, Sinn für Rhythmus, Begeisterungsfähigkeit, aufgeschlossen für alles Neue, Mangel an Anpassung, Affekthandlungen, starke seelische Spannungen, Sprunghaftigkeit.

Soziologisch: Erfinder, Techniker, Umstürzler, Revolutionäre, Reformer.

Biologisch: Rhythmik, Beziehungen zum Nervensystem, Hirnhaut, Hypophyse, Rückenmark.

Wassermann: Neuerungsbestrebungen, Erfindergabe, revolutionäre Ideen, Unberechenbarkeit, Spontaneität, Exzentrizität.

Soziologisch: Physiker, Meteorologen, Wetterwarte, Filmoperateure, Jonglierer, Zauberkünstler • alle Berufe, die mit Radio, Funk, Technik, Flugzeug-, Raketen-, Automobil- und Motorenbau zusammenhängen.

Anatomisch: Waden.

11. Haus: Freundschaften, Bündnisse, Vereine, Organisationen, Protektionen, Hilfen, Hoffnungen, Wünsche, Emanzipationsprozeß.

Deutungen

Erhöhter Uranusberg: • rhythmisches Gefühl • Freiheitsliebe • Musikalität • Ideenträchtigkeit • Elastizität • Reaktionsfähigkeit.

Überhöht: • Explosivität • Erregungszustände • Kurzschlüsse • rebellisch.

Der Neptunberg

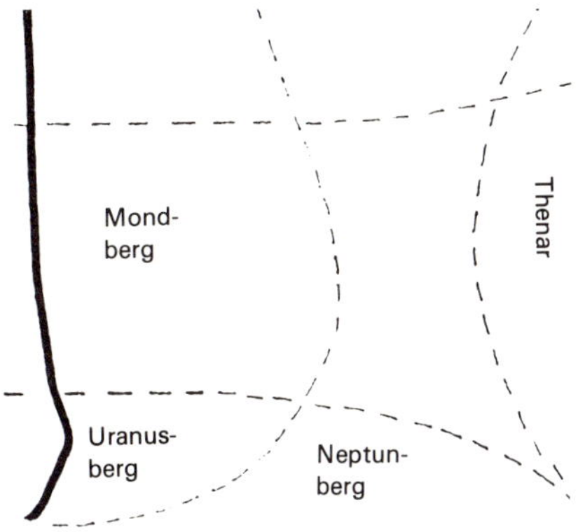

Die Verbindung zwischen Thenar und Hypothenar stellt der Neptunberg her. Neurologisch ist es die Gegend des Karpaltunnels.

Im Neptunberg liegt das noch Ungeborene, das sensible Chaos, der Ur-Instinkt, die Medialität, der Hang zur Mystik, aber ebenso der Hang zu Genußgiften und zur Ich-Auflösung.

Astrologisch bezieht sich der Neptunberg auf die Komplexität Neptun/Fische/12. Haus.

Neptunprinzip: Empfänglichkeit, Beeinflußbarkeit, Einfühlung.

Psychologisch: • + Aufnahmefähigkeit, Fantasie, Empfänglichkeit, Beschaulichkeit, Einfühlung, träumerisches Wesen, Neigung zu Mystik, Mediumismus.
• – Beeinflußbarkeit, Empfindlichkeit, Unklarheit, Verworrenheit, Fantasterei, Täuschung, Planlosigkeit, Lüge, Betrug.

Soziologisch: • beeinflußbare Menschen, Medien • Dunkelmänner, Gaukler, Betrüger, Taschenspieler • Süchtige.

Organisch: Zirbeldrüse, Sonnengeflecht (Aura).

Biologisch: Unterfunktion (Schlaffheit, Lähmung).

Fische: Gefühlsbetontheit, Sensibilität, Lethargie, Zaudern, mit-leidendes Verstehen, selbstvergessend, transzendente Erlebnisfähigkeit.

Soziologisch: Ärzte, Krankenpfleger, Menschen, die außerhalb der Gesellschaft leben, Krankenhausangestellte, Gefängniswärter, Gefängnisdirektoren.

Anatomisch: Füße.

12. Haus: innere Entwicklung, kosmische Fähigkeiten, Besinnung, Läuterung, Isolierung, Prüfungen, heimliche Affären, Krankenhausaufenthalte (chronische Krankheiten), Auflösungsprozeß.

Deutungen

Der Neptunberg muß primär im Zusammenhang mit dem Mondberg betrachtet werden. Positiv ist vor allem ein erhöhter Gesamt-Hypothenar, an den sich ein leicht erhöhter Neptunberg mit straffem Gewebe anschließt. Weiches Gewebe im Bereich des Neptunberges ist suchtverdächtig.

Der Marsberg

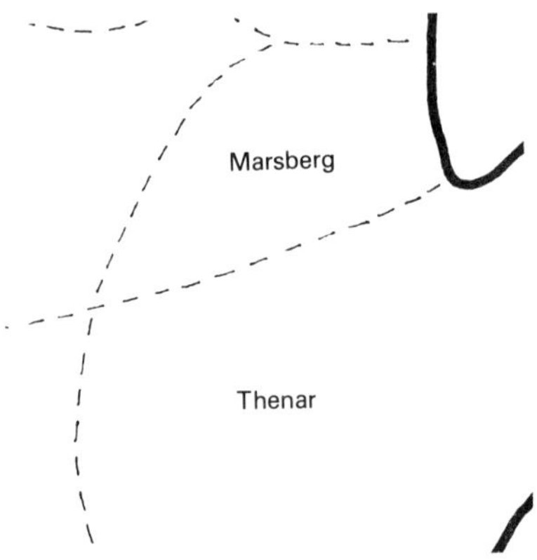

Oberhalb des Thenars befindet sich der Speicher der motorischen Energie, in der gesamten chirologischen Literatur Marsberg genannt. Der Name ist zutreffend, denn astrologisch entsprechen dem Marsprinzip die Energie, die Aktivitätsimpulse.

Mars-Analogien sind: Antriebskraft, Angriffslust, Begeisterungsfähigkeit, Unabhängigkeitsdrang, Willensstärke (im Unterschied zum solaren Lebenswillen).

Über die Steuerung der Energie-Impulse gibt primär die Kopflinie (siehe Seite 75) Auskunft, die sich im Mittelbereich der Hand, in der Realitätszone, befindet.

Astrologisch korrespondiert der Marsberg mit dem Komplex Mars/Widder/ 1. Haus.

Marsprinzip: Energie, Aktivität, männlich.

Psychologisch: • + Willensstärke, Tatkraft, Mut, Entschlossenheit, Arbeits- und Kampfesfreude, Tätigkeitsdrang • + + Kraftverschwendung, Freude am Zerstören, Impulsivität, Brutalität, Rücksichtslosigkeit • – Schwäche, Energiemangel.

Soziologisch: Kämpfer, Waffenträger, Sportler, Mechaniker, Techniker, Handwerker, Chirurgen.

Biologisch: Körperwärme, rote Blutkörperchen.

Organisch: motorisches Nervensystem, Muskeln.

Widder: • + Tatendrang, Ehrgeiz, Freiheitsdrang, Pioniergeist, Unternehmungslust, Tapferkeit, Mut.
• + + Jähzorn, Zerstörungswut, Heftigkeit, Angriffslust, Streitigkeiten.

Anatomisch: Kopf (Schädel).

1. Haus: Physische Gestalt, Konstitution, Durchsetzungsfähigkeit, Begabungsanlagen, Ichheit, Prozeß der Ichfindung.

Deutungen

Bei *erhöhtem* Marsberg ist der Energiespeicher gut gefüllt und er wartet auf Einsatz. Das bedeutet Tatkraft, Mut, Entschlossenheit, Tätigkeitsdrang, Arbeits- und Kampfesfreude, verbunden mit einer ganz natürlichen Selbstsicherheit. Menschen mit erhöhtem Marsberg setzen ihre Energien meist nicht nur für sich und die eigenen Familienangehörigen ein, sondern haben noch überschüssige Kräfte für außerhalb Stehende. Das mag sich als Kameradschaftlichkeit zeigen oder in Erfüllung sozialer Aufgaben. •• Bei zu starkem Daumen und Zeigefinger schlägt die Fürsorglichkeit gerne in Bevormundung um.

• Menschen mit erhöhtem Marsberg arbeiten schnell und ärgern sich über Schlamperei und Untätigkeit ihrer Mitmenschen, besonders wenn sich zwischen Thenar und Marsberg eine stärkere Linie ausprägt.

Überhöht offenbart der Marsberg Aggressivität. •• Ist er zugleich linienlos zeigen sich Jähzorn und Zerstörungswut.

Flach verlaufend leidet der Handeigner an Energiemangel.

Die Erdebene

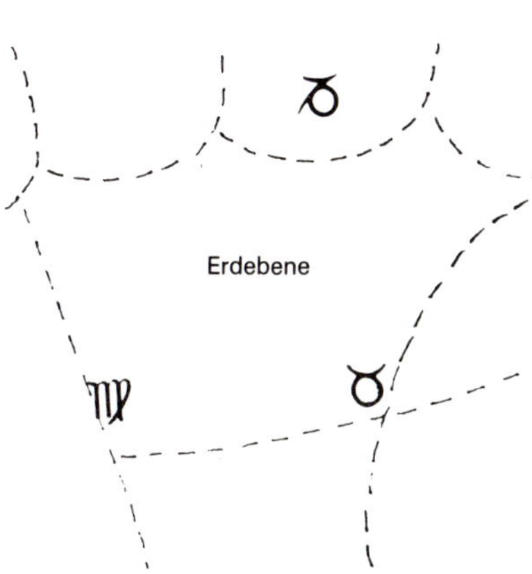

In der Handmitte, anschließend an den Marsberg, liegt die Erdebene. Sie erscheint manchmal eher wie ein Tal. Die Handmitte symbolisiert das soziale Gefüge. Astrologische Parallelen finden sich im Ordnungsprinzip des Stiers, der vernünftig aussteuernden Jungfrau und dem Berufsstreben des Steinbocks. In der Handmitte, dem Gebiet der Erdzeichen der Astrologie, stößt die gesteuerte Marsenergie als Kopflinie auf die Forderungen der Gesellschaft. Falls der Handeigner den Realitätsbedingungen der Welt sich nicht anzupassen vermag, zeichnen sich in der Handmitte meist schicksalshafte Ereignisse ab. Darum wird die in der Handmitte liegende vertikale Linie, die Saturnlinie, öfters Schicksalslinie genannt. Am günstigsten ist eine störungsfreie Erdebene mit klar gezeichneter Saturnlinie. Die Kopflinie sollte im Jungfraugebiet, ungefähr 2,5 cm vor dem Handrand, leicht geneigt auslaufen.

Astrologisch befindet sich nach meinem System zwischen Mondberg und Plutoberg, ungefähr 2 cm vom Handrand entfernt, die Trinität Merkur/Jungfrau/6. Haus.

Jungfrau-Merkur: Hilfsfunktion des Seelischen gegenüber den Lebensbedingungen.

Jungfrau: analytische Begabung, Kritikvermögen, literarisches Talent, vorbildliche Pflichterfüllung, kluge Selbstbescheidung, Blick für das Detail, ordnend und katalogisierend, nüchtern realistisch.

6. Haus: • Steuerung gegenüber den Lebensbedingungen • vernünftige Anpassung • Verhältnis zum Arbeitgeber • Abhängigkeit von den Lebensmöglichkeiten.

Der Plutoberg

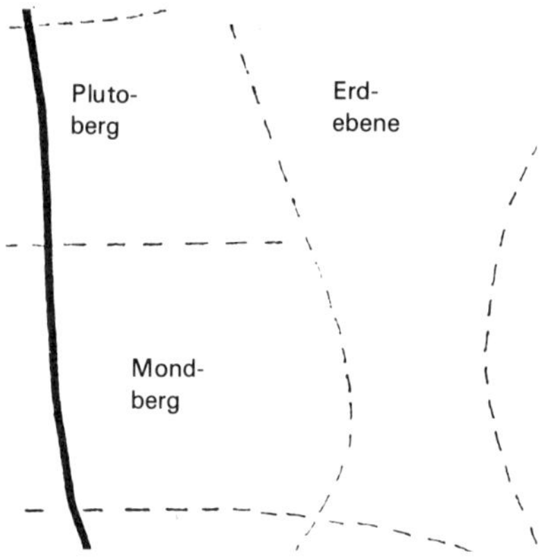

Die an die Erdebene sich anschließende Erhöhung heißt Plutoberg, in sämtlicher chirologischer Literatur großer Marsberg oder Streitberg genannt. Oft ist der Plutoberg gegenüber dem unter ihm liegenden Mondberg nicht abgrenzbar, ebensowenig wie dies beim Mondberg gegenüber dem Uranusberg der Fall sein kann. Plutoberg, Mondberg und Uranusberg bilden als Hypothenar meist eine Einheit. Oft wird auch der Neptunberg in diesen Komplex miteinbezogen, der die Verbindung zwischen Thenar und Hypothenar herstellt.

Der Plutoberg symbolisiert die Umweltfaktoren, die Prinzipien des *Du*s, die Kräfte, die uns vom *Du,* der Umwelt, entgegengestellt werden. Gleichzeitig kommt im Plutoberg das eigene seelische Kräftepotential für die Auseinandersetzungen mit dem *Du,* einzeln oder in der Masse, zum Ausdruck. Der gesteuerte Energiefluß der Kopflinie, der sich meist in den Plutoberg, das Jungfraugebiet oder den Mondberg ergießt, offenbart die Art und Weise der Auseinandersetzung mit dem *Du;* und die Fülle und Konsistenz des Plutoberges sowohl seine Strahlung als auch die Ausbauchung der Perkussionsseite (Handkante) geben Aufschluß über suggestive oder «magisch zwingende» Faktoren, die zum Einsatz gebracht werden.

Esoterisch versinnbildlicht Pluto das Selbst, das außer den in dieser Existenz durch die Ich-Funktionen zu machenden Erfahrungen nach Ganzheit strebt. Keinem Planetenprinzip sind so viele Symbole zugedacht wie Pluto.

Da ist einerseits das reine Kampf/Todsymbol, das Widdersymbol mit dem Kreuz (♈), als Hinweis der Quadratur von Widder zu Steinbock. Wegen des Quadrataspekts gelten die Regenten dieser Tierkreiszeichen, Mars und Saturn, als Malefiz-Planeten. In dieser Runenzeichnung gehört auch Pluto zu der Malefiz-Dreierstruktur. Ein anderes Plutosymbol ist die unter einem Kreis liegende Mondsichel (♇). Diese Figur symbolisiert das Auseinandergefallensein der Dualität, aufgrund der Trennung des Menschengeschlechtes in einen männlichen und einen weiblichen Teil, wie es im Gastmahl des Platons in der Rede des Aristophanes beschrieben wird. Daß die weibliche Komponente, das Seelische, der unterliegende Teil ist, geht aus der Rune deutlich hervor. Fortschrittlicher, unserer Zeit angemessener und dem Ziel der Wiedervereinigung näher, wird der Mond im Kreis liegend dargestellt (◑). Aber noch immer ist das Mondische, der weiblich-empfangende Bestandteil, gegenüber dem körperlich-aktiv Männlichen im Nachteil. Erst das Yin/Yang-Symbol (☯) stellt die androgyne Einheit dar. – Die Plutosymbole lassen selbstverständlich auch andere Interpretationen zu.

Astrologisch entspricht der Plutoberg der Trinität Pluto/Skorpion/8. Haus.

Plutoprinzip: Kollektivmacht, Masse, unsichtbare Macht, höhere Fügung, Ekstase, Transmutation, dämonische Mächte, Magie, Dramatik und Tragik.

Psychologisch: Offenbarung unbewußter Kräfte, Streben nach Beeinflussung der Masse, Einfühlung in die Masse, Machtwille, rücksichtslose Gewaltmaßnahmen, fanatischer Bekennungseifer, Racheakte.

Soziologisch: Menschen, die einen magischen Einfluß auf die Masse ausüben, suggestiv wirkende Redner, Politiker, Schauspieler, Diktatoren, Massenmedien.

Biologisch: Regeneration.

Skorpion: Sterbe- und Werdeprozesse, Fortpflanzung, Zähigkeit, Ausdauer, Leidenschaften, rücksichtslose Kämpfe.

Soziologisch: Chirurgen, Apotheker, Drogisten, Chemiker, okkulte Forscher, Naturwissenschaftler, Dramatiker, Graue Eminenzen, Diktatoren, Wirtschaftsfachleute, Kriminelle, Kriminalbeamte.

Organisch: Geschlechtsorgane.

8. Haus: Erneuerung und Regeneration, Einstellung zum Leben und Tod, die Bindung und die Verpflichtung an die Begegnung, Beziehungsfähigkeit, Substanz des Partners (2. Haus von 7).

Deutungen

Erhöhter Plutoberg: Ein gut entwickelter Plutoberg macht mutig. • *In Spatelhand:* verstärkte Durchsetzungskraft •• Bei gutem Thenar: sportliche Leistungen •• Mit Kopflinienende im Plutoberg: schnelle Reaktionsfähigkeit, Geistesgegenwart • *In eckiger Hand:* Mut zur Entscheidung und Selbstbeherrschung •• Bei gutem Thenar und Mondberg: Gestaltungsmöglichkeiten • *In Konischer Hand:* ausreichende seelische Kräfte zum Selbstschutz •• bei gutem Thenar: erotisch/sexueller Reizeinsatz •• mit gleichzeitig erhöhtem Thenar und Mondberg: Potenzen für künstlerische Strebungen.

Überhöhter Plutoberg: • In Spatelhand: unkontrollierte Energieeinsätze •• bei gleichzeitig starkem Thenar: Gebrauch des Faustrechts • In eckiger Hand: Aggressionen gegen das *Du.*

Spannungsfaktoren in Spatelhand: • Plutoberg überhöht/Marsberg flach: Energiemangel. Die Schwäche wird überdeckt mit Brutalität, Anfeindungen, Jähzorn. Oft werden Zerstörungsakte infolge fehlenden Mutes von anderen verlangt, oder der Handeigner wird von Situationen angezogen, die seinen seelischen Bedürfnissen nach Demolierung entsprechen. • Plutoberg flach/Marsberg überhöht/übermäßiges Energiepotential ohne Einsatzmöglichkeit. Das Mißverhältnis erzeugt Neid und Selbstvorwürfe.

• Bei *linienlosem überhöhtem* Plutoberg kommt es zu einer Stauung der Kampfimpulse. Bei Widersprüchen im *Du*-Bezug entladen sich die angestauten Energien in Wutausbrüchen und Jähzorn.

Die Fingerberge

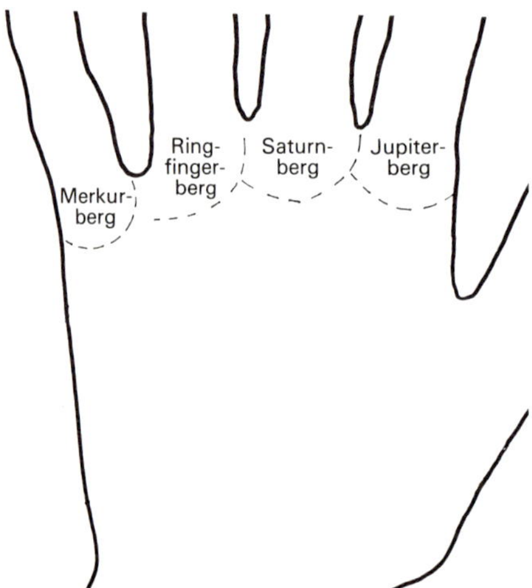

Die oberste Zone, die in der horizontalen Teilung ungefähr einem Drittel entspricht, ist leitbildhaft orientiert und symbolisiert die Potenzen für das Beziehungsleben. Die oberen Berge zeigen in ihrer Ausprägung, worauf sich die Wunschkraft des Handeigners konzentriert.

Jedem Finger steht ein Energiespeicher in Form eines Berges zur Verfügung. Die seelischen Wunschkräfte bedürfen aber der Unterstützung der unteren Berge, vor allem derjenigen, die sich vertikal unter ihnen befinden, damit die Zielausrichtung der Finger erfüllt werden kann. Erfolge im Leben – auf welchem Gebiet auch immer – sind ohne Vitalkräfte nicht erreichbar. Rein willensmäßig ist zwar viel zu schaffen, aber gesundheitlich kann ohne guten Thenar auf die Dauer nicht durchgehalten werden. Eine Parallele findet sich astrologisch, indem die Anlagen nur insoweit verwirklicht werden können, als dies die Sonne und ihre Aspekte zulassen.

Die vier Berge des oberen Handraumes sind: der Zeigefinger-, der Mittelfinger-, der Ringfinger- und der Kleinfingerberg.

Der Zeigefinger- oder Jupiterberg

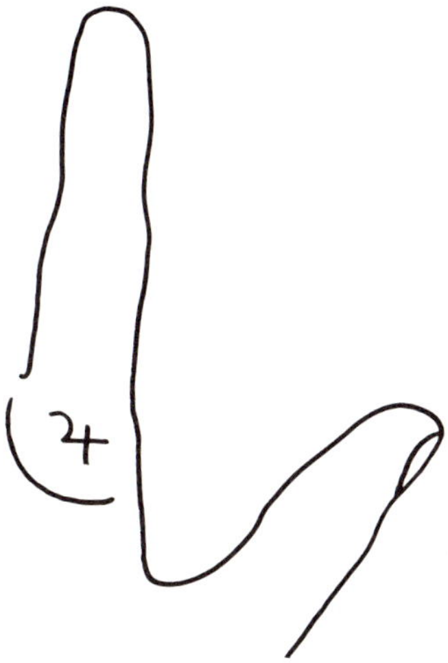

Auf der aktiven Seite der Hand liegt der Zeigefingerberg. Da seine Aussagen jovischer Natur sind, wird der Zeigefingerberg auch Jupiterberg genannt.

Der Zeigefingerberg ist Symbol der verfügbaren Energien an Wunschkräften für den Geltungstrieb. Meistens ist der Geltungstrieb nicht bewußt, kann aber zum Bewußtsein gebracht werden. Doch ohne Körperkräfte, ersichtlich aus der Ausprägung des Thenars, sind die im Jupiterberg symbolisierten Wünsche – differenziert durch den Zeigefinger (siehe Seite 132) – nicht realisierbar.

Astrologisch entspricht der Jupiterberg dem Komplex Jupiter/Schütze/9. Haus. In dieser Gesamtheit ist der Zeigefinger eingeschlossen.

Jupiterprinzip: das Gesetz, das Sinngebende, das Optimum, die Wahrnehmung.

Psychologisch: Streben nach Ausdehnung, Expansion, sittliche und religiöse Bestrebungen (Ethik), soziales Empfinden, Erfassen der Ganzheit (Synthese).

Soziologisch: Angestellte der Behörde, der Justiz, der Kirche, der Geldinstitute. Beamte. Menschen von religiösem und sittlichem Wert, Pfarrer, Richter, Gelehrte, Redner, Minister, Präsidenten, Großfabrikanten, Großkaufleute, große Künstler, Ärzte (Chirurg ist Skorpion), Bankiers, höhere Polizeibeamte, Offiziere, alle repräsentativen Berufe. – Hochstapler, Betrüger, Falschmünzer.

Biologisch: Das Organ, das Blut, Ernährungsfunktionen, Dickenwachstum, Wechseljahre.

Organisch: Leber, Zellenwachstum, arterieller Blutkreislauf.

Schütze: Unabhängigkeitsdrang, Begeisterungsfähigkeit, Zielbewußtsein, Selbstbewußtsein, Selbstvertrauen, Unerschrockenheit, Weitblick, Impulsivität, Intelligenz, Reisen, Sport, Philosophie, Religion, Außenpolitik.

Anatomisch: Oberschenkel, Beckenknochen, Hüftbein, Sitzbein.

9. Haus: Höhere Bildung, religiöse und philosophische Ansichten, lange Reisen, fremde Länder, Veröffentlichungen, Verleger, Recht, seelische Entwicklung.

Deutungen

Erhöhter Jupiterberg: Ist der Jupiterberg erhöht, stellt er die Grundlage bzw. das seelische Potential für ein gutfundiertes Selbstgefühl, Ich-Bewußtsein, einen gesunden Ehrgeiz, Autorität, Gerechtigkeitssinn und Machttrieb dar. Ein positiver Zeigefingerberg ist der Berg des natürlichen Ehrgeizes und der natürlichen Führereigenschaften, des ehrlichen Stolzes auf die eigenen Fähigkeiten sowie angeborener Treue und Redlichkeit. Jupitermenschen sind freundlich, warmherzig, großzügig, zuverlässig und haben ein ausgeprägtes Ehrgefühl. Sie sind ausgesprochen wahrheitsliebend und besitzen einen starken natürlichen Glauben an Gott und Staat. Jupitermenschen streben mehr nach Macht und Ruhm als nach materiellen Erfolgen. Viele Jupitermenschen widmen sich der Politik, der Wehrmacht und der Religion sowie jenen Geschäften, die ihnen die Erlangung führender Posten gewähren. •• Die positiven Eigenschaften des Jupiterbergpotentials können sich nur durchsetzen, wenn genügend Vitalkräfte vorhanden sind; andernfalls besteht die latente Gefahr von Minderwertigkeitsgefühlen.

Überhöhter Jupiterberg: Ein überhöhter Jupiterberg macht geneigt zu übertriebenem Geltungsanspruch, Machthunger, Herrschsucht, Einbildung, Überschätzung der eigenen Bedeutung, Hochmut, Genußsucht, Unbekümmertheit um Sitten und Gesetze, starke Selbsttäuschung und Scheinheiligkeit. •• Aufgrund der starken Selbsttäuschung folgern Anmaßung, Protzerei einerseits und Minderwertigkeitsgefühle, Unzufriedenheit mit sich selbst und allfälligen Depressionen andererseits.

Flacher Jupiterberg: Ein flach verlaufender Jupiterberg deutet auf Mangel an Ehrgeiz, zu wenig Selbstvertrauen in die eigenen Fähigkeiten und Leistungen, eventuell auch auf Trägheit, eine Leistung zu erbringen, •• bei kleinem Zeigefinger auf ein «angekratztes» Selbstwertgefühl.

Detail: Eine Leiter auf dem Jupiterberg, gebildet durch zwei aus der Vitalis aufstrebende Linien, die durch Querlinien gekreuzt werden, deutet auf Erfolge durch eigene Anstrengungen. Die in den Jupiterberg hochsteigenden Vitalisäste sind Ehrgeizlinien. •• Ein Viereck auf dem Jupiterberg wird als Lehrerviereck bezeichnet. Mit «Lehrer» sind nicht nur Berufspädagogen gemeint, sondern all jene, welche als Ausbilder, Kursleiter oder Vorgesetzte die Fähigkeit besitzen, andere Menschen zu unterrichten.

Der Mittelfinger- oder Saturnberg

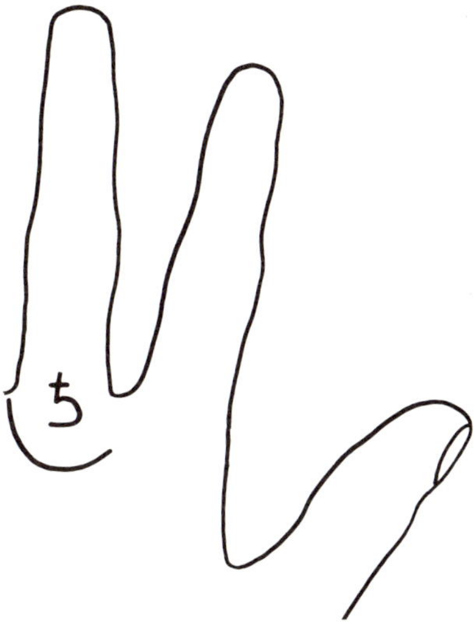

Der Wurzelberg des Mittelfingers, in der Chirologie Saturnberg genannt, offenbart, wie viel saturnine Form- und Festigkeitskräfte für stoffliche Bedingtheiten, Sachwerte, materielle Tatsachen sowie Zuverlässigkeit und Verantwortungsbewußtsein verfügbar sind. Über den Einsatz der Saturnbergenergie gibt der Mittelfinger, dessen Fingerform, die Fülle und Länge der Fingerglieder im gegenseitigen Verhältnis Auskunft (siehe Seite 136).

Astrologisch entsprechen dem Mittelfingerberg, der dazugehörigen Vertikalen und dem Mittelfinger der Komplex Saturn/Steinbock/10. Haus (MC).

Saturnprinzip: Konzentration, das Grenzsetzende.

Psychologisch: • + Konzentration, Festigkeit, Beharrlichkeit, Ernst, Vertiefung, Vorsicht, aus Erfahrung lernen, Sparsamkeit.

• + + Melancholie, Verschlossenheit, Vereinsamung, Absonderung, Eigenbrötelei, Mißtrauen.

• – Mangelndes Verantwortungsbewußtsein, leistungsschwach.

Soziologisch: Schwer Arbeitende, innerlich gehemmte oder traurige Personen, Klosterinsassen, Bergarbeiter, Edelsteinschleifer, Einsiedler, Landwirtschaft, Bergbau, Haus- und Grundbesitz.

Biologisch: Verhärtung, Steinbildung, Organverlust, das Alter.

Organisch: Knochensystem.

Psychosomatisch: Saturnine Angelegenheiten können wie Blei im Magen liegen (Opposition Krebs).

Steinbock: Konzentration, Ausdauer, Vorsicht, Überlegung, Grübeln, Hemmung, Introvertiertheit, Geiz. – Politik, Verwaltung.

Organisch: Knie.

10. Haus: Ansehen in der Öffentlichkeit, Ruf, Arbeitgeber, Stellung innerhalb der Gesellschaft, Beruf, Berufung, Ehre, Ehrgeiz, Zielsetzung, Verantwortungsfähigkeit.

Deutungen

Erhöhter Saturnberg: Ernst, Einteilungsvermögen, Beständigkeit, Selbstbeherrschtheit, Selbstdisziplin, Sparsamkeit, Pflichtbewußtsein, Zähigkeit, Verwirklichungskraft, Konzentrationsvermögen, Leistungsbereitschaft, Beharrungsvermögen, Sachlichkeit.

Überhöhter Saturnberg: Übertriebene Sparsamkeit (Geiz), Steifheit in Gesellschaft, Menschenscheu, Mißtrauen, Verschlossenheit, Neigung zu Schwermut, Melancholie, Nachdenklichkeit, vertiefte pessimistische Lebensauffassung.

Flacher Saturnberg: Mangelndes Verantwortungsbewußtsein, Unzuverlässigkeit, schwaches seelisches Rückgrat.

Mantik: Quadrat auf dem Saturnberg: Schutz vor Gefahr.

Der Ringfinger- oder Venusberg

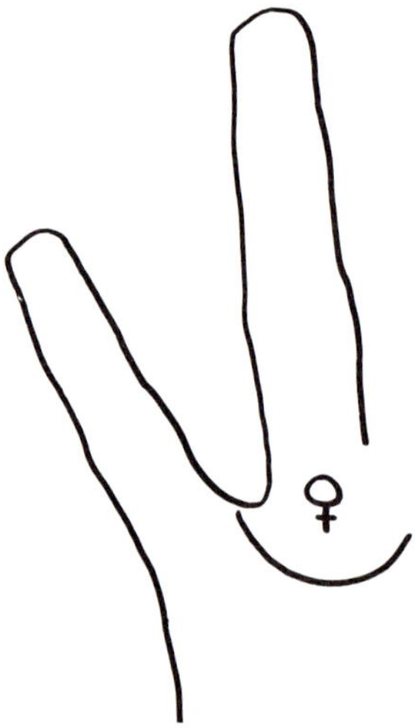

Der Ringfingerberg befindet sich auf der passiven Seite der Hand. Er offenbart das Seelenkräftepotential für *Du*-Begegnungen, die das Gemütsleben ansprechen. Das Grundprinzip des Ringfingerberges ist venusisch und birgt Idealismus, künstlerisches Empfinden, seelische Bindungsfähigkeit, *Ich*-Ergänzungswunsch durch ein *Du,* sei es ein Mensch oder ein Kunstwerk.

Astrologisch entspricht der Ringfingerberg mit dem dazugehörigen Finger primär der Trinität Venus/Waage/ 7. Haus, sekundär der stofflich substanzierten Venus des Zeichens Stier.

Venusprinzip: Liebe, Kunst, Anmut, Ästhetik, Harmonie (die himmlische Liebe der Venus/Urania), weiblich.

Psychologisch: Harmonieempfinden, Sinn für Schönheit und Kunst.

Soziologisch: Das Mädchen, die Geliebte. Menschen, die mit Kunst (Venus/Urania) in Verbindung stehen, im Unterschied zu Vergnügungsstätten (Venus-Pandemos, die Stier-Venus).

Biologisch: Drüsenprodukt.

Organisch: Nieren, Blase, die Haut als Ausscheidungsorgan.

Waage: Harmonie, Charme, Gleichgewicht, Sinn für Zusammenarbeit, Heiterkeit, Unbeschwertheit, feine Lebenskultur, Eleganz; Fähigkeit, Gegensätze zu überbrücken, Kunstverständnis oder künstlerischer Geschmack • Mangel an Entschlußkraft.

Soziologisch: Strategen, Diplomaten, Vermittler • Modeschöpfer, Balletteusen, Friseusen, Dekorateure, Tapezierer, Angestellte in Modeartikel-Geschäften.

7. Haus: Begegnungen, Partnerschaften, *Ich*-Ergänzung, Gemeinschaft, Verträge mit dem *Du,* Einstellung und Verhalten zum *Du,* Vorstellungsinhalte.

Deutungen

Erhöhter Ringfingerberg: Seelische Erlebnisfähigkeit, Einfühlungsvermögen, verfeinerte Sinne, Ästhetik, Schönheitssinn, Kunstsinn und kunstgewerbliche Neigungen.

Überhöhter Ringfingerberg: Bei überhöhtem Ringfingerberg spricht die Stier/ Venus-Komponente mit. Die Stier-Venus ist für die Fülle verantwortlich als Assimilation-Substanz/2. Hausprinzip. Das hat nichts mit einer Herabminderung der Stier-Venus zu tun. Auch die Waage-Venus kann im Substanzhaus stehen, worauf der Ringfingerberg fülliger wird, überhöht sogar, wenn Venus, Mond und Sonne in der Waage im 2. Haus Wohnsitz haben. Im Stier oder im 2. Haus ist es eine stoffliche, substanzierte Venus.

Finalität: Bequemlichkeit, Streben nach materiellen Werten, Selbstdarstellung, *Du*-Projektionen, Leichtsinn, Verschwendung.

Flacher Ringfingerberg: Mangelndes seelisches Einfühlungsvermögen, Nüchternheit, fehlender Kunstsinn.

Mantik: Dreieck auf dem Berg: Erfolge in Literatur. Stern: finanzielle Erfolge.

Der Kleinfinger- oder Merkurberg

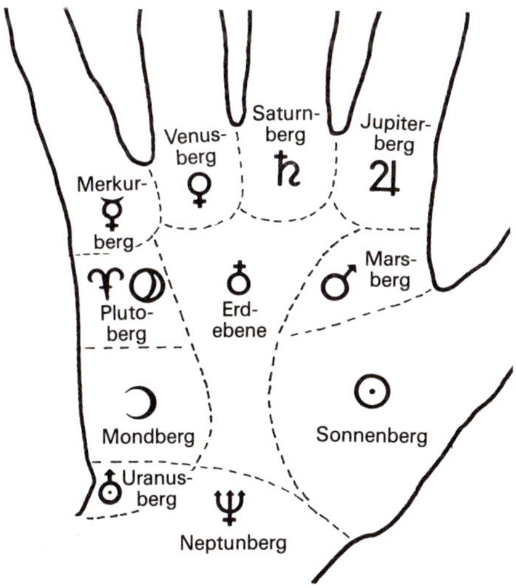

Der Berg auf der äußersten Handseite ist der Merkurberg. Er beinhaltet das Kräftepotential für die Funktionen im Außenraum, aber auch für außersinnliche Wahrnehmungen. Der Merkurberg liefert dem Kleinfinger die Energie zur Selbstdarstellung nach außen, zu Vermittlungstätigkeiten, sei es geistiger, intellektueller oder kommerzieller Art sowie zum Unterhalt der im Nagelglied installierten «Antenne».

Alles, was mit dem auf der DU-Seite sich befindlichen Merkurberg zusammenhängt, bezieht sich auf die Beziehungen zum Du, der Tragfähigkeit der Beziehungen, Erfahrungen in der engeren Umwelt im Alltag und die dabei in Einsatz gebrachte Ausdrucksfähigkeit.

Astrologisch entspricht dem Merkurberg und dem dazugehörigen Finger primär der Komplex Merkur/Zwillinge/3. Feld, sekundär, aber mehr auf den Finger und dessen Ansatz bezogen, die Jungfrau/6. Hauskomponente.

Merkurprinzip: Verstand, Vermittlung, Gedankentätigkeit.

Psychologisch: Auffassungsgabe, Beurteilung, Kritik, Gewandtheit in Wort und Schrift, allgemeine intellektuelle Fähigkeiten, Diplomatie, Analyse.

Soziologisch: Geistesarbeiter, Handeltreibende (Kaufleute), Vermittler.

Organisch: Motorische Nerven, Sprach- und Hörorgane, Schilddrüse.

Zwillinge: Gewandtheit, Beweglichkeit, Vielseitigkeit, Abwechslungstrieb, Kommunikationsbedürfnis, Reisen • Nervosität.

Soziologisch: Buchhändler, Schriftsteller, Journalisten, Juristen, Redner, Ansager, Karikaturisten, Reisebüro- und Postangestellte.

Organisch: Lunge.

Anatomisch: Schulter, Arme, Hände.

3. Haus: Kontakte; intellektuelle Fähigkeiten, die im Alltag genutzt werden; mitgebrachte Denkart, engeres Milieu, Beziehung zu den Personen der Umwelt; die Art der Selbstdarstellung nach außen, die Funktion nach außen, das Interesse an der konkreten Umwelt.

Deutungen

Der Merkurberg als Energiepotential der geistigen, intellektuellen und körperlichen Beweglichkeit hat zwei Ausprägungsmöglichkeiten: als seitliche Ausbauchung und als Fülle unterhalb des Kleinfingers.

• Durch die seitliche Ausbauchung erweckt die Hand die Form eines Spatels. Bei einer beweglichen, elastischen Fingerhand weist der seitliche Merkurberg auf Lebensgewandtheit, Lebensklugheit, praktisch geschicktes, vernünftig ausgesteuertes Vorgehen. Meist hat der Handeigner eine gute Menschenkenntnis, Beobachtungsgabe und er ist redegewandt. In der Regel kommt noch körperliche Beweglichkeit hinzu. Es ist Sache des Niveaus, ob auch schauspielerische Tricks und Täuschungsmanöver zur Anwendung kommen. Je derber die merkurbetonte Hand ist, desto weniger Takt und Feingefühl ist ihr eigen.

• Auch ein unterhalb des Kleinfingers liegendes Energiepotential symbolisiert Kontakt- und Vermittlerfähigkeiten, diplomatisches Geschick und Verständnis für Menschen und Situationen. Doch sind Handeigner mit dieser Merkurfülle-Plazierung weniger lebensgewandt und lebensklug als jene mit seitlicher Ausbauchung.

• Erfährt der Merkurberg eine übermäßige Ausprägung, weist er auf geschärfte Verstandesanlagen, starken Erwerbssinn mit Neigung zum Übervorteilen, List und Verschlagenheit.

Mantik: Befindet sich ein Viereck auf dem Berg, bedeutet es Schutz in materiellen Schwierigkeiten.

Die Symbolik der Handberge und Finger

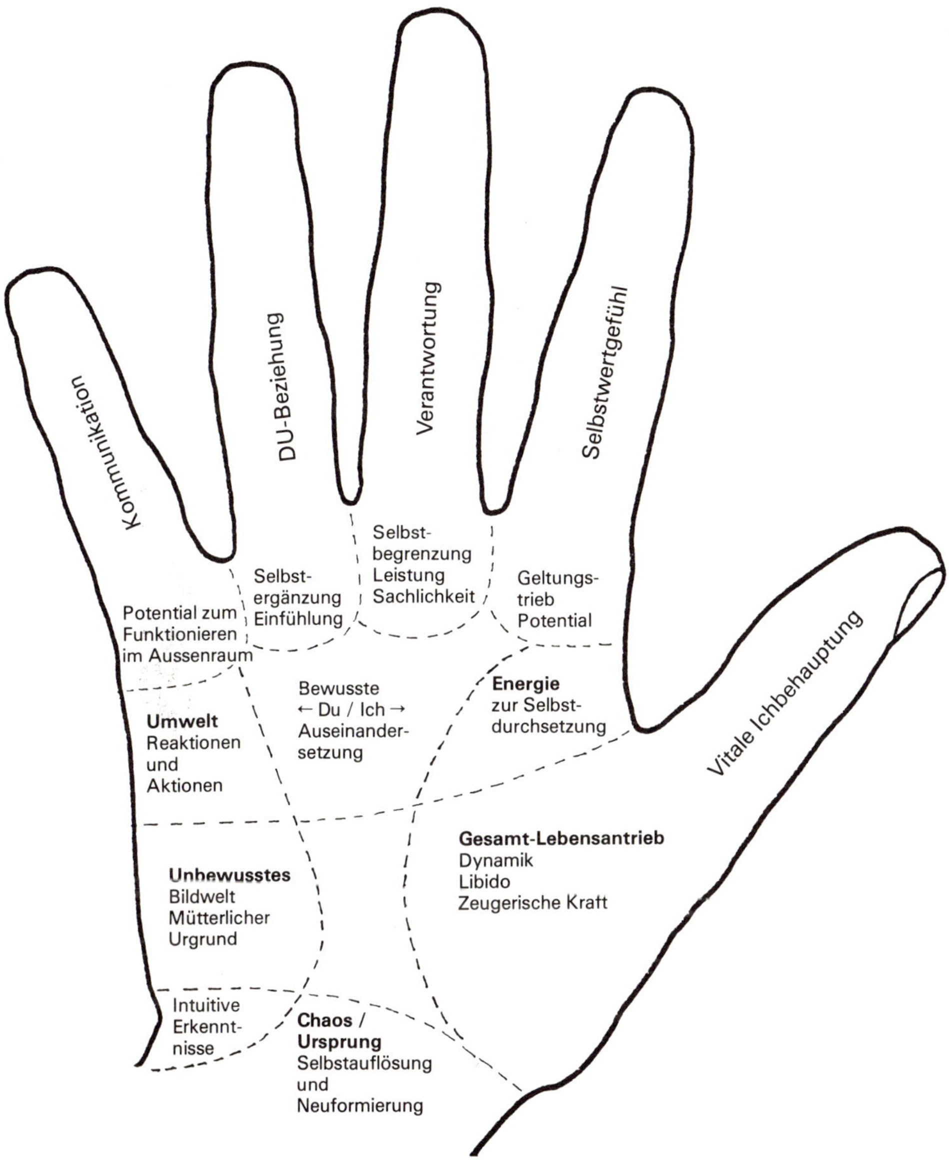

Die Handberge
Verschobene Fingerberge

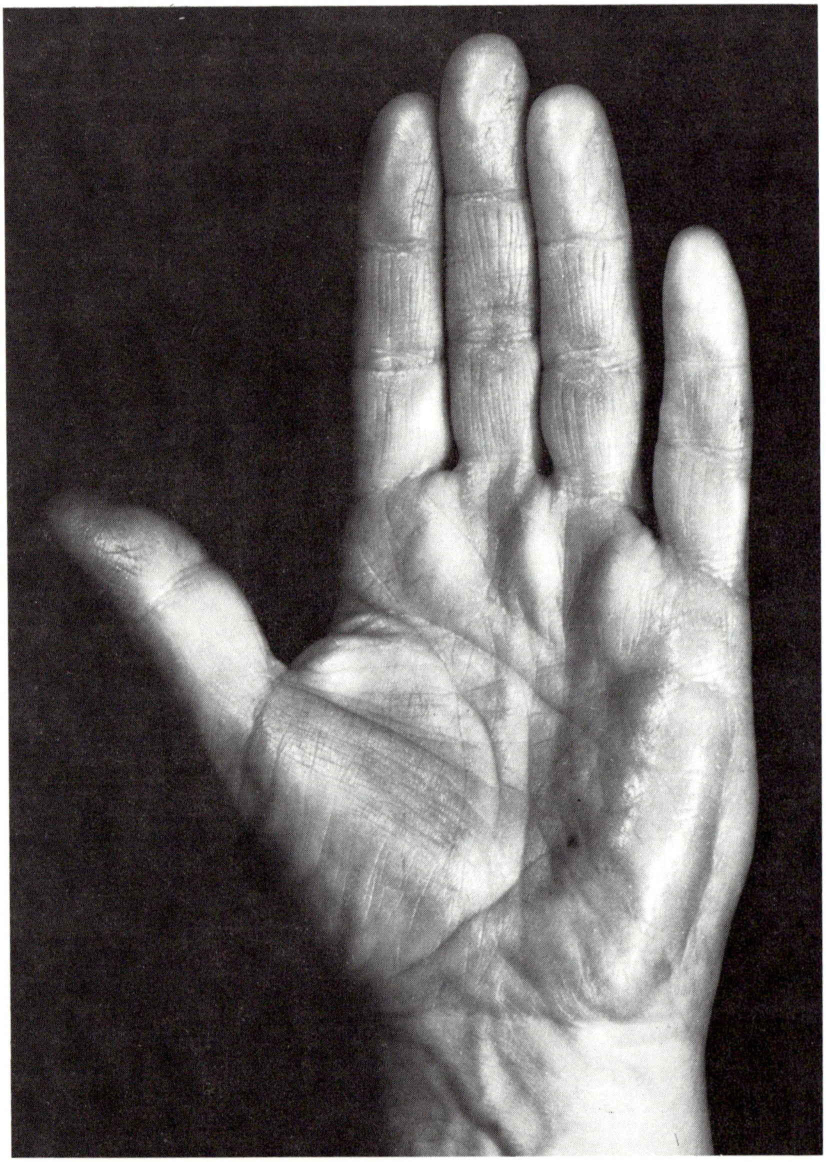

Die Verlagerung der Fingerberge

Selten stellen die als Berge bezeichneten Gebiete Erhöhungen dar. Die Anschwellungen oder Hügel liegen in der Regel unterhalb der Fingerzwischenräume, so daß zumeist nur drei Erhebungen sichtbar sind. Beim Zeigefingerberg trifft es noch am ehesten zu, daß die Erhebung direkt auf seinem Bereich liegt, doch auch hier findet sehr oft eine Verschiebung nach dem Mittelfingerberg statt. Weggerückt vom zugewiesenen Platz vermischen sich die Aussagen der beteiligten Berge. Dabei ist nicht immer gut sichtbar, wer wen anzieht, insbesondere beim Ring- und Kleinfingerberg. Manchmal gibt die Fingerbergtriradie des Kleinfingers einen Hinweis (Triradien siehe Seite 154). Bestimmt aber sind die Sachverhalte durch das Geburtsbild zu klären. Man sollte wenn immer möglich die Hand mit dem Horoskop vergleichen.

Deutungen

Jupiterberg zum Saturnberg: Die Verschiebung nimmt Saturn von seiner Schwere und hält gleichzeitig das Jovische in Grenzen. Zum Geltungstrieb mischen sich die sachlichen Eigenschaften und die Verwirklichungskraft Saturns. Diese Bergverschiebung findet sich zumeist bei Menschen mit eckigem Handrumpf, die einer sozialen Beschäftigung nachgehen. Darum trägt diese Erhebung manchmal die Bezeichnung Sozialhügel. •• Oft neigt sich zugleich der Zeigefinger zum Mittelfinger, was besagt, daß für das ICH primäres Anliegen die Pflichterfüllung ist.

Saturnberg zum Ringfingerberg: Die Ernsthaftigkeit Saturns verbindet sich mit der Leichtigkeit und Anmut der Venus. Die Verschiebung zum Venusischen nimmt Saturn seine melancholische Note. Im Falle künstlerischen Schaffens bringt Saturn dem Venusischen Struktur, und die Gestaltungen erfahren eine praktische, wirklichkeitsnahe Note.

Ringfingerberg zum Merkurberg: Eine Verschiebung vom Ringfinger- zum Merkurberg zeigt das Eingehen auf formale Kontakte, beinhaltet aber gleichzeitig Auffassungs- und Urteilskraft mit Sinnesempfindung. Der Kontakt mit dem *Du* erfährt eine ästhetische Note im Ausdruck. Bei guter Fülle beider zusammenlaufenden Berge und entsprechendem Handniveau ist Kunstverstand und Kunstempfinden wahrscheinlich. •• Generell kann gesagt werden: Befindet sich die Erhöhung mehr zum Kleinfingerberg verschoben, liegt die Betonung im Merkurischen im Sinne der Fähigkeit des sich Äußerns und der Beweglichkeit; besteht eine vermehrte Anlagerung an den Ringfingerberg, dominiert das Formgefühl. Außerdem ist es Sache des Gesamteindruckes der Hand und der Fingerbegabungen, welche Komponenten das Übergewicht erhalten.

IV. Die Linien und ihr Entstehen

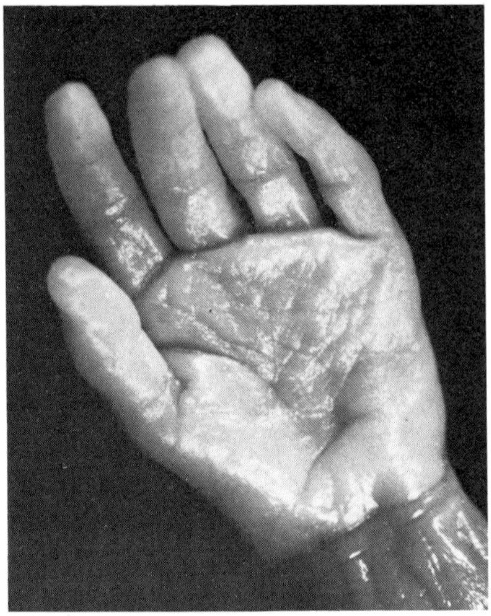

Händchen etwa 16. Schwangerschaftswoche, Originalgröße etwa 1 cm

Die Handlinienprägung geschieht vorgeburtlich. Zuerst bilden sich in der embryonalen Entwicklung die normalerweise am stärksten ausgeprägten Hauptlinien Daumenfurche (Lebenslinie), Cerebralis (Kopflinie) und Emotionalis (Gemütslinie), in der Erbbiologie Beugefalten genannt. Sie liegen an stammesgeschichtlich fixierten Stellen (WÜRTH). Diese frühembryonale Bildung der Handlinien schließt die Möglichkeit ihres Entstehens durch Beugung aus. Nach dem vierten Embryonalmonat formen sich die als Nebenfurchen oder Nebenlinien bekannten Ring- und Merkurlinien, seltener diejenige des Mittelfingers. Diese Nebenlinien können aber auch später, nachgeburtlich, entstehen. Die Linien bilden sich nachgewiesenermaßen nicht durch Beugen, schon gar nicht durch der Hände Arbeit.

Die Bedeutung der Handlinien

(unter Ausschluß der Mantik)

Die Hauptlinien haben Beziehung zur ererbten Vitalität, Gehirnstruktur und Emotionalität (Gemütsleben). Das Nebenlinien-Gebilde dagegen ist rein individueller Art und hängt von der nervlich-seelischen Intensität ab. Viele feine Linien offenbaren eine erhöhte seelische Ansprechbarkeit im Sinne einer gesteigerten Sensibilität. Da allein die Nebenlinien völlig individueller Natur sind, bezieht sich die Willensfreiheit des Menschen nur auf die Nebenlinien, denn die Hauptlinien liegen ja erbbiologisch fest. Wohl ist – biologisch gesehen – das Nervensystem auch von der Erbmasse abhängig. Aber das Erbgut besteht ja nicht für sich allein, sondern wurde dem Individualkern des Menschen aufgepfropft. Das zeigt sich bei Geschwistern mit gleicher Erbmasse wegen des unterschiedlichen Individualkerns sehr deutlich. Hingegen scheinen eineiige Zwillinge einen ähnlichen Individualkern zu haben; darum sprechen sie auf das elterliche Erbgut ähnlich an.

Bei begabten und durchgeistigten Menschen liegt in der Regel ein reicheres Liniennetz vor. Zwar ist das gleiche bei Mongoloismus und paranoider Schizophrenie oft auch der Fall. Doch sind dann die Hauptlinien entweder ungenügend oder ungünstig geprägt und die Nebenlinien ungeordnet oder fast gleichmäßig über die Handfläche verteilt. «Furchenreichtum deutet nicht direkt auf ‹Intelligenz› oder ‹Bewußtsein› hin, sondern lediglich auf nervenenergetische Intensitäten» (Debrunner).

Linien sind Energieströme oder Impulse. Die Aussagen variieren entsprechend ihrer Positionen. Linien bedeuten Umsetzungsvermögen in dem Bereiche, in dem sie sich befinden. Die Umsetzung ist aber meist nur dort möglich, wo ein Berg genügend Energiepotential bietet. Wenn keine Energieströme vom Berg wegführen, gilt dieser als gestaut, und gestaute Energiespeicher können sich zu gegebener Zeit explosionsartig entladen.

Linien haben die Fähigkeit, zwei oder mehrere Handbereiche miteinander zu verbinden, vermögen aber ebensogut Handbereiche zu trennen. Eine absolute Trennung durch eine Linie wird vollzogen, wenn sie beispielsweise die Hand horizontal durchquert, wie dies bei einer gesperrten Hand (siehe Seite 87) geschieht, wobei im Beispiel in der einen Hand die Saturnalis, in der anderen die Merkurlinie die beiden Handteile wieder verbindet.

Linien haben verschiedene Möglichkeiten der Ausprägung. Sie können breit, schmal, tief oder nur oberflächlich verlaufen. Auch sind sie nicht immer rein gezeichnet. Vielfach liegen Störungen vor. So können sich Brüche ergeben, Ketten, Haarlinien, Wellenlinien und Zweige (siehe Seite 64/65). Günstige Linien sind klar und deutlich gekennzeichnet sowie von leichter Rosafärbung.

Linien-Veränderungen

Die Energien strömen nicht zeitlebens gleich. Das Entstehen und Verschwinden der Energieströme hat mit der nervlich-seelischen Entwicklung zu tun, mit gleichzeitiger Wechselwirkung auf das körperliche Befinden. Linien können entstehen, vergehen, sich verändern oder verstärken. In extravertierten Lebensphasen ziehen sich oft feinere Nebenlinien zurück, um nach der Lebensmitte wieder zu erscheinen. Beim alten Menschen ist die Handfurchung meist am reichhaltigsten. Ebenso zeigen Frauenhände ein stärkeres Linienbild als robuste Männerhände.

Beim Neugeborenen ist es verschieden. Bei der Geburt können viele feine Linien vorhanden sein, die sich über die ganze Hand verteilen und bei der Ich-Entwicklung verschwinden, wobei sich die aktiven Linien straffen. Beim Mongoloiden bleiben die vielen Nebenlinien bestehen. Geistige Retardierung ist an der Handform und aus dem Linienbild der Innenhand ersichtlich. Auch die Hand des nichtmongoloiden Sonderschulkindes zeigt ein anderes Linienbild als die Hand der Durchschnittsbegabten.

Linien, Störungen und einschränkende Zeichen

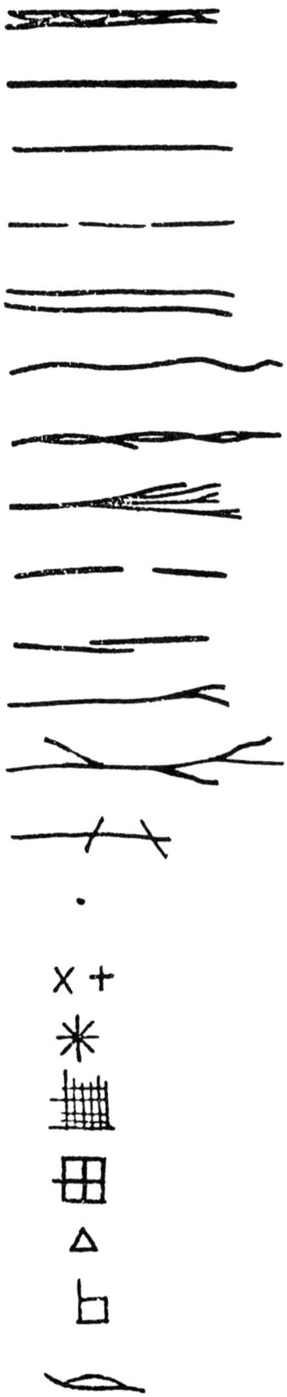

breite Linien

tiefe Linien

feine Linien

oberflächliche Linien

Parallellinien

Wellenlinien

Kettenlinien

Haarlinien

Brüche

Bruchüberlagerungen

Gabelungen

auf- und absteigende Äste

Durchstriche

Punkte

Kreuze

Sterne

Gitter

abgeteilte Vierecke

Dreiecke

Vierecke

Inseln

Bedeutungen der Linien, Störungen und einschränkenden Zeichen

Breite Linien: Triebverhaftung, Trägheit, Langsamkeit

Tiefe Linien: Energie, Widerstand, Konzentration, Kraft, Ausdauer, Entschlossenheit, Intensität des Engagements im entsprechenden Bereich

Feine Linien: Anreiz, Lebhaftigkeit, gute geistige Fähigkeiten, aktiviert die positiven Entsprechungen einer Linie

Dünne, oberflächliche Linien: Oberflächlichkeit, Gleichgültigkeit, Schwäche

Parallellinien: verstärken die Aussagen der eigentlichen Linie

Wellenlinien: Unsicherheit, Mißtrauen, Zweideutigkeit, Schwankungen, Abweichen von Geradlinigkeit, auch diplomatisches Ausweichen

Kettenlinien: Verlust an positiver Kraft, Schwankungen

Haarlinien (Fransen): schwächen die Art der Linie

Brüche: Störung, Unterbrechung; abgeschwächt, wenn Bruchstellen übereinander liegen

Gabelungen: Vielseitigkeit, auch Zwiespältigkeit

Zweige/Äste: günstig, wenn klar und gut gezeichnet und der Linie keine Kraft entziehen

Durchstriche: Hemmungen, Störungen oder Verhinderungen. Durchstriche sind überwindbar

Punkte: meistens Störungen im jeweiligen Bereich

Kreuze: meistens Störungen im jeweiligen Bereich

Sterne: Ähnlich wie Kreuze. Plötzliches, mitunter von unangenehmer Heftigkeit im jeweiligen Bereich

Gitter: Einschränkung, Entbehrung, Hindernisse, Schwierigkeiten

Abgeteilte Vierecke: hellsichtige Begabung, negativ evtl. Geistesstörungen

Dreiecke: positiv im jeweiligen Bereich

Vierecke: Energische Tätigkeit mit positiven Auswirkungen

Inseln: Hemmung, Zwang, Unregelmäßigkeit, Kreisen um sich selbst. Nach ISSBERNER-HALDANE sollen Inseln in Linien Leiden und Schwächen ererbter Art anzeigen

Literatur: ISSBERNER, LOMER, MANGIN

Die drei Hauptlinien

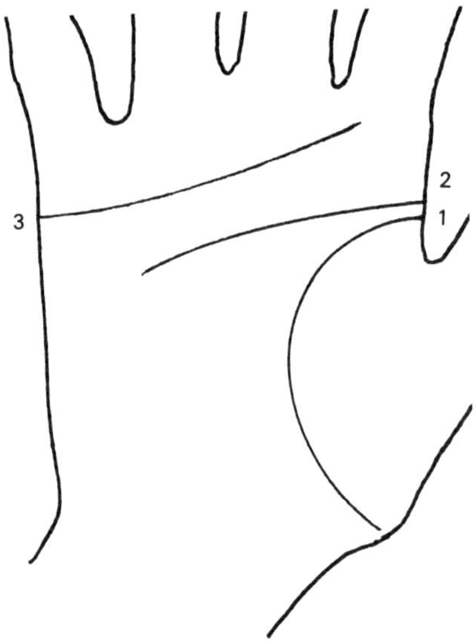

Die drei horizontal beginnenden Hauptlinien entsprechen den drei vererbten seelischen Grundfunktionen Wollen, Denken und Fühlen. Da es sich bei diesen drei Linien um ererbte Grundanlagen handelt, ist es kaum erstaunlich, daß die der Kinder jenen der Eltern ähneln.

Jeder Elternteil bringt eine andere Erbmasse mit, was sich auf die Hände der Nachkommen in dem Sinne auswirkt, als eine der Hände väterliche, die andere mütterliche Grundzüge aufweist. Die drei Hauptlinien, die familiäre oder biologisch bedingte Eigenheiten widerspiegeln, ändern sich im Laufe des Lebens nur wenig. Ihre Lage können sie nicht wechseln, dagegen sich verlängern, verfestigen sowie sich verästeln.

In der Literatur übliche Bezeichnungen

1 • Daumenfurche, Thenarlinie, Lebenslinie, Naturalis, Vitalis von Vita = Leben, Cardiaca, aus dem Griechischen = Herz. Das Herz war nach Ansicht des Altertums Sitz des Lebens.

Astrologisch: Fixstern Sonne, Tierkreis Löwe, 5. Horoskophaus. Zu Beginn der Lebenslinie spielt noch Mars/Widder/Ascendent eine Rolle. In Wirklichkeit entspricht die Lebenslinie dem ganzen Tierkreisreigen, der von der Sonne beherrscht wird.

2 • Kopflinie, Cephalica, Cerebralis, Verstandeslinie, Mars- oder Aktionslinie (Papus).

Astrologisch: Planet Mars, Tierkreiszeichen Widder, 1. Haus.

3 • Emotionalis, Gemütsfalte oder -linie, Mensalis (Sinn, Gemüt), Herzlinie. In der französischen Fachliteratur wird sie Jupiterlinie genannt (Papus).

Astrologisch: Mond und Venus als Gemütsfaktoren; Merkur als Kommunikationsprinzip, Saturn als Festiger des seelischen Rückgrats und Jupiter als sinngebendes Prinzip.

Die Lebenslinie, Vitalis oder Daumenfurche

Die Lebenslinie beginnt auf der Aktivseite der Hand zwischen Daumeneinschnitt und Zeigefingeransatz. Sie umschließt den Thenar in größerem oder kleinerem halbkreisförmigem Bogen. Der Vitalis-Anfang hat Beziehung zum Lebensbeginn. Astrologisch entspricht der Lebensbeginn dem Ascendenten, identisch der Spitze des ersten Hauses im Geburtsbild. Der Ascendent bezeichnet den Augenblick, wo das Neugeborene den ersten selbsttätigen Atemzug vollzieht. Im Horoskopschema ist das erste Haus dem Zeichen Widder analog, der den Tierkreis eröffnet.

Die Lebenslinie als körperliches Prinzip offenbart die ererbte Lebenskraft. Daher gibt sie Aufschluß über den biologischen Weg des Handeigners, die organische Vitalität und die physische Widerstandskraft. Die andere Bezeichnung für die Lebenslinie lautet ja Vitalis, und vita ist der lateinische Begriff für Leben. Astrologisch habe ich den Hauptanteil der Lebenslinie der Sonne zugeordnet, denn sie hat Bezug zur Gesundheit. Der alte hochdeutsche Ausdruck für Gesundheit hieß Gesonntheit. Art, Form, Verlauf und Prägung, mit welcher die Vitalis den Thenar, den Berg des Gesamtlebensantriebes umschließt, geben nicht nur über die Gesundheit, sondern auch über das körperliche Benehmen und das persönliche Engagement Auskunft. Im Idealfall bildet die Daumenfurche ein harmonisch geformtes C.

Die Lebenslinie ist in jeder Hand zu finden. Falls sich keine klar ausgeprägte Vitalis abzeichnet, ist zu prüfen, ob die Saturnalis (siehe Seite 90) und/oder die Merkurlinie deren Funktion übernimmt. Bei Sonne Konjunktion Saturn, hauptsächlich in Löwe und Schütze, aber auch, wenn Saturn sich im gleichen Zeichen wie die Sonne befindet, ist öfters die Lebenslinie von der Saturnlinie nicht unterscheidbar. Im Zweifelsfalle hat immer Saturn die Führung, weil Saturn das langsamlaufendere Gestirn ist. Auch wenn die Lebenslinie vorzeitig, das heißt ungefähr in der Mitte ihres üblichen Verlaufs, abbricht, übernimmt eine allfällige Saturnalis deren Funktion. Bei dieser Linienformation fand ich astrologisch stets Winkelbeziehungen von Sonne und Saturn, sei es durch Quadratur, Opposition oder indem sich Sonne und Saturn in der Spiegelung decken, z.B. Sonne in 10° Widder und Saturn in 20° Jungfrau.

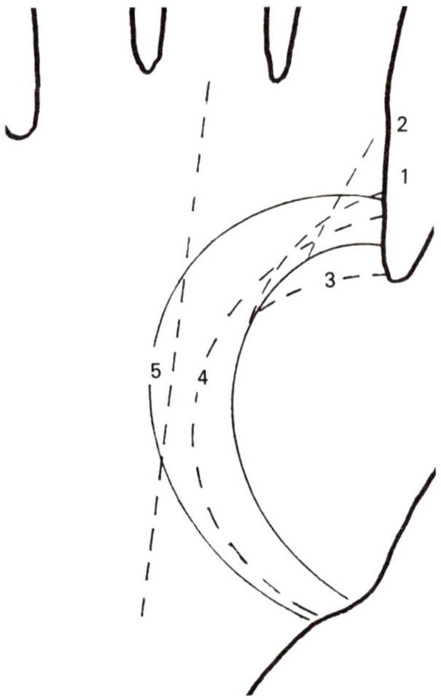

Im Regelfalle beginnt die Lebenslinie in der Mitte zwischen Daumeneinschnitt und Zeigefingeransatz.

1 • Verschiebt sich der Vitalisbeginn zum Zeigefingerberg, verbindet sich die Aktivität und Dynamik der Vitalkraft mit Unternehmungslust, Ehrgeiz und Geltungsdrang. Bei fülligem Thenar besteht eine verstärkte biologische Potenz und ein vergrößerter Lebenstrieb, der sich auf Ehrgeiz und Machtverlangen konzentriert. Ist außerdem der Zeigefinger genügend lang und formfest, wird es dem Handeigner an Selbstsicherheit, natürlicher Autorität und Führungseigenschaften kaum fehlen.

2 • Auch wenn nur ein Ast aus der Lebenslinie in den Jupiterberg reicht, deutet dies auf ehrgeiziges Streben. Doch besteht bei dieser Zeichnung die Neigung, sich zu übernehmen. Diese Linienformation ist doppeldeutig in dem Sinne, als Ehrgeiz und Körperkräfte gekoppelt sind und falls Selbstwertgefühl und Geltungsstreben angetastet werden, die Vitalkräfte versagen, «da sich der Handeigner in seinem Lebensnerv getroffen fühlt[9]».

3 • Hat die Vitalis als Lebensstrom ihren Ursprung nahe dem Daumeneinschnitt, werden die Energie-Impulse nur für den Eigenbedarf, für triebhafte Begehren verwendet.

4 • Schwingt sich die Lebenslinie in einer schönen Rundung, den Ich-Raum aber nicht verlassend, um den Thenar, darf mit einem warmherzigen Naturell und einem widerstandsfähigen Organismus gerechnet werden.

5 • Schießt der Vitalisbogen über die Mittelachse der Hand hinaus, überschreiten die Vital- und Ich-Kräfte das ihnen zustehende Gebiet. Die Aussage ist doppelwertig. Einerseits will der Handeigner seinen Lebensraum erweitern, andererseits riskiert er, vom *Du* in die eigenen Schranken gewiesen zu werden. •• Ist der Thenar gut erhöht, reichen die Körperkräfte aus, den erweiterten Lebensraumanspruch zu verkraften. •• Bei flachem Thenar stellen sich Erschöpfungszustände ein, weil die konstitutionell gegebene Lebenskraft überbeanspruct wird.

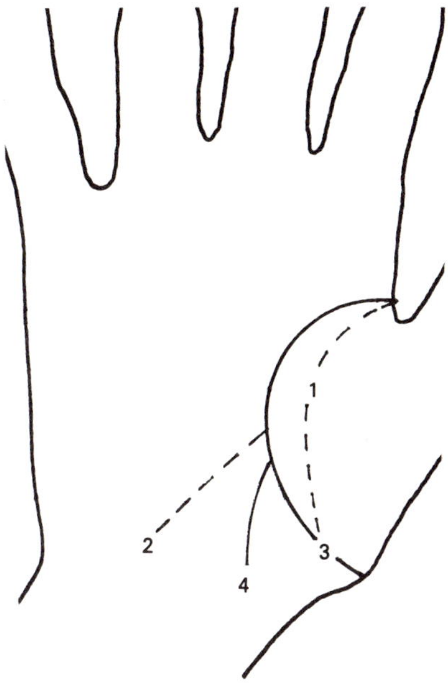

1 • Vitale Schwächen sind ebenfalls angezeigt, wenn sich eine schwache Vitalis eng um einen flachen Thenar zieht. •• Ist der Vitalisbogen zwar eng, der Thenar aber füllig, entstehen Unlustgefühle, weil aufgrund der damit verbundenen Charakterstruktur der Enge der Handeigner triebmäßig nicht aus sich herauszugehen vermag.

2 • Auf Unabhängigkeitsdrang und ein Unabhängigsein-Wollen von der angestammten Familie deutet eine Lebenslinie, die einen großen Ast zum Mond- oder Uranusberg wirft. Das ermuntert die Mantik zur Aussage, daß der Handeigner den Lebensabend in völlig veränderten Lebensumständen als zur Zeit der Geburt oder fern der Heimat verbringen werde (Auswanderung).

3 • *Mantik:* Bei wohlgerundeter Endung dagegen erfolge der letzte Teil des Lebens unter harmonischen Umständen in vertrauter Umgebung. •• Die Aussage ist subjektiv. Wer zeitlebens ein Globetrotter war, fühlt sich auf der ganzen Welt zuhause. Nicht alle dieser Menschen haben eine hypothenarabgezogene Vitalis •• Die Mantik sagt außerdem von der aufgespaltenen Lebenslinie, daß, wenn der Ast zum Hypothenar länger wäre, er viele Reisen anzeige oder das Lebensende im Ausland verbracht würde. Die Mantik meint auch, daß ein Handeigner mit längerem Ast der Lebenslinie im Thenar zwar viele Reisen unternähme, aber stets ins Heimatland zurückkehren werde. •• Die Praxis zeigt zugunsten der Mantik eine mehr als nur zufällige Trefferquote.

4 • Eine starke, kräftige Gabel aus dem letzten Drittel der Lebenslinie gilt als Merkmal für eine gute Gesundheit bis zum Ende des Lebens und ist in der Regel auch Hinweis für größere Aktivitäten noch nach dem 50. Lebensjahr.

Regeln zur Vitalität

• Eine zart gezeichnete Thenarfurche zeugt von schwacher Vitalität, die nicht strapaziert werden darf. • Die stark und tief gezeichnete Lebenslinie weist auf eine gesunde Triebkraft. •• In primitiven Händen ist die Lebenslinie breit und flach.

• Wenn die Vitalis schwach gezeichnet oder unterbrochen ist, werden die Körperkräfte zuwenig kontrolliert oder zusammengehalten und fließen ab, verströmen. Das Ergebnis sind ständige körperliche Schwächen.

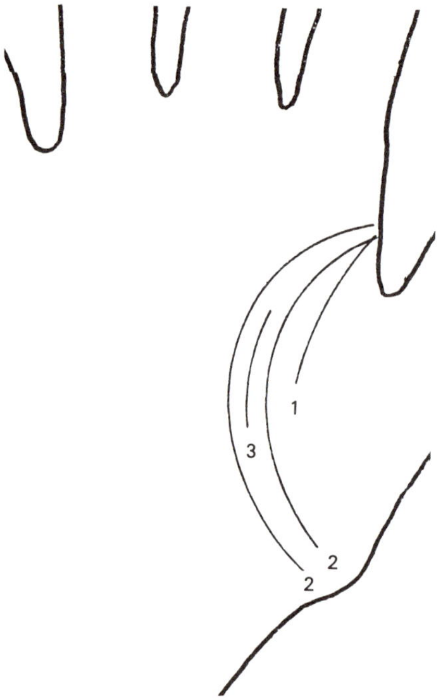

1 • Eine nahe dem Daumeneinschnitt, meist gleichzeitig mit der Lebenslinie entspringende Furche, wird als *Marslinie* bezeichnet. Der Name ist zutreffend, denn die Linie durchquert Marsgebiet. Die Marslinie drückt vermehrte Energie-Impulse aus, die zu ständigem Tun antreiben (physiognomisch meist leicht vorstehendes Kinn). Die Marslinie selbst hat nichts mit Körperkräften zu tun. Sie zeigt nur Tätigkeitsimpulse an. Bei fülligem Thenar wird die Lebenssubstanz nicht angegriffen, bei flachem dagegen leidet die Gesundheit.

Astrologisch sind es im letzteren Fall primär Widder/AC/-Typen ohne solare Unterstützung und mit mangelnder Zweithaussubstanz.

2 • Bei *doppelter Lebenslinie* verfügt der Handeigner über eine vergrößerte Vitalität. Der Lebensbehauptungswille kann kaum je erschüttert werden. Eine doppelte Vitalis hat nichts mit verstärkter Lebenssubstanz zu tun. Diese ist nur an der Fülle des Thenars und dessen Konsistenz ersichtlich. Meistens zeugt eine zweite Lebenslinie von Schutz und Protektionen, mögen sie dem Handeigner bewußt sein oder nicht. Menschen mit doppelter Vitalis haben genügend Lebenswillen, um auch in Krisenzeiten – welcher Art auch immer – sich zu behaupten oder beispielsweise noch nach der Lebensmitte aus eigener Kraft ein völlig neues Leben aufzubauen. Das ist verstärkt der Fall, wenn sich die doppelte Lebenslinie in beiden Händen befindet.

3 • Auch wenn eine nahe der Vitalis gelegene Furche die Lebenslinie nur kurzfristig begleitet, stellt sie eine Verstärkung der Lebenskraft dar. • Ist die Hauptvitalis innerhalb dieses Bereiches verdünnt, gebrochen oder verinselt, bietet die *Ersatzlinie* auf jeden Fall einen Schutz oder gleicht allfällig sich ergebende Vitalmängel schnell aus, besonders, wenn der Linieneigner im Krankheitsfall geeignete Mittel zur Stärkung seiner Vitalkraft einsetzt.

Regel zur Vitalität

Veränderungen in der Lebenslinie zeigen unterschiedliche Vitalitätsverhältnisse. Verdünnt sich die Vitalis, offenbart sie körperliche Anfälligkeiten, verfestigt sie sich, wirkt sich dies stabilisierend auf die Gesundheit aus.

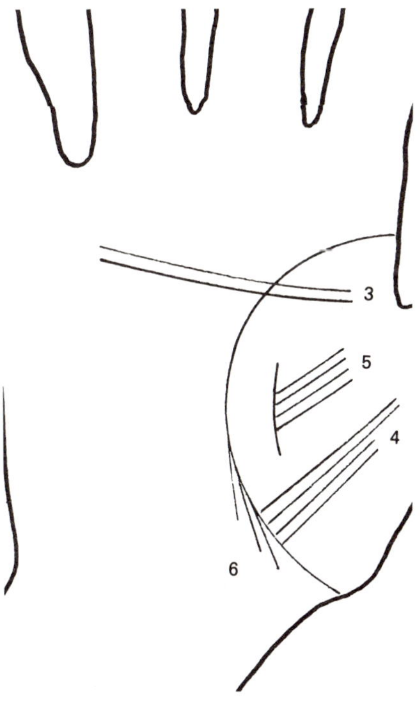

1 • Bricht die Vitalis vorzeitig ab, um seitlich verschoben im Thenar weiterzulaufen, deutet sie einerseits auf eine Lebensumstellung und andererseits, infolge des verengt weiterfließenden Energiestromes, auf einschränkende Lebensumstände. Der Zeitpunkt ist mantisch berechenbar.

2 • Läuft dagegen die Lebenslinie zur Handmitte verschoben fort, weist sie auf eine Lebenskreisvergrößerung hin. Die Realität bietet verschiedene Möglichkeiten: Befreiung von familiären Pflichten, Reisen zur Erweiterung des persönlichen Gesichtskreises oder eine Lebensumstellung mit größeren persönlichen Freiheiten.

3 • Durchströmende Energielinien im oberen Teil des Thenars sind die Regel. Sie zeigen ein Hinüberfließen von Triebkräften, die einen Du-Bezug suchen.

4 • Wenn im unteren Teil des Thenars die Mehrzahl der Querlinien angehalten werden, ist das normal. Dadurch wird ein direktes Überströmen von Lebensenergien zur Umwelt verhindert.

5 • Werden die Antriebskräfte jedoch bereits durch eine hinter der Lebenslinie stehende Vertikale aufgefangen, entsteht eine Triebstauung.

6 • Im letzten Drittel der Vitalis absteigende Äste, die 3–4 mm entfernt entlang der Lebenslinie laufen, mögen auf zu erwartende klimakterische Beschwerden hinweisen. Meist deuten sie auf Stoffwechselstörungen mit entsprechenden Vitalitätseinbußen, die, rechtzeitig erkannt, mittels ärztlicher Hilfe angegangen werden können. In diesem unteren Teil der Lebenslinie darf ohnehin nicht mehr mit der vollen Kraft der Lebensmitte gerechnet werden.

Normalerweise besitzt • die Spatelhand eine gutgezeichnete, starke Vitalis, • die eckige Hand eine mittelstarke und • die konische Hand weist meistens einen zarten, manchmal leicht beschädigten Verlauf auf.

Aus der Lebenslinie aufsteigende Linien sind nach deren Endung zu beurteilen. Die aufstrebende Linie ist positiv und besagt einen nach Verwirklichung strebenden Impuls. In welcher Richtung dies geschieht, zeigt das Ende der Linie.

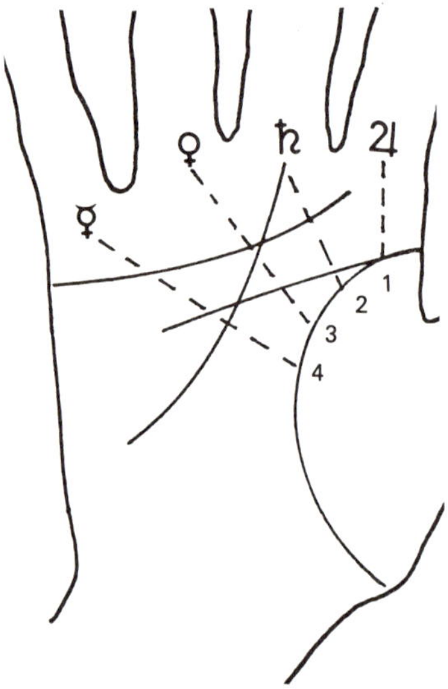

1 • Zum Jupiterberg verlaufend, steht dem Menschen ein Energiestrom zur Verfügung, um sich mehr Geltung zu verschaffen.

2 • Strebt der Energie-Impuls zum Saturnberg, erhält der Leistungstrieb eine Unterstützung.

3 • Der Verlauf zum Ringfingerberg zeigt freigelegte Energien für den musischen oder personenbezogenen *Du*-Bereich.

4 • Die Hinwendung zum Merkurberg offenbart verfügbare Impulse für den kommunikativen, merkantilen oder geistig-intellektuellen Einsatz.

Auch Linien, die hinter der Lebenslinie entspringen, bedeuten freigesetzte Energien, nur sind sie zusätzlich solar gespeist.

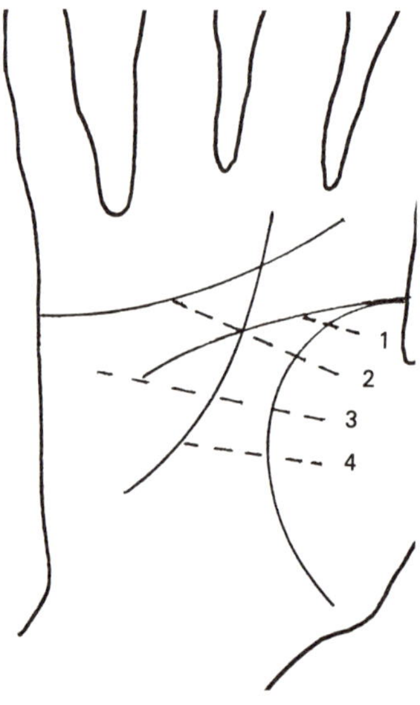

1 • Eine aufsteigende Linie, die in die Cerebralis mündet, spendet Energien für Denkleistungen.

2 • Strebt eine Linie in die Emotionalis, sind Energien für eine Herzensangelegenheit verfügbar. Meistens handelt es sich um eine programmierte schicksalshafte Begegnung, die mantisch berechenbar ist.

3 • Steuert eine Linie zum Plutoberg, verkündet sie Energieeinsätze für Auseinandersetzungen mit Sterbe- und Werdeprozessen.

4 • Trifft eine Linie auf die Saturnalis, wird die Energie zum Aufbau der Karriere oder für sachliche Leistungen verwendet.

Genauso wie LOMER vertrete ich die Ansicht, daß die Vitalis Beziehung zu den zwölf Tierkreiszeichen hat, umsomehr, als ich dem Thenar die Sonne zuteile. Der Vitalisbeginn als Lebensstartsymbol ist analog dem Zeichen Widder; dem Widder entspricht anatomisch der Kopf. Das Lebenslinien-Ende hat eine Analogie zum Zeichen Fische, und die Fische entsprechen anatomisch den Füßen.

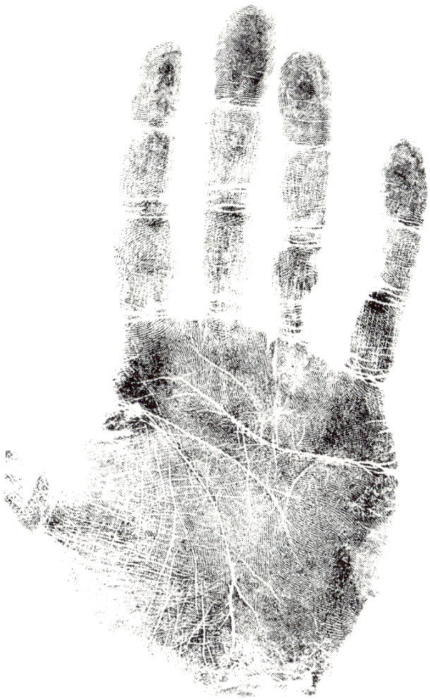

• Es ist interessant zu beobachten, daß bei einer Fische/Neptun-Betonung die Lebenslinie in den Bereich Neptun/Fische/12. Haus einmündet. Das nebenstehende Bild zeigt einen Handabdruck des weltbekannten holländischen Hellsehers und Heilers Gérard Croiset, geb. 10. 3. 1909, 06.00 h a.m. Laren (Nordholland) AC 3° Fische, Venus 6° Fische, Sonne 19° Fische, Sonne Trigon Neptun. Croiset verstarb am 20. 7. 1980.

Alle Chirologen sind sich einig, daß Inseln in der Lebenslinie körperliche Schwächen anzeigen. Die meisten glauben, diese Schwächen wären zeitlich bestimmbar. Dr. med. G. LOMER stimmt diesem Sachverhalt nur teilweise zu. Nach Ansicht LOMERS stehen Inseln mit Organen in Verbindung. Die obere Vitalishälfte soll die obere Körperhälfte betreffen und die untere Lebenslinienhälfte Organe unterhalb des Nabels. • Wesentlich sei vor allem, ob eine Insel sich innerhalb der Lebenslinie oder außerhalb dieser befindet. Innerhalb liegend, schmiegt die Insel sich der Lebenslinie an, außerhalb ergibt sich die Form einer Ausbuchtung.

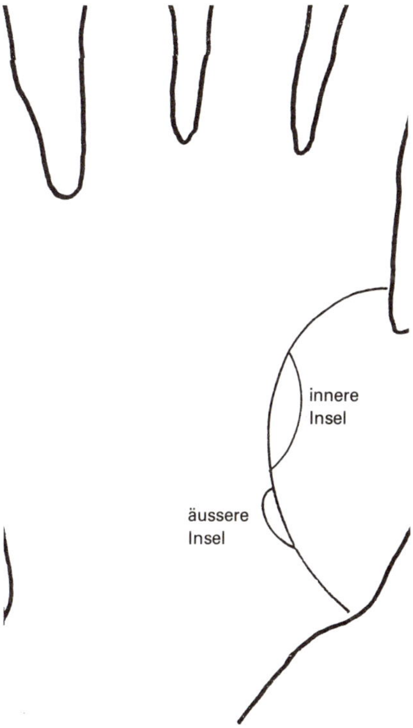

Bedeutung (mantischer Einschlag): Durch die Insel erfährt der Lebensstrom eine Spaltung. Dies besagt eine zarte Gesundheit oder innere Krankheiten.

Äußere Inseln: Möglichkeit von Eingriffen von außen, z.B. Verletzungen oder Operationen.

Die zeitliche Einteilung der Vitalis (Mantik)

Obwohl Meßschemata zur Mantik gehören, sei ein solches Schema vorgestellt. Erstaunlicherweise sind die Zeiteinteilungs-Schemata der Chirologen bzw. Chiromanten höchst unterschiedlich, ähnlich den verschiedenen Häusersystemen der Astrologie. Selbstverständlich ist jeder Chirologe, genauso wie jeder Astrologe, der Überzeugung, das richtige Zeiteinteilungs-Schema zu besitzen.

Der Nervenarzt Dr. med. GEORG LOMER bezeichnet das untenstehende Meßbild als das für ihn zuverlässigste. Er nimmt das C, das die Lebenslinie normalerweise beschreibt, als Symbol des Centum = 100. Der Mittelpunkt des Thenars wird als Ausgangspunkt benutzt. Von dort werden Radien gezogen. Die Jahre sind an der Vitalis ablesbar.

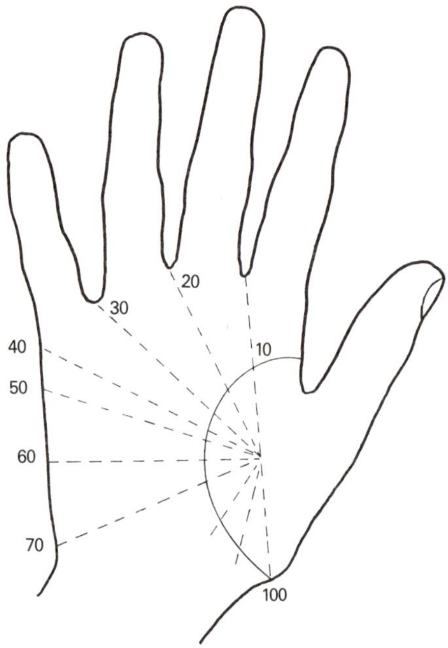

Ab Mittelpunkt Thenar werden Radien wie folgt gezogen:

- zwischen Jupiter- und Saturnfinger = 10 Jahre
- zwischen Saturn- und Ringfinger = 20 Jahre
- zwischen Ringfinger und Kleinfinger = 30 Jahre
- zum Merkurfingeransatz am Handrand = 40 Jahre
- zum Emotionalisbeginn = 50 Jahre
- zum Mittelpunkt zwischen Emotionalisbeginn und Mondbergknochen = 60 Jahre
- zum Mondbergknochen = 70 Jahre
- Der Rest bis zu 100 Jahren wird gedrittelt.

Das erste Jahrzehnt und die Jahre von 70 – 100, die den größten Raum auf die Vitalis einnehmen, sind die gesundheitlich anfälligsten.

- Auch die Meßkarten von ISSBERNER-HALDANE und OTTINGER sind mantisch verwendbar, wenn sie auf die individuelle Hand abgeändert werden. Ich bin gegen mantische Aussagen. Trotzdem muß ich diese Möglichkeiten erwähnen, weil sie existieren.

Die Kopflinie oder Cerebralis

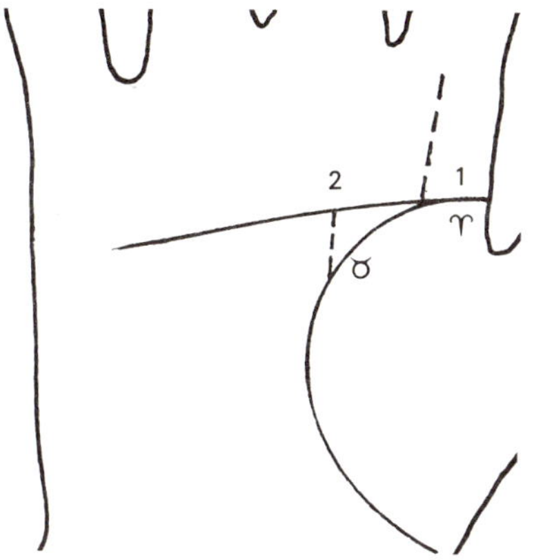

Die Kopflinie beginnt ebenfalls auf der Aktivseite der Hand. Meist läuft sie ein Stück weit mit der Lebenslinie zusammen. So wie der Lebenslinienbeginn astrologisch primär sich auf den Ascendenten bezieht (inbegriffen Geburtsgebieter, Gestirne im 1. Haus und deren Aspektierung, plus die Aspekte, die auf den AC fallen), betrifft die Kopflinie im Schema das Zeichen Widder (Widder = organisch Kopf). Regent von Widder ist Mars (siehe Seite 48). Die Kopflinie steuert den im Marsberg zur Verfügung stehenden Energiestrom durch die Realitäts- oder Bewußtheitsebene zur *Du*-Seite. Papus bezeichnet die Kopflinie als Mars- oder Aktionslinie.

Aus Verlauf und Beschaffenheit der Kopflinie sind Denk- und Willensrichtung, Gedankenkraft, Konzentrationsfähigkeit, die Verstandeskräfte schlechthin, Krankheiten und Unfälle des Kopfes, der Augen, Gehirn- und Kopfnerven sowie Fantasie, Melancholie, Depressionen und teilweise auch Bewußtseinsspaltungen ersichtlich. Sonderschulkinder haben einen anderen Kopflinienverlauf als Kinder von Normalklassen.

Mit dem Begriff Kopflinie ist auch die Gesamtheit des Zentralnervensystems gemeint. Die lateinische Bezeichnung *Cerebralis* drückt diesen Zusammenhang weit besser aus. Die Cerebralis hat verschiedene Möglichkeiten des Beginns.

1 • In den meisten Händen läuft die Kopflinie ein Stück weit gemeinsam mit der Lebenslinie, was eine besonnene Haltung, sachliches Entscheiden, Selbstbeherrschung sowie sichere, überlegte Reaktionen in der Auseinandersetzung in *Du*-Beziehungen andeutet.

2 • Sind Kopf- und Lebenslinie länger als ungefähr 2 cm zusammengeschaltet – je nach Handgröße – wird der Verstand den lebenserhaltenden Trieben untergeordnet. Das Denken kann nur Wege gehen, die der Lebenserhaltung nicht entgegenstehen. Das spontane Element fehlt. Das lähmt die Entschlußkraft, bewirkt ein vorsichtiges, zögerndes, abwartendes Verhalten oder Unsicherheit, Unentschlossenheit, ein zu langes Hängenbleiben an einem Elternteil, zuwenig Selbständigkeit

und öfters auch Egozentrik. Das Ich-Bewußtsein kristallisiert sich etwas später heraus. Dadurch ist in der Kindheit die intellektuelle Aufmerksamkeit etwas träger, und auch die geistige Entwicklung geht langsamer vonstatten, was mit der Intelligenz nur indirekt oder gar nichts zu tun hat. Die lange Zusammenschaltung von Vitalis und Cerebralis besagt primär einmal eine späte Selbständigkeit, mitunter Verwöhnung durch einen Elternteil und daher ein zu langes Haften an ihm. Insgesamt gesehen trifft diese Linienformation für einen Spätentwickler zu. Pathologisch wird die lange Zusammenschaltung erst, wenn die gekoppelten Linien die Handmitte erreichen.

Die Auswirkungen der zu langen Koppelung sind je nach Handtyp verschieden. Das durch die Handform geprägte Grundverhalten wird modifiziert. •• Bei der Spatelhand ist es die Aktivität, die eine Einbuße erleidet. Das mag unter Umständen sogar positiv sein. •• Bei der eckigen Hand wird das Gründlichkeits- und Ordnungsprinzip überzogen und der bewußte Gestaltungswillen eingedämmt. •• In der konischen Hand betrifft die Hemmung das seelische Gefüge. Es können sich Gefühle des Ungenügens bemerkbar machen.

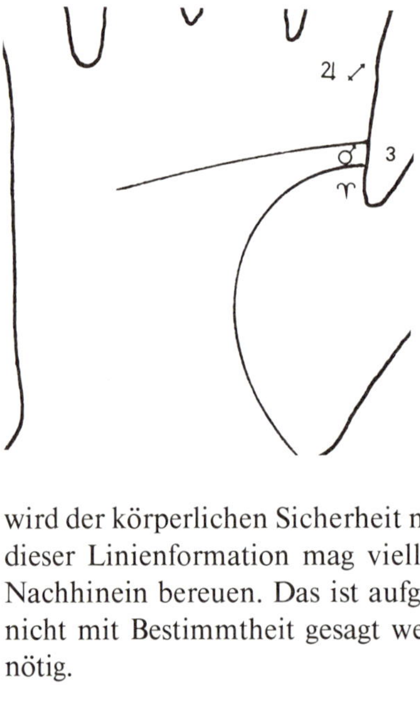

3 • Der getrennte Beginn von Vitalis und Cerebralis ist keineswegs ungünstig, sofern der Zwischenraum eine normale Spanne nicht überschreitet. Bei separatem Beginn haben die Marsenergien die Möglichkeit, sich ungehemmter durchzusetzen. Darum ist ein solcher Handeigner meist impulsiv und unabhängigkeitsstrebend, mit raschen gedanklichen Reaktionen. Findig genug, wird er sich kaum je in eine ausweglose Situation hineinmanövrieren. Er hat großes Selbstvertrauen, ist optimistisch (Kopflinienverschiebung zum Jupiterberg) und wird der körperlichen Sicherheit nur wenig Beachtung schenken. Ein Mensch mit dieser Linienformation mag vielleicht Handlungen zuwenig überlegen und im Nachhinein bereuen. Das ist aufgrund der Impulsivität anzunehmen, kann aber nicht mit Bestimmtheit gesagt werden. Dazu sind noch andere Kombinationen nötig.

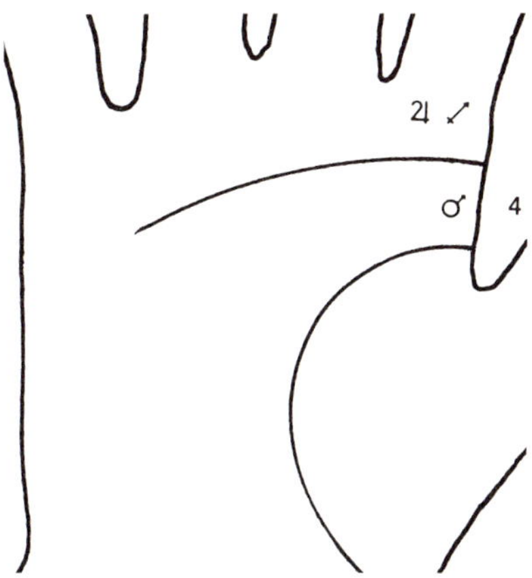

4 • Ein noch größerer Abstand von Cerebralis und Vitalis zeugt von entsprechend vermehrten Marseinflüssen oder Feuerbetonung. Das zeigt sich horoskopisch stets in einer dominierenden Marsposition, meist in Verbindung mit Sonne/Pluto-Konstellationen, wobei ein ausgeprägtes Unabhängigkeitsstreben, aber auch Einsatz- und Aktionsbereitschaft, Mut und rasche Entschlossenheit zu verzeichnen sind. In gesteigertem Maße werden hier durch das impulsive Reagieren und Handeln manchmal allzuschnelle Entschlüsse gefaßt und in der Folge denn auch bereut. Die rationale Überlegung geschieht erst im nachhinein. Es fehlt das bewußte Steuern der Impulse, und öfters nimmt sich ein Handeigner mit diesem zu stark verselbständigten Energiestromverlauf Dinge heraus, die ein anderer nie wagen würde. Der Beginn der Kopflinie sagt stets Wesentliches über das Denkgefüge, Aktionen und Reaktionen aus.

Menschen mit großem Zwischenraum von Lebenslinie und Kopflinie sind reizbar. Als Automobilisten werden sie kaum gelassen reagieren, wenn sie auf der Fahrbahn durch ein anderes Fahrzeug überholt werden. Sie sind recht schnell «auf der Palme». •• Sitzt auf dem Daumen ein Zwillingsmuster (siehe Seite 174), müssen die psychologischen Aussagen dahin modifiziert werden, daß dem Handeigner zwar ein betontes cholerisches Temperament eigen ist, er aber eine Entscheidung nie überstürzt treffen wird.

Wie bei allen Linienaussagen ist wesentlich, welchem Handtyp ein Mensch angehört. •• Die ichbetonte, initiative Spatelhand verträgt Zusatzimpulse schlecht. Das Selbstvertrauen wird überdimensioniert und das Handeln unkontrolliert. •• Die eckige Hand verliert an Objektivität ihrer Urteilskraft und •• die konische Hand entbehrt in vermehrtem Maße der Realitätsbezogenheit.

Infolge des großen Zwischenraumes zur Lebenslinie wird die Kopflinie nach oben verschoben, so daß die Cerebralis als hochliegend bezeichnet werden muß. Dadurch vergrößert sich der Triebbereich. Bei *hochliegender* Kopflinie ist am Mittelfinger zu beachten, ob genügend Verantwortungsbewußtsein vorliegt. •• Ein kurzer Mittelfinger besagt Sorglosigkeit, Übereilung und Mißachtung von Gefahren.

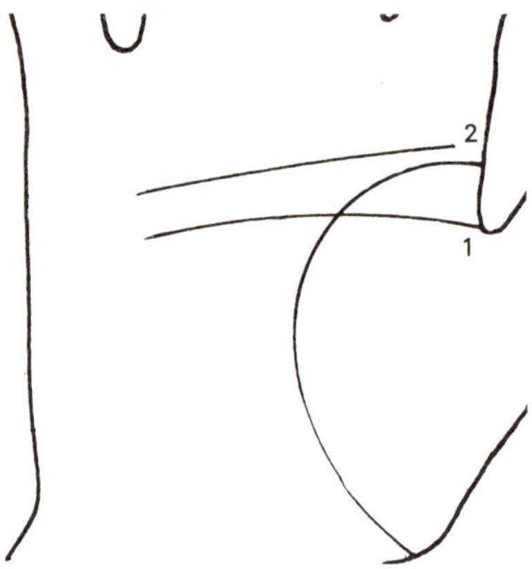

Der Verlauf der Kopflinie

1 • Nimmt die Kopflinie ihren Anfang innerhalb der Lebenslinie, so verrät sie einen unbeständigen, reizbaren, angriffslustigen, mitunter sogar streitsüchtigen Charakter. Die Kopflinie ist an den Triebbereich gekoppelt und damit auch das Denken und die willentliche Steuerung.

2 • Liegt der Kopflinienbeginn etwas zum Handinnern verlagert, benötigt der Linieneigner einiger Anstöße von außen, um die Denkakte ins Fließen zu bringen. Die intellektuelle Orientierung erfolgt etwas langsamer, wenn keine widersprechenden Aussagen bestehen.

Jeder Mensch hat einmalige Gaben des Verstandes. Darüber gibt die Kopflinie, einerseits als Aktions- andererseits als Verstandeslinie, Auskunft. Nicht nur der Beginn, sondern auch der Verlauf und das Cerebralis-Ende sind aussagekräftig.

Meist verläuft die Kopflinie in leichtem Schwung Richtung Pluto- oder Mondberg. Zweifingerbreit vor dem Handrand sollte sie allmählich zart auslaufen. Wenn bis zum Handrand genügend Raum offenbleibt, deutet dies auf Aufgeschlossenheit für die Meinung anderer.

Endet die Cerebralis schön geschwungen im Jungfraugebiet/oberer Mondberg, darf mit Wendigkeit des Verstandes, intellektueller Aufmerksamkeit, guter Beobachtungsgabe sowie mit einem gefälligen Verhalten in *Du*-Beziehungen gerechnet werden. In gleicher Weise wie die Kopflinie verläuft, wird dem *Du* gegenübergetreten: in diesem Falle «geneigt». •• Bei gutausgeprägtem Mondberg können die Fantasien und die Bildfülle des Mondberges in die Kopflinie einströmen, in den rationalen Teil gehoben und verstandesmäßig verarbeitet werden, so daß diesen Menschen kreative Möglichkeiten offenstehen und Neuschöpfungen gelingen.

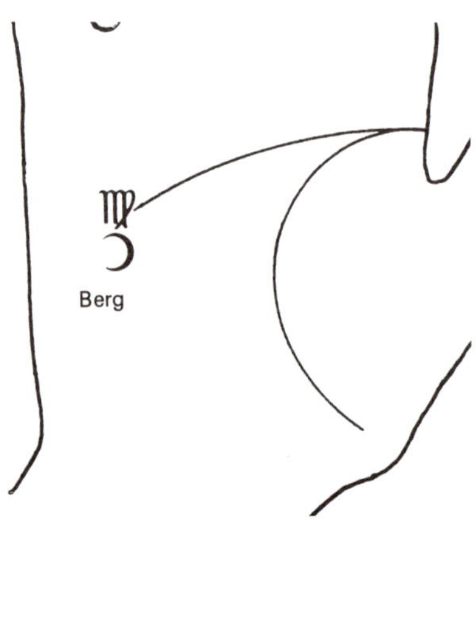

•• Da auch die primitive Hand diese Linienführung aufweisen kann, hängt die Qualität von den Gesamtmerkmalen ab.

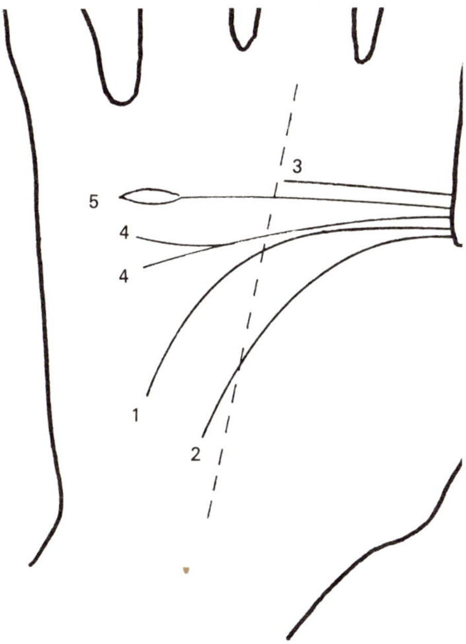

1 • Sinkt die Kopflinie tiefer in den Mondberg, ist der Aktionsfluß wesentlich aus der Realitätsebene abgezogen. Es besteht die Tendenz, daß die intellektuellen Kräfte ungenügende Unterscheidungskraft behalten, die Vorstellungen an Klarheit verlieren, die Fantasien das konkrete Denken überfluten und die Bilder des Unbewußten nur noch als Einbildungen existent sind.

2 • Fällt die Cerebralis schon vor der Saturnalis in den unteren Handteil, wird eine *Du*-Beziehung gemieden (siehe auch Seite 156, Der diagonale Fluß). Je tiefer die Kopflinie sich in den Hypothenar neigt, desto weniger realitätsgerecht verläuft der Denkakt. Durch die Beziehungslosigkeit zur Umwelt wird ein Eigenleben geführt, das der melancholisch-depressiven Note kaum entbehrt. •• Das betrifft vor allem Menschen mit labilen konischen Händen.

3 • Eine Kopflinie, die schon vor der Handmitte abbricht, zeugt von einem erschwerten *Du*-Kontakt anderer Art. Der Energiestrom der Aktionsfähigkeit wird vorzeitig gestoppt. Dadurch ist dieser Mensch sachlichen Auseinandersetzungen mit der Realität und in *Du*-Beziehungen nicht gewachsen. Er ist nicht aktionsfähig. •• Die Kopfnerven sollten nicht strapaziert werden.

4 • Gabelt sich die Kopflinie an ihrem Ende, besagt sie intellektuelle Beweglichkeit, Vielseitigkeit und Kritikvermögen. •• Hingegen vermag ein mehrfach verzweigtes Kopflinienende die vielen Einflüsse intellektuell meist nicht zu integrieren.

5 • Läuft das Cerebralisende in eine Insel, liegt in der Regel eine Störung des Erinnerungsvermögens vor, mitunter kann die Insel auch Kopfschmerzen andeuten.
• Seltener ist eine zweifach geführte Kopflinie, nicht zu verwechseln mit einer gespaltenen Cerebralis. Sie ist vergleichbar zweier Gehirne. Menschen mit gut gezeichneter doppelter Kopflinie sind meist Doppelnaturen, scharfsinnig und klug. Diese Fähigkeiten sind denn auch gut zu gebrauchen, da die Möglichkeit vieler oder heftiger Auseinandersetzungen mit der Umwelt besteht. In besonderen Fällen muß angenommen werden, daß Versäumnisse aus einer früheren Existenz einzulösen sind, weil letztere – aus welchen Gründen auch immer – zu früh unterbrochen wurde. •• Nimmt eine der Linien einen gesonderten Verlauf, ist es durchaus möglich, verstandesmäßig zwei verschiedene Wege einzuschlagen, wobei einer davon nicht immer rechtschaffen sein mag.

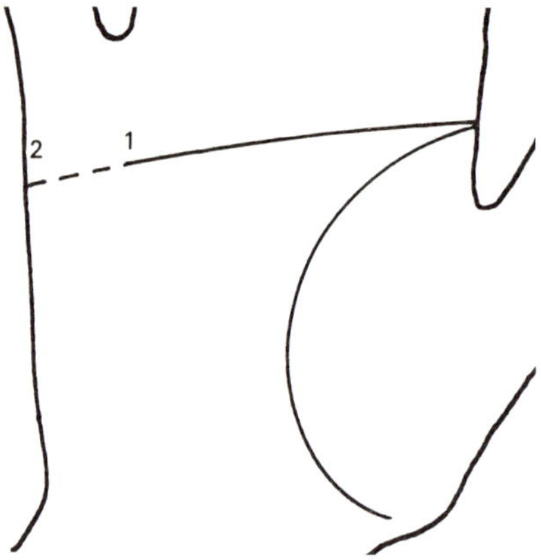

1 • Liegt das Kopflinienende im Plutoberg, ist der Verlauf der Cerebralis meist linear. Dies zeugt von bewußter Steuerung der Energien, von einem klaren, sachlichen Verstand, guter Intelligenz und einem ausgeprägten Erinnerungsvermögen. Erlittene Niederlagen werden kaum je vergessen, wie dies in etwa dem Skorpiontypus eigen ist. •• Bei klar verlaufender Kopflinie, die einen logischen Verstand ausdrückt, kann bei gutem Mondberg trotzdem Fantasie vorhanden sein. •• Bei scharfer linearer Cerebralis läßt der Verstand nur gelten, was logisch erfaßbar ist. •• Eine breite und flache Furche deutet auf Primitivität des Denkens.
2 • Durchquert die Kopflinie die Hand bis zur Perkussion, wird aktiv in den *Du*-Raum vorgestoßen. Der Linieneigner wird scharf und bestimmt argumentieren, Beharrlichkeit im Debattieren und eine Begabung zur Analyse aufweisen. •• Bei harter Hand besteht die Wahrscheinlichkeit, die Ansichten des *Du*s durch die eigene Meinung zu überrollen. •• In weicher Hand ist diese Linienführung nicht ungünstig, weil infolge der starken Überzeugungskraft intellektuell Widerstand geleistet werden kann.

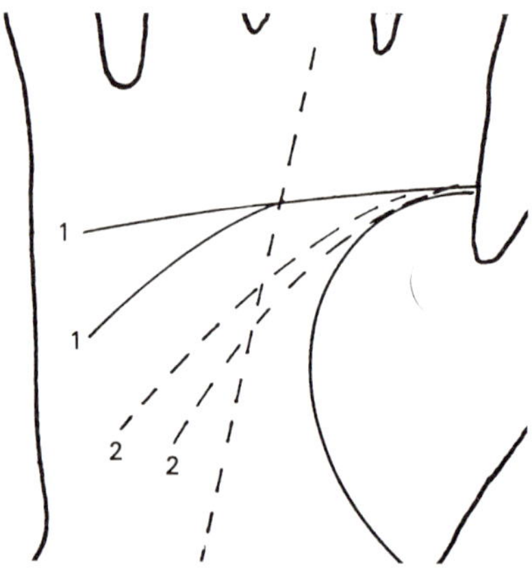

Die gespaltene Kopflinie

Eine Gabelung der Kopflinie weist auf Vielseitigkeit. Geschieht dies vor der Handmitte, werden die geistig-intellektuellen Kräfte überbeansprucht.

1 • Läuft die Hauptlinie zum Plutoberg, während ein Ast sich zum Mondberg neigt, so hat die obere Linie die Fähigkeit, den Mondbergast zu kontrollieren. Bei dieser Kombination vermag der Linieneigner, sich in der Realität zu behaupten und bei genügender Fülle des Mondberges zusätzlich die Fantasiebilder desselben zu gestalten. •• Spaltet sich die Kopflinie gleich zu ihrem Beginn, muß mit einer Bewußtseinsspaltung, der Spaltung des bewußten Denkens, gerechnet werden.
2 • Fallen beide Cerebralis-Äste vor der Handmitte in den Mondberg, deuten sie auf Depressionen. Die Aktions- und Verstandeskräfte verlieren sich im Unbewußten.

Die Emotionalis, Gemüts- oder Gefühlslinie

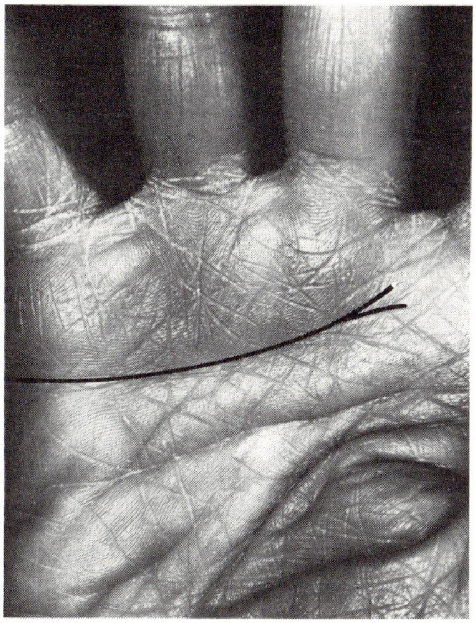

Die Emotionalis, von den meisten Chirologen Herzlinie genannt, beginnt an der Perkussion unterhalb des Kleinfingerberges und schwingt sich zur Aktivseite der Hand.

Die Emotionalis oder Gemütslinie gibt Auskunft über das seelische Erleben. Sie hat Bezug zu Zuneigung, moralischer Kraft, Treue, Loyalität und Großzügigkeit.

Verlauf, Form, Gestalt und Beschaffenheit dieser horizontalen Hauptlinie offenbaren die Beeindruckbarkeit der Seele und wie die Gemütsbewegungen verarbeitet werden. Aber auch funktionelle Störungen und organische Schäden, die Herz und Nieren betreffen, können sich an der Emotionalis abzeichnen. Sie ist ebenfalls Indikator psycho-somatischer Wechselwirkungen.

Je schöner, länger und rhythmisch schwingender die Emotionalis sich abzeichnet, desto ausgeprägter ist die Gefühlsnatur. Die Gemütslinie hat einen Bezug zum Vagusnerv und zum rhythmischen System (siehe Seite 155, Der diagonale Fluß). Bei kurzem, unverzweigtem und sehr gradlinigem Verlauf sind die gemüthaften Empfindungen entsprechend ärmer.

• Eine lange, schöngezeichnete, in den Jupiterberg verlaufende und leicht verästelte Transversale offenbart außer einer extravertierten Haltung Einfühlungsvermögen, idealistische Neigungen, mitmenschliches Verständnis, Nachsicht und Großzügigkeit. •• Bei ausgeprägtem Jupiterberg wird die Gemütsseite vom Geltungstrieb beeinflußt. Der Geltungstrieb ist stets mit einem extravertierten Streben gekoppelt im Sinne vieler Beziehungen zur Umwelt. Jupiter symbolisiert Expansion. Wer expandiert, entfaltet sich immer über die angestammten Verhältnisse hinaus, ebenso über die eigengegründete Familie. Das bedeutet für eine in den Jupiterberg verlaufende Gemütslinie, daß über die eigene Familie hinaus auch Gefühle für Mitmenschen bereitstehen. Infolge dieser sozialen Charakterstruktur wird der Handeigner durch die Außenwelt öfters überbeansprucht, was sich negativ auf die eigene Familie auswirken kann, indem sie gemütsmäßig zu kurz kommt.

•• Ist der Jupiterberg schwach ausgebildet, steht keine Energie für Geltungsansprüche zur Verfügung. Mitgefühl und soziale Einstellung sind rein altruistisch, ohne gleichzeitigen Geltungstrieb.

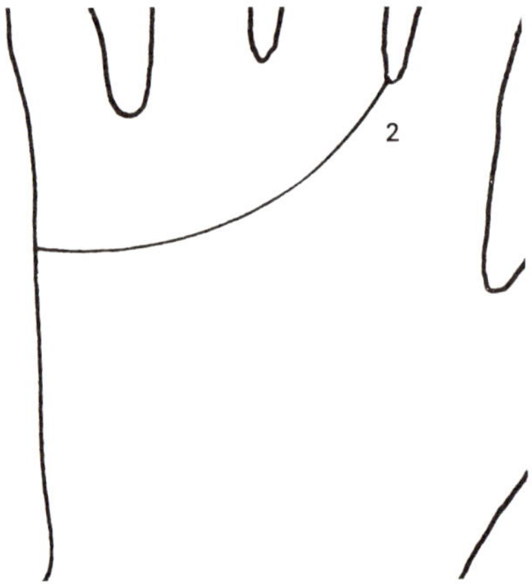

2 • Endet die Emotionalis schön geschwungen zwischen Mittel- und Zeigefinger, ist die Gemütsseite in den Beziehungen zur Umwelt unbeeinflußt vom Geltungstrieb. Die Aufmerksamkeit gehört der Familie, für die in Liebe und Treue, meist unter Hintanstellung der eigenen Wünsche, gesorgt wird.

3 • Ein Emotionalisast, zwischen Mittel- und Jupiterfinger verlaufend, und einer auf dem Jupiterberg endend, zeigen gut verteilte Gefühlskräfte für eigene Angehörige sowie sozial zu betreuende Mitmenschen.

4 • Läuft das Ende der Gemütslinie in den Saturnberg, dominiert die introvertierte Haltung. Diese Menschen sind ernst oder sachlich, mitunter auch nützlichkeitsstrebend. Die Gefühlsäußerungen verlaufen scheinbar weniger harmonisch. Es herrscht eine wirkliche oder vorgetäuschte Gefühlskälte vor, weil dieser Menschentyp seine Gefühle weniger demonstriert, diese aber um nichts weniger tief sein können.

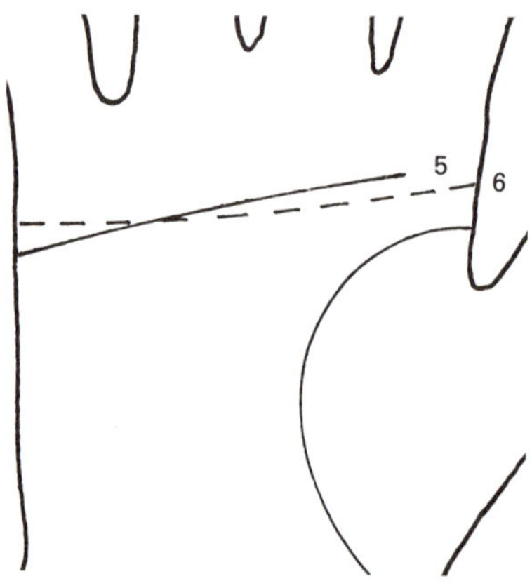

5 • Strebt die Emotionalis in geradem Lauf gegen den Jupiterberg, verrät sie einen ehrgeizigen, selbstsicheren Menschen, dessen Gefühlsäußerungen nicht immer so echt sind, wie sie vorgegeben werden.

6 • Überquert die Gefühlslinie linear die ganze Hand, so daß sie einer Sperrung gleichkommt, deutet sie auf Ehrgeiz, Extravertiertheit und strahlende, unverwüstliche Selbstsicherheit, wobei auch Besitzergreifungen nicht ganz unbekannt sind. Ich habe diesen Linienverlauf in stark skorpion/schützebetonten Händen gefunden (skorpionbetontes 9. Haus oder Skorpion-AC + schützebetontes Substanzhaus).

Die Emotionalis sollte schön geschwungen zum Jupiterberg führen.

1 • Ist sie hängend, deutet sie auf die Neigung zu schnellem Enttäuschtsein. Auch fehlt meist die Kraft, die Gefühlseindrücke ordnungsgemäß zu verarbeiten. Sentimental veranlagt, werden im allgemeinen die Erlebnisse in Herzensangelegenheiten zu schwer genommen. Meist haben die Zweifel und seelischen Bedrängnisse mit der Realität nicht viel gemeinsam. Zusätzlich besteht die Tendenz, daß die Gemütskräfte rasch erlahmen. Diese Menschen benötigen eine verständnisvolle *Du*-Beziehung. •• Nur bei gleichzeitig klarer und möglichst gerader Kopflinienbildung kann ein solcher Handeigner in Krisenzeiten ohne Hilfe von außen sich selbst wieder auffangen.

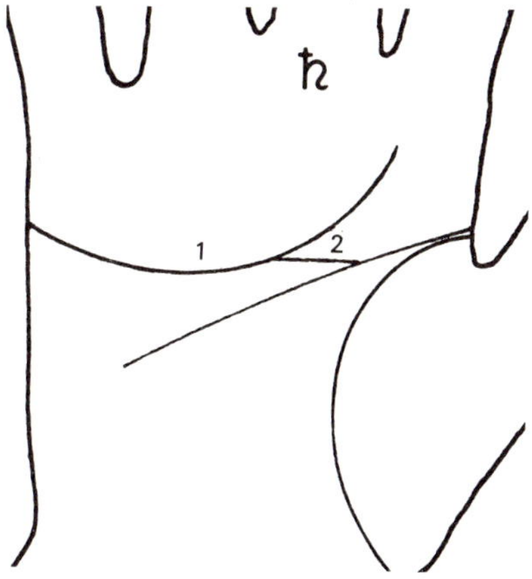

2 • Fällt ein großer Ast unter dem Saturnberg auf die Kopflinie, sichert der Linieneigner seine Gemütskräfte im Verstandesbereich ab. Aufgrund erlebter Enttäuschungen werden inskünftig Herzensentscheide reiflich überlegt. •• Handelt es sich bei diesem Ast um keine Neubildung, sondern um eine bestehende Charakterstruktur, sind Verstand und Gefühl gekoppelt. Sie beeinflussen sich gegenseitig. Bei jeder Entscheidung spricht das Gefühl mit, bei jedem Gefühlsentscheid der Verstand.

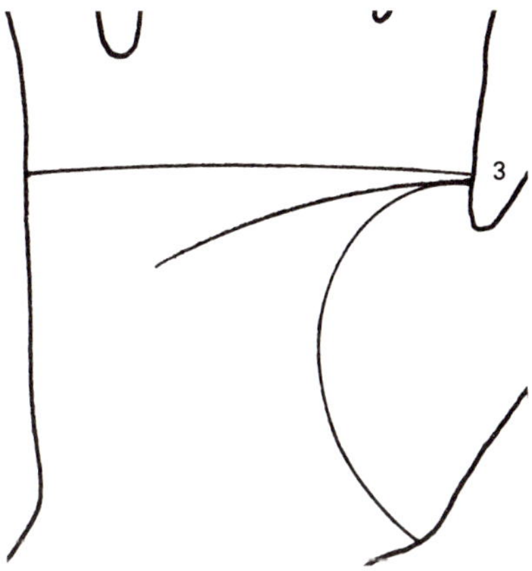

3 • Eine zum Daumenwinkel herabfallende Emotionalis zeigt die Neigung zu Ichbezogenheit und einer Anlage zu Depressionen. Letztere entstehen im Zusammenhang mit dem Gedankenkreisen um das eigene Ich. Diese Linienformation kann auch Hinweis auf Eifersucht sein.

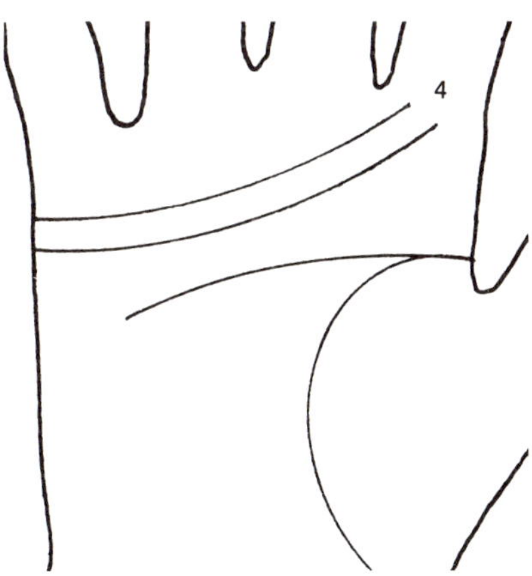

4 • Wird die Emotionalis doppelt geführt, deutet sie auf starke Gefühlsbetontheit. Bei höherem Niveau zeigt sie vermehrte sublimierte Triebkräfte für humanitäre Bestrebungen.

Nicht nur der Verlauf und die Beschaffenheit der Emotionalis sind sehr wesentlich, sondern auch die Ausdehnung des unterhalb der Fingerbasen liegenden, von der Gemütslinie begrenzten emotionalen Raumes ist es.

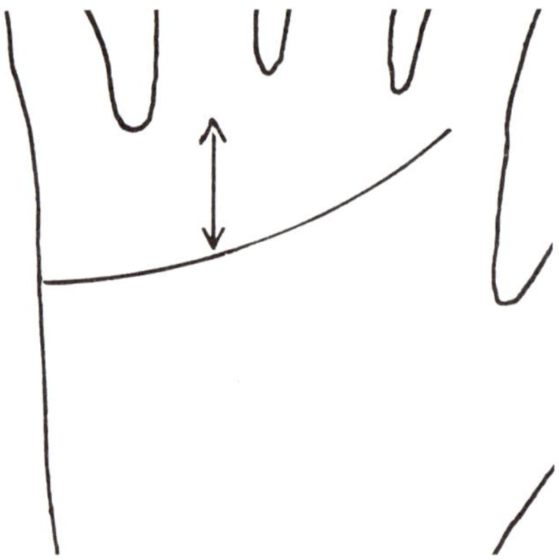

1 • Bei tiefer Lage der Emotionalis nimmt die Gefühlswelt einen großen Raum ein. Entsprechend wichtig ist das gemüthafte Erleben des Handeigners. Je weiter entfernt die Emotionalis sich von den Fingerbasen befindet, umso größer ist der emotionale Raum. Eine tief gelegene Gemütslinie offenbart Mitgefühl für Mitmenschen, Milde bei der Beurteilung menschlichen Versagens und Verständnis für bestehende gemüthafte Probleme, weil sie der Linienbesitzer aus eigener Erfahrung kennt. •• Bei hochliegender Gemütslinie spielt das Gefühlsleben eine mäßigere Rolle. Diese Menschen sind fröhlich, heiter und beschwingt. Sie nehmen Liebesenttäuschungen nicht allzu schwer.

Allgemeine Hinweise

- Glatte und unverästelte Emotionalis: unkompliziertes Gemüt, ruhig und bescheiden in den Gefühlsansprüchen.
- Dünn gezeichnete Emotionalis: Oberflächlichkeit, Nüchternheit.
- Breit verlaufend: Sinnlichkeit, eventuell Körperbelastungen im Sinne von Herz- und Venenerweiterung.
- Wellenförmig: Mangelnde Stetigkeit der Gefühle.
- Zerrissene, in Striche aufgelöste Linie: Verwirrung der Gefühle.
- Brüche, Querstriche, Schnittpunkte: seelische Erregbarkeiten, Enttäuschungen in Liebesangelegenheiten, seelische Belastungen mit meist physischen Auswirkungen.
- Ährenförmiges Jupiterende: Menschenfreundlichkeit und Warmherzigkeit.

Bei der Beurteilung der Emotionalis sind stets Thenar und Hypothenar mitzubeachten. Ist der Thenar leicht erhöht, bestehen ausreichende Körperkräfte und Lebenswillen, Schicksalsschläge zu verkraften. Erfährt außerdem der Hypothenar als seelisch bezogener Bereich eine leichte Erhöhung, erhält auch die Gemütsseite eine willkommene Unterstützung.

Die zeitliche Einteilung der Emotionalis

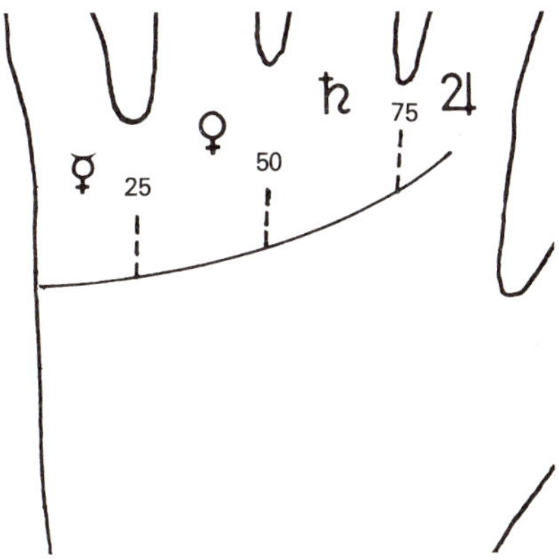

Wie alle Linien kann auch die Emotionalis zeitlich eingeteilt werden, und auch hier sind die Verfahren der Chirologen uneinheitlich. Eines der bewährtesten scheint das nachstehende zu sein, nämlich dasjenige von ISSBERNER-HALDANE.

1 • Von der Perkussion bis zur Stelle zwischen Merkur- und Ringfinger sind die ersten 25 Jahre ablesbar.

2 • Zwischen Ring- und Mittelfinger befindet sich ungefähr das 50. Lebensjahr.

3 • Zwischen Mittel- und Zeigefinger liegt der Punkt für etwa 75 Jahre.

• Der Teil unterhalb des Kleinfingers zeigt die allgemeinen Beziehungen zur Umwelt und wie die Kontakte gemüthaft verarbeitet werden. Pfeilartige Verästelungen weisen auf zielgerichtete Kontakte. Man kontaktiert nicht mit jedermann, besonders dann nicht, wenn gleichzeitig der Kleinfinger absteht. Inselbildungen zeugen von gemüthaftem Beteiligtsein. Meistens war in der Vergangenheit seelisch übermäßig viel zu verarbeiten oder steht schicksalhaft noch bevor. •• Gleichzeitig gibt die Linienführung unterhalb des Kleinfingers Auskunft über seelische Erlebnisse in der Konfrontation mit der Außenwelt während der Jugendzeit. Die sich allenfalls abzeichnenden Krisenzeiten sind aber subjektiv. Geschwister können die gleichen Ereignisse und Erlebnisse anders empfunden und verarbeitet haben.

• Die Strecke unterhalb des Ringfingers ist der empfindlichste Teil der Emotionalis. Sie hat venusischen Charakter und gibt Auskunft über die Innigkeitsgefühle in der *Du*-Beziehung mit einem geliebten Menschen. Hier sind Verletzungen in Liebesangelegenheiten, die Liebesenttäuschungen ablesbar und wie diese verarbeitet wurden. Dieser Teil der Emotionalis ist in den meisten Händen durch Inseln und Überlagerungen belastet. •• Liebesangelegenheiten können «an Herz und Nieren gehen». Organisch finden unterhalb des Ringfingers Herz- und Nierenschäden ihren Niederschlag.

• Beim Emotionalisteil unterhalb des Saturnfingers kann aufgrund des Schwunges oder allfälliger Störungen auf das seelische Rückgrat geschlossen werden. Falls die Linie hier absackt, ist die Gemüthaftigkeit anfällig auf Depressionen. Der Handeigner hat Mühe, sich ständig wieder aufzufangen und aufzuraffen. Hier werden aber auch Seelenkräfte für den Beruf abgezogen. Da alle Zeichen mehrdeutig sind, offenbart die Region unter dem Saturnberg auch die gefühlsmäßige Einstellung zu sachlichen Werten.

Die gesperrte Hand

Fallen Kopflinie und Emotionalis zusammen, wird die sich ergebende Linienformation als gesperrte Hand bezeichnet. Dieser eigenartige Linienverlauf zeigt Widersprüche zwischen praktischen Erwägungen (Kopflinie) und gefühlsmäßigem Verhalten (Emotionalis). Denken und Fühlen fließen ineinander, was zeitweilige Blockierungen nach der einen oder anderen Richtung offenbart. Das Gleichgewicht ist gestört, weil sich zwei Extreme berühren. Der Mensch ist entweder zu stark kopf- oder zu stark herzbelastet. Der Denkakt entbehrt des öftern der Objektivität. Andererseits besagt das Zusammenfließen der Gemüts- und Intellektkräfte einen Mangel an Differenzierungs-Möglichkeiten in der emotionalen Sphäre.

Nicht immer ist eine eindeutige Sperrfalte erkennbar. Sofern Kopflinie und Emotionalis nur eine kurze Strecke miteinander verbunden sind, ist festzustellen, welche der beiden Linien die Verbindung kontrolliert. Ist es die Kopflinie, die die Gemütslinie integriert und liegt die Sperrung in der Realitätszone nach unten gelagert, so dominiert bei den Aktionen des Handeigners der Intellekt im Sinne eines eher nüchternen, berechnenden Verhaltens. •• Wenn sich die Kopflinie in der Mittelfingerregion aus der Sperrfalte herauslöst, handelt es sich zumeist um einen sehr intelligenten Menschen, dessen Charakter aber eher einem selbstsüchtigen, berechnenden Wesen entspricht. • Falls bei hochgelegener Sperrung die Emotionalis die Kopflinie aufnimmt, machen dem Handeigner die zu stark durchdringenden Gefühle zu schaffen.

Meistens ist nur eine Hand gesperrt. • Weist die linke Hand eine Sperrung auf und zeigt die rechte eine als gut zu bezeichnende Kopflinie, ist die Verhaltensweise des Handeigners bei berechenbaren Situationen normal, bei unerwarteten Ereignissen dagegen nicht voraussehbar.

Seelische Eigentümlichkeiten der Sperrhand

• Abneigung gegen jeden Zwang • Originalität • Instinkthafte Klugheit • Außergewöhnlich intensive Gemüts- oder Verstandeskräfte • Seelische Gleichgewichts-Schwankungen, d.h. Störungen in den Gefühls- und Gedankenströmungen • Kurzschlußreaktionen • Innere Verkrampfungen • Bei fehlender Saturnalis gestörte seelische Funktionen • Überemotional oder extreme Gefühlshärten • Ängste, Engen, verbunden mit eventuellen asthmatischen Beschwerden oder Angina pectoris.

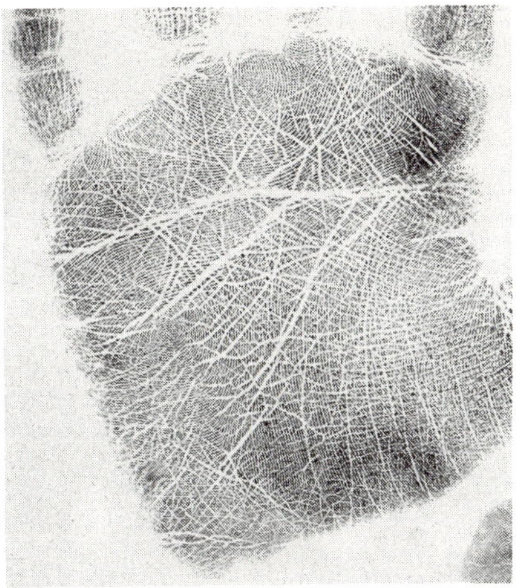

Die beiden obenstehenden Bilder zeigen die linke und rechte Hand eines 13jährigen mongoloiden Mädchens.

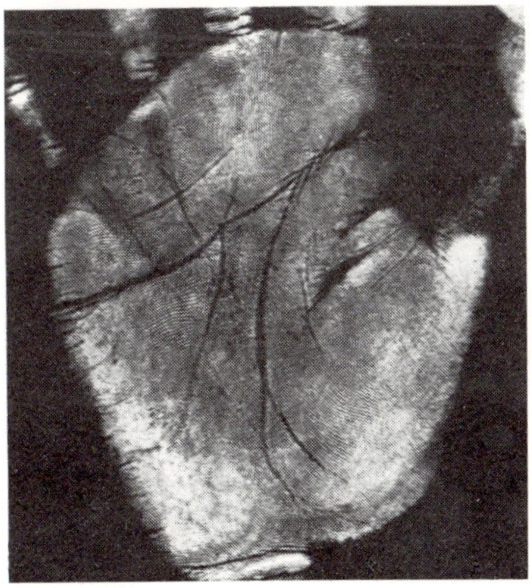

◁ Die Abbildung zeigt den Handabdruck der linken gesperrten Hand des Tänzers Alexander von Swaine, geb. 28. 12. 1905. (Auch die rechte Hand des Tänzers ist eine gesperrte.)

50 Prozent der Mongoloiden besitzen eine gesperrte Hand, wobei die Lebenslinie an ihrem Ende ulnarwärts gegen den Hypothenar (Mondberg) ausschwingt. Mongoloide sind besonders stark krankheitsgefährdet, was die abgezogene Vitalis symbolisch deutlich veranschaulicht. Auch eine allfällige Saturnalis wird immer auf die Ulnarseite abgezogen. Die Hand mit Chromosomenabweichung fällt nicht nur durch ihr ulnares Linienbild auf, sondern ebenfalls durch ihren Breitwuchs, der auch für Füße, Nase, Gesicht und Nacken symptomatisch ist. Außerdem zeigt die Handwurzeltrirade eine Besonderheit. Sie, die sich üblicherweise im Bereich des Neptun-, Uranus- oder unteren Mondberges befindet, verschiebt sich hinauf in die astrologische Gegend von Jungfrau/6. Haus. Daß das Wesen des Mongoloiden stark gemütsbetont ist, bestätigt die von der Jupitertrirade weglaufende Leiste in die Emotionalis.

Die Hand des Normalen weist einen völlig anderen Linienverlauf auf. Bei ihm verankert sich die Lebenslinie in der Handwurzel, und die sich durch die drei zusammenlaufenden Leistenströme bildende Trirade befindet sich in der unteren Handzone. Dadurch entbehrt die Hand des pathologischen Aspekts. Der normale Mensch mit gesperrter Hand liegt leistungsmäßig meistens über dem Durchschnitt oder weist eine Sonderbegabung auf, oft auf künstlerischem Gebiet.

Die Linien der emotionalen Bindung

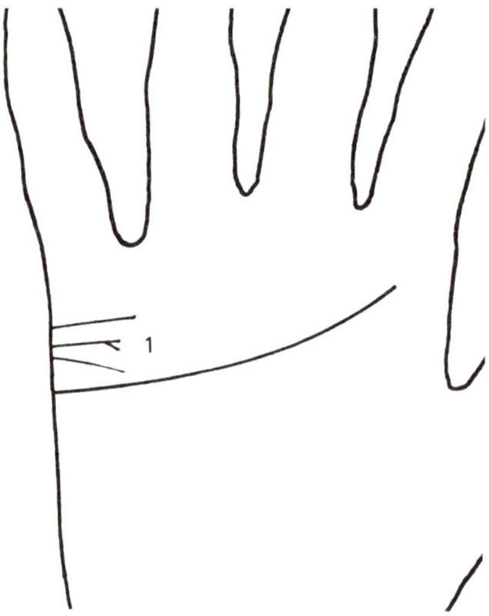

1 • Zwischen Emotionalisbeginn und Kleinfingerbasis, an der Perkussion des Merkurberges, verlaufen parallel zur Emotionalis die Linien der mitmenschlichen Kontakte, die, wenn sie gefühlsmäßig gefärbt sind, eine Vertiefung aufweisen. In der mantischen Literatur tragen sie den Namen «Ehelinien». Diese kleinen Linien geben Aufschluß über das gemüthafte Verhalten in den Beziehungen zur näheren Umwelt. Sie sind für ihre Beurteilung von der Beschaffenheit der Emotionalis (Gemütslinie/Herzlinie siehe Seite 81) und von der Saturnlinie, als Linie der sozialen Einordnung und des Pflichtbewußtseins (siehe Seite 90ff.), abhängig.

• Die Linien der gemüthaften Beziehungen und Bindungen symbolisieren in der Jugend eher das Verhalten gegenüber Eltern und Beziehungspersonen, im Erwachsenenalter Tiefe und Stetigkeit der Gefühle in den Beziehungen zur näheren Umwelt. Dazu gehört auch der Partnerbereich.

• Je tiefer und klarer die Bindungslinien gezeichnet sind – manchmal sind es deren zwei oder mehr –, um so tiefer, eindeutiger und dauerhafter versprechen die Beziehungen zur Umwelt zu sein.

• Viele dünne Linien offenbaren zahlreiche Kontakte, oft aber nur im Sinne des astrologischen Prinzips Merkur/Zwillinge/3. Feld (siehe Seite 58). Meist ist der Zwillingstyp kontaktfreudig, benötigt Abwechslung, will sich aber dabei emotional nicht festlegen.

• Die Linien der emotionalen Kontakte und Bindungen haben nichts mit der Anzahl Eheschließungen zu tun, können aber unter Umständen solche anzeigen. •• Ich besitze Handabdrucke katholischer Geistlicher mit und ohne Bindungslinien. Dabei hat sich in meiner Praxis ergeben, daß jene mit einer gutausgeprägten Bindungslinie die besseren Seelsorger sind, weil sie sich in ihren Beziehungen zur Umwelt emotional engagieren. •• Anderseits kenne ich einige verheiratete Menschen, die keine Bindungslinien besitzen. Hier hat sich gezeigt, daß meist die gefühlsmäßige Bindung an Partner und Umwelt zu wünschen übrigläßt.

• Durchgestrichene oder gegabelte Kontaktlinien deuten auf Störungen in den Umweltbeziehungen. Dazu gehören auch die Partner sowie die eigene und die angeheiratete Familie.

• Die in der Literatur zeitlich fixierten «Ehelinien» gehören ausschließlich in den Bereich der Mantik. Man sehe sich einmal die emotionalen Bindungslinien in den Händen mongoloider Kinder an: Da wird die Bezeichnung «Ehelinien» widerlegt.

Die drei Vertikalen

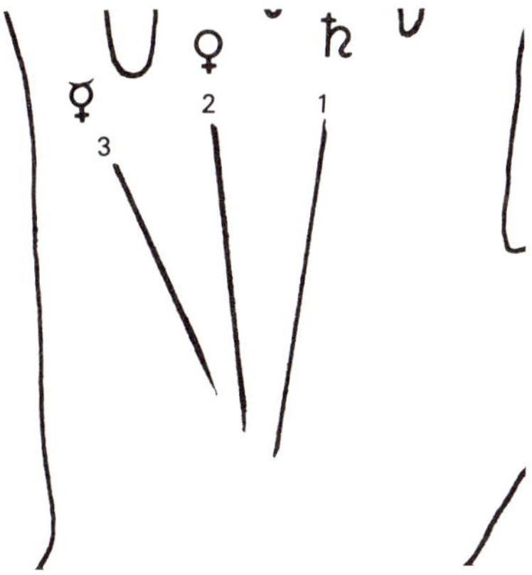

Die drei vertikal laufenden Linien werden Sekundärfurchen oder Nebenlinien genannt, weil sie einerseits nicht lebensnotwendig sind und andererseits sich nicht in jeder Hand befinden. In der Regel prägen sie sich auch weniger stark aus als die horizontal beginnenden Hauptlinien. Die drei Vertikalen liegen – ausgenommen die Mittelfingerlinie – fast ausschließlich auf der Ulnarseite der Hand.

Da die Nebenlinien den seelischen Energiefluß des Menschen anzeigen, können sie sich dauernd ändern, denn die seelische Energie ist nichts Konstantes. Daher sind sie völlig individueller Art. Außerdem offenbaren sie bewußte oder unbewußte Strebungen oder zeigen ein Betätigen von Anlagen im Sinne des Übens und Ausübens von Fähigkeiten der diesen Linien zugehörenden Fingern oder der Handregionen, die von ihnen durchflossen werden.

Bezeichnungen

1 • Mittelfingerlinie, Saturn-, Schicksals-, Kultur- oder Traditionslinie, Hauptvertikale, Longitudinale, Saturnalis.
Astrologisch: Saturn. Nachtdomizil = Steinbock
Taghaus = Wassermann

2 • Ringfingerlinie, Kunst-, Apollo-, Sonnen-, Ruhmes- oder Venuslinie, Glückslinie, Talentfalte.
Astrologisch: Venus
Venus-Urania Domizil = Waage
Venus-Pandemos Domizil = Stier

3 • Kleinfingerlinie, Merkur-, Magen-, Leber- (Hepatika-), Milz- oder Gesundheitslinie. Als effektive Milzlinie gilt aber eher eine stark zum Mondberg verschobene Kleinfingerlinie. (Milz = Englisch «spleen», in unserem Sprachgebrauch ein Spinner, weil der Durchschnitt den Spleen, die Ideen des Spinners, nicht verkraftet. Im Englischen hat spleeny eine andere Bedeutung.)
Astrologisch: Merkur. Tagdomizil = Zwillinge
Nachthaus = Jungfrau

Die Hauptvertikale oder Saturnalis

Aus der Saturnalis sind – je nach Verlauf und Ausprägung – Konzentrationsfähigkeit, Schaffensdrang, Leistungswillen, Zielstrebigkeit, Ausdauer, Pflichtbewußtsein, Selbstdisziplin und Verantwortungsgefühl ersichtlich. Die Schicksalslinie hat mit der Bewältigung der Realität und der Leistungsbezogenheit zu tun. Sie offenbart aber auch das Verhältnis zur Umwelt und die Wechselfälle des Lebens, indem sie das soziale Einordnungs- und Anpassungsvermögen verrät. Ebenso ist aus ihr das Maß an Traditionsgebundenheit ersichtlich wie auch die Über-Ich-Stärke. Mit dem Begriff Über-Ich ist die Freudsche Version gemeint: der Niederschlag der Erziehung, die Kontrollinstanz, das Gewissen. Außerdem ist die Saturnalis eine kulturbezogene Linie. Was die Handtypen betrifft, so ist die Hauptvertikale in sensitiven und weiblichen Händen meist besser ausgeprägt als in spateligen und eckigen. Den Sensitiven und dem weiblichen Geschlecht soll ein größeres Pflichtbewußtsein eigen sein. Kriminelle haben selten eine Saturnlinie.

Die Bedeutung des Saturnalis-Ursprungs

Die Saturnalis hat verschiedene Ausgangsmöglichkeiten.

1 • Steigt sie aus der Lebenslinie auf, so besteht eine starke Bindung an das Elternhaus, mitunter ein Abhängigkeitsverhältnis von einem Elternteil oder eine Sorgepflicht. Oft bedeutet diese Linienverbindung auch eine Hemmung oder eine Verzögerung der Selbständigkeit. Nach Überwindung der Hindernisse zeigt der Handeigner ausgesprochenes Verlangen nach beruflicher Durchsetzung. Mitunter wird ein elterlicher Betrieb übernommen. Diese Linieneigner sind immer irgendwie der angestammten Familie verhaftet im Sinne der Herkunfts-, Traditionsgebundenheit, Sorgepflicht oder eines Abhängigkeitsverhältnisses.

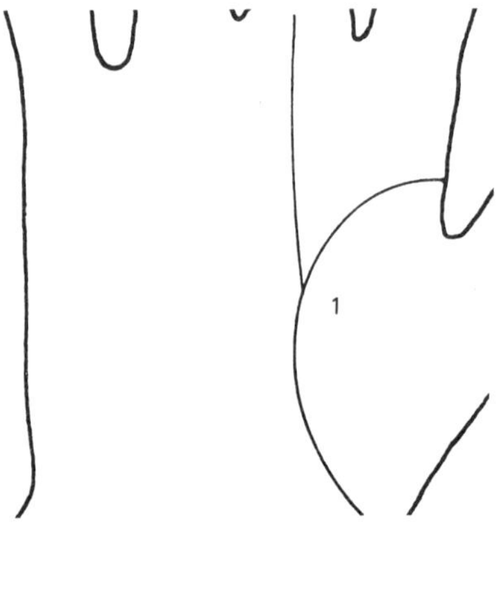

Astrologisch besagt ein Saturnaliskontakt mit der Vitalis einen Sonne/Saturnbezug. Das können Aspektverbindungen sein, Saturn in Löwe oder im 5. Haus, Steinbock in fünf, ein Quadrat des Saturns zum AC (dabei AC oft in Feuerzeichen) sowie betonte Sonne/Saturn-Halbsummen.

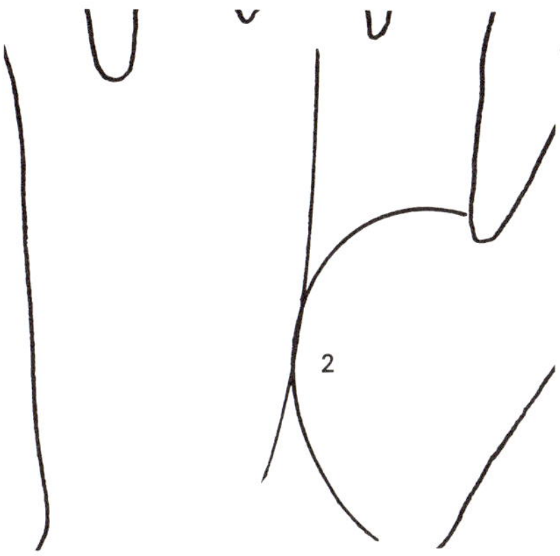

2 • Verläuft die Saturnlinie dicht entlang der Vitalis und verbindet sich kurzfristig mit ihr, um dann später selbständig weiterzulaufen, besagt auch sie eine schicksalshafte Gebundenheit an die angestammte Familie. Zusätzlich wird sich der Linieneigner nur unter vielen persönlichen Anstrengungen und mit einigen Verzögerungen durchsetzen. Häufig fühlt er sich unfrei, abhängig durch innere oder äußere Umstände.

3 • Entspringt die Saturnalis im Neptunberg, dem Ort des Ursprungs, verrät sie eine starke Verwurzelung in der Erbmasse. Der Linieneigner ist traditionsgebunden und wünscht Stabilität in seinem Lebensverlauf. Er ordnet sich sozial ein, will selbst sozial abgesichert sein und strebt einen klaren, im voraus berechenbaren Werdegang an. Im innersten Wesen konservativ, ziemlich in sich geschlossen, eigenständig und beständig, liegt ihm daran, seine Anlagen verwirklichen zu können. Er will weder von der Umwelt noch vom Elternhaus abhängig sein. Meist stammt der Linieneigner aus stabilen Verhältnissen oder arbeitet sich in solche empor.

Eine ausgeprägte Saturnlinie vermag auch Gefühle in Schach zu halten. Eine lange, kräftige, vom Ort des Ursprungs aufsteigende Saturnlinie besagt immer Zielstrebigkeit als Charakteranlage. •• Ob sich diese Charakteranlage durchsetzt, hängt vom Gesamteindruck der ganzen Hand ab. •• Die eckige Hand kommt dieser individuellen Charakteranlage entgegen.

Astrologisch sind bei eckiger Hand und langer Saturnlinie oft Konstellationen zu finden wie: Steinbock oder Saturn im 4. Haus, Jupiter/Saturn-Konjunktionen, Jupiter in Steinbock oder 10. Haus, Saturn in Schütze oder dem 9. Haus, Saturn in Steinbock.

•• Bei der konischen Hand handelt es sich um zwei sich widerstrebende Prinzipien. Die konische Hand wirkt dem zielstrebigen Verhalten einer langen, starken Saturnlinie entgegen. Die Zielstrebigkeit besteht zwar trotzdem, dringt aber nicht durch, weil das Gleichgewicht fehlt (Grundverhalten = Handform, individuelle Charakteranlage = Linie).

Je gerader und ausgeprägter der Verlauf der Saturnalis, desto zielstrebiger, aber auch kompromißloser ist der Mensch. Handeigner mit klargezeichneter gerader Saturnalis zeigen bei Schwierigkeiten keine Unsicherheit. Eine schnurgerade Saturnlinie, gekoppelt mit einer linear verlaufenden Cerebralis, weist auf einen sachlichen, nüchternen Charakter, auf einen Menschen, der berechenbar ist. Eine starke, kräftige Schicksalslinie findet sich meistens in den Händen wirtschaftlich Erfolgreicher.

• Eine lange, gut gezeichnete Saturnalis besagt, daß der Mensch zielstrebig und diszipliniert genug ist, um sich von einer einmal eingeschlagenen Richtung nicht abbringen zu lassen. Der Linieneigner ist bestrebt, die Gaben des Saturnfingers voll zu nützen. Ist der Mittelfinger stark und auch der Daumen genügend groß, sind meist alle Wünsche realisierbar.

• In einer langen, tiefen Saturnlinie mit ausgeprägtem geradem Mittelfinger liegt auch der Drang, Verantwortung zu übernehmen und mit bestem Wissen und Gewissen eine Sache konsequent durchzufechten oder zu verfolgen. • Bei zu starkem Zeigefingerberg (Geltungstrieb) leidet die Konsequenz etwas. Dadurch wird die Zielstrebigkeit einer langen Saturnlinie beeinträchtigt.

• Bei kurzem Mittelfinger schlägt die gutgeführte Saturnalis ins Gegenteil um: in ungenügendes sittliches Verantwortungsgefühl und Gewissenlosigkeit.

• Die Saturnlinie als inneres Getriebensein zu Arbeitsamkeit oder Fleiß führt, stark und lang gezeichnet, in zarter Hand zu belastender Schwere. Alle Lebenskräfte werden aus einem inneren Zwang heraus auf ein Ziel hin konzentriert. Dadurch entsteht wegen der entzogenen Vitalkraft eine Verkrampfung und innere Unfreiheit.

• Ist die Saturnlinie zu kurz, zerstückelt oder schwach ausgeprägt, wird die Zielstrebigkeit beeinträchtigt. Diese Menschen wissen nicht, was sie wollen. Es mangelt ihnen an innerem Halt. Das seelische Rückgrat ist geschwächt.

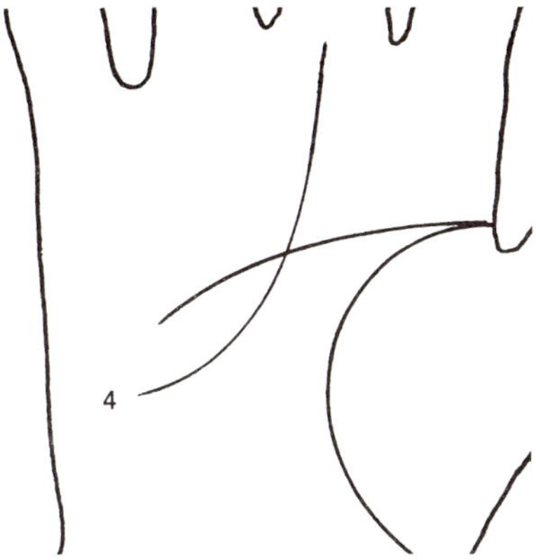

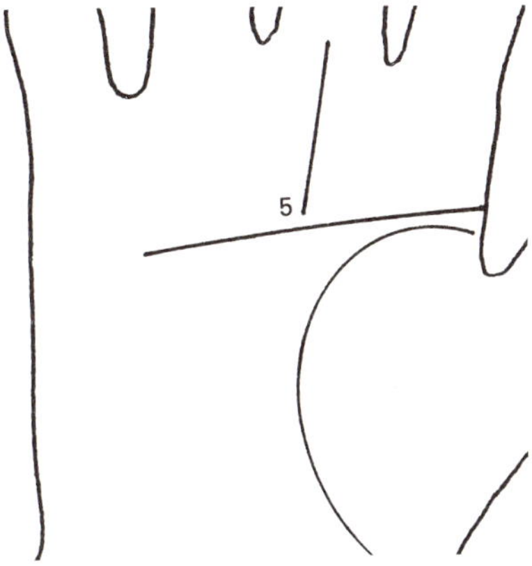

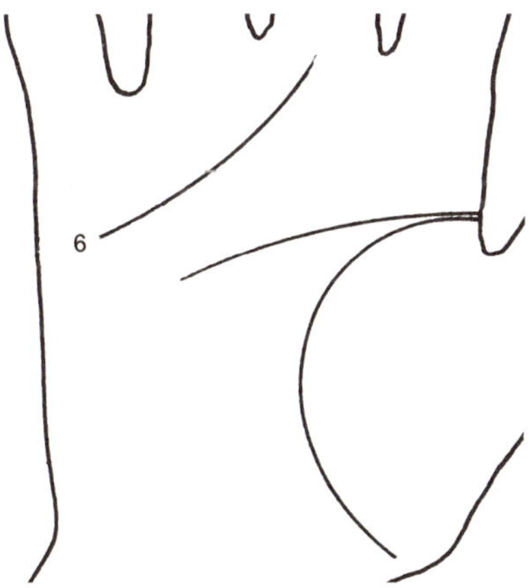

4 • Liegt der Ursprung der Saturnalis im Mondberg, weichen die Anschauungen des Handeigners von den Überlieferungen der angestammten Familie meist ab. Obwohl sich diese Menschen stets schnell neuen Umweltbedingungen anzupassen vermögen, sind günstige Umweltverhältnisse für sie wesentlich. Mit etwas erhöhtem Mondberg und gut ausgeprägtem Daumen werden sie mit ihrer Vielseitigkeit und ihrem Einfallsreichtum Umweltsituationen zu ihrem Vorteil selbst zu gestalten wissen. Da sie sich mit ihrer Arbeit seelisch identifizieren, möchten sie vor allem gerne ihre Arbeit mit Freude verrichten und auch deren Ergebnis genießen. •• Wenn gleichzeitig die Kopflinie sich dem Mondberg zuneigt, ist eine fantasiereiche, künstlerische Anlage gegeben. •• Eine starke, aus dem Mondberg kommende und im Saturnberg endende Schicksalslinie weiß alle Vorstellungen konkret zu gestalten.

5 • Steigt die Saturnalis aus der Erdebene auf, gestaltet sich der Schicksalsweg etwas mühsamer und bedarf einiger vermehrter Anstrengungen. Öfters ist der spätere Beginn nur Hinweis, daß der Handeigner erst zu diesem Zeitpunkt beginnt, sich bewußt mit der Realität des Lebens auseinanderzusetzen oder sich sozial einzuordnen. Jedenfalls wird er sich, wenn auch etwas verspätet, den Problemen des Lebens stellen. Doch stets wird dazu ein genügend starker Daumen mit entsprechendem Thenar benötigt. Die Zielstrebigkeit der Saturnlinie genügt nicht, auch Tatkraft ist erforderlich.

6 • Fast etwas Zwanghaftes hat eine aus dem Plutoberg aufsteigende Saturnalis. Sie zeigt Zähigkeit, schwerste Arbeit zu verrichten. Hier ist besonders die vitale Substanz eines guten Thenars und die Tatkraft eines genügend langen Daumens wichtig, um den gestellten Umweltforderungen gewachsen zu sein.

Das Saturnalis-Ende

Nicht nur der Saturnalis-Beginn, auch deren Ende ist aussagekräftig.

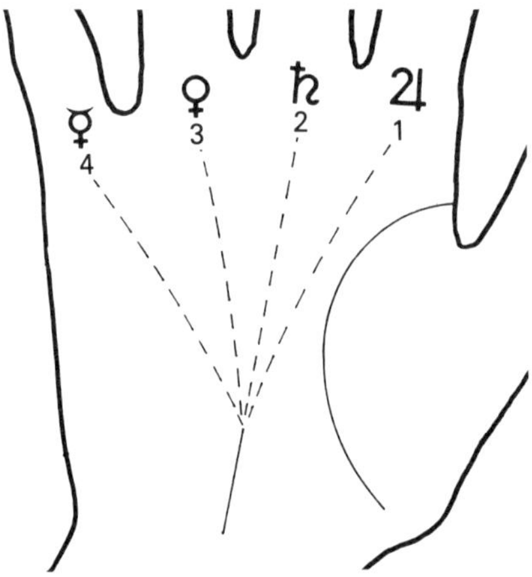

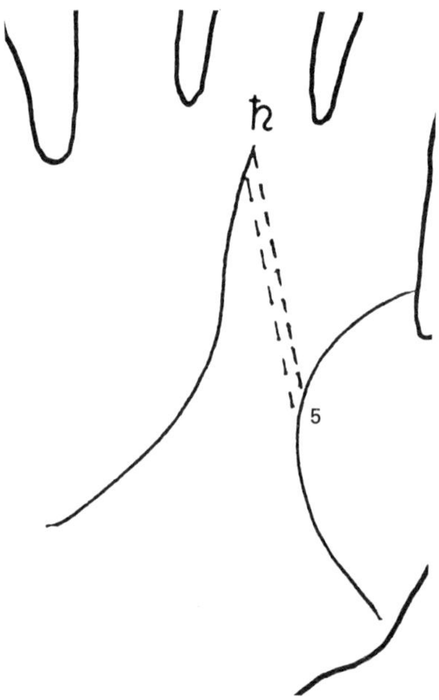

1 • Wendet sich die Saturnlinie zum Jupiterberg, stehen eigene Ziele im Vordergrund. Ein fülliger Jupiterberg verstärkt zusätzlich das Geltungsstreben.

2 • Endet die Traditionslinie im Saturnberg, konzentrieren sich alle Kräfte auf einen bewußten Einsatz für eine Sache. Die Selbstverwirklichung liegt in einer praktischen oder wissenschaftlich ausgerichteten Tat. Bei langer, kräftiger Saturnalis ist auch ein gutes seelisches Rückgrat zu verzeichnen. •• Die Verwirklichung der Gesamtpersönlichkeit ist aber vom Mittelfinger sowie vom Daumen und Thenar abhängig. Astrologisch gesehen können sich die Anlagen nur insoweit verwirklichen, als es die Sonne zuläßt. Was im Horoskop die Sonne, sind chirologisch Thenar und Daumen.

3 • Der Verlauf zum Ringfinger offenbart die Ausrichtung auf ideelle Ziele. Die leitbildhaften Strebungen sind künstlerischer Natur oder dubezogen.

4 • Bevorzugt die Saturnalis den Weg zum Merkurberg, steht ein Kommunikationsbedürfnis, welcher Art auch immer, im Vordergrund.

5 • Zusätzliche, aus der Vitalis aufstrebende dünne Linien zu einem bereits saturnalisbesetzten Saturnberg, zeigen außergewöhnliche Anstrengungen für eine Sache oder ein Spezialgebiet, das in selbständiger Tätigkeit ausgeübt oder gelehrt wird. Meine astrologischen Forschungen haben ergeben, daß sich diese Linienkonstruktion aufgrund eines aktivierten Sonne/Saturn-Halbsextils bildet.

Saturnalisende, Unterbrechungen, Verschiebungen

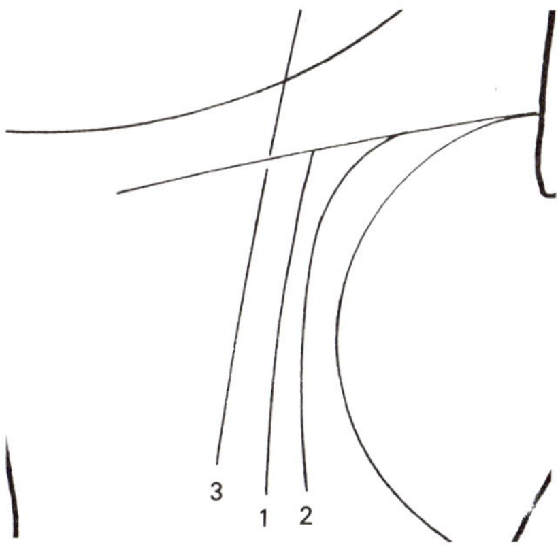

1 • Endet die Saturnalis an der Kopflinie, wird die Zielstrebigkeit durch Erwägungen des Verstandes behindert.

2 • Wird die Saturnalis von der Kopflinie aufgenommen, bedeutet sie eine konzentrierte Energie, die der Eigenwilligkeit kaum entbehrt.

3 • Bei Linienunterbruch knapp vor der Kopflinie und Weiterführung im Denkraum, sind die Beharrungskräfte stärker als die Schwierigkeiten, die den Unterbruch verursachten. Die Zeit ist mantisch bestimmbar.

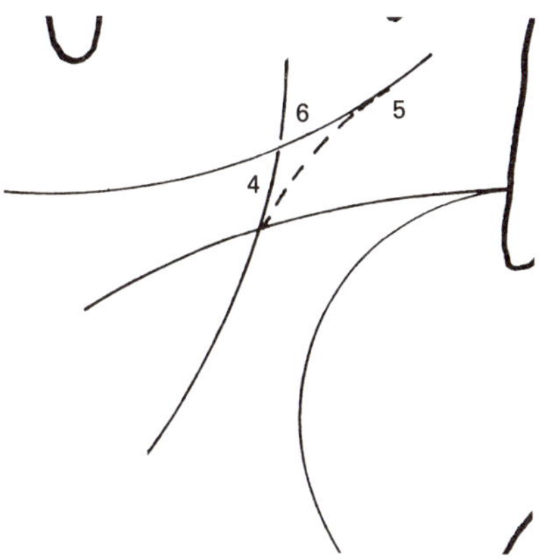

4 • Wird die Saturnalis an der Emotionalis angehalten, erfährt die Zielstrebigkeit eine Behinderung durch die Gemütskräfte.

5 • Nimmt die Emotionalis die Schicksalslinie in sich auf, ist es wesentlich, ob dies mehr im Saturn- oder im Jupiterbereich geschieht. Unter dem Saturnberg betrifft die emotionale Färbung die Sache, unter dem Jupiterberg das Persönlichkeitsgefüge.

6 • Bei Linienunterbruch vermag sich die Zielstrebigkeit nach einigen Behinderungen wieder durchzusetzen.

Der Zweiteilung der Hand entsprechend in *Aktiv/Passiv, Materiell/Idell, Ich/Du* ist es von Wichtigkeit, welchen Bereich der Hand die Saturnalis bei ihren Abweichungen vom einmal eingeschlagenen Weg bevorzugt.

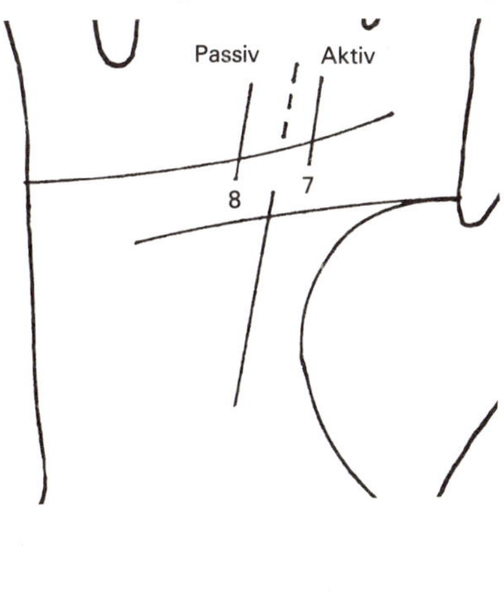

7 • Geht die Abweichung zur Daumenseite, sind praktisch-materielle und persönliche Wünsche oder aktive Entschlüsse Veränderungsgrund.

8 • Schlägt die Saturnalis den Weg zur *Du*-Seite ein oder beginnt neben der Hauptsaturnalis zur *Du*-Seite verschoben eine neue Linie, liegen die ursächlichen Veränderungen in ideellen, intellektuellen, kommunikativen Strebungen, seelischen Gründen, *Du*-Rücksichten oder sonstigen Umweltfordernissen.

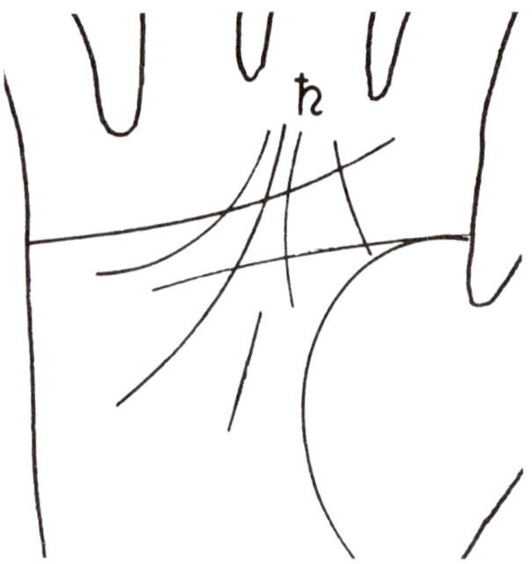

Alle Linien, die Richtung Saturnberg laufen, haben eine Affinität zu Saturn.

Finden sich mehrere Schicksalslinien in der Hand, so deutet dies zwar auf eine gewisse Unrast, aber auch auf Vielseitigkeit und die Möglichkeit der Ausübung mehrerer Berufe, vielerlei Chancen sowie rascher Anpassung an Menschen und an neue Verhältnisse. Eine Parallele bedeutet immer eine Unterstützung der Hauptlinie und eine Sonderbegabung.

Allgemeine Regel zu Saturnalis bezüglich Berufstätigkeit: • Saturnlinie in der Lebenslinie entspringend: Tätigkeit als Angestellter • Saturnalis freistehend und parallel zur Lebenslinie Richtung Saturnberg verlaufend: Fähigkeit für Vorgesetzten-Funktion • Saturnalis im Mondberg entspringend: Fähigkeit für Selbständigkeit im Beruf, unabhängigkeitsstrebend.

Der Siebenerrhythmus der Saturnalis (Saturnphasen)

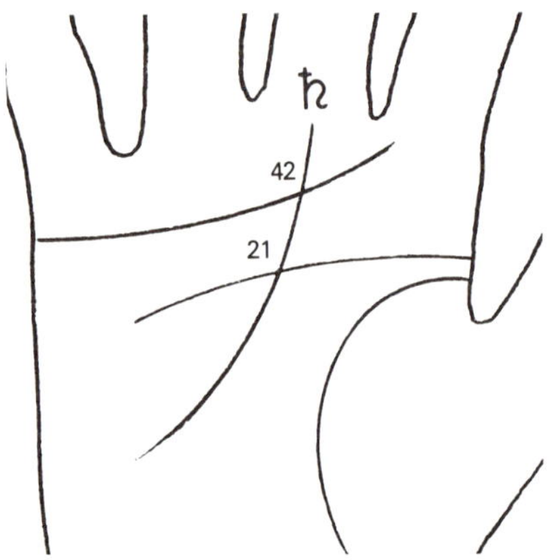

Die Saturnalis ist zeitlich einteilbar. Nicht daß ich ein Prognosemittel in die Hand geben möchte, denn dieses gehört zur Mantik. Die Zeiteinteilung der Saturnlinie soll eine Orientierungshilfe sein und darf nicht stur gehandhabt werden. Die Zeiteinteilungsschemata sind von Autor zu Autor verschieden. Einige kompetente Fachleute wie Papus, Nestler und Brobeck benützten und benützen noch immer das nebenstehende. An der Kreuzung Saturnalis/Kopflinie liegt ungefähr das 21. Lebensjahr und die Kreuzung Saturnalis/Emotionalis symbolisiert ungefähr das 42. Lebensjahr. Die aktivste Zeit des Lebens, die hervorgehobene bewußte Auseinandersetzung mit der Realität befindet sich zwischen Kopflinie und Emotionalis. Was an Saturnlinien oberhalb der Emotionalis liegt, hat mit dem Einbezug von Erfahrungsmaterial zu tun. Mit dem 42./45. Lebensjahr zeigen sich mitunter bereits Umstrukturierungen, da um diese Zeit auch astrologisch die Opposition des Uranus zu seiner Radixposition wirksam wird. Die Ich-Erfahrungen sind bis dahin dem Selbst integriert und das Wirkliche im Menschen kommt etwas mehr zum Zuge. Es zeigt sich mehr der Kern der Persönlichkeit.

Die Ringfinger- oder Venuslinie

Alle Linien, die in Richtung Ringfingerberg zielen, sich auf diesem befinden oder davon weglaufen, haben venusischen Charakter.

Die Ringfingerlinie steht in Beziehung zu ideellen Bestrebungen und Gefühlen. Auch Talente lassen sich aus ihr ersehen, Ästhetik, Kunstempfinden, künstlerischer Geschmack, Musikalität sowie Bühnenkunst, das Sich-Einfühlen in eine Rolle, *Du*-Projektionen, Selbstdarstellung und Kunstgenuß. Es braucht nicht immer eine ausgeübte Kunst zu sein, die in der Öffentlichkeit Beachtung findet. Geschick für feine Handarbeiten, Innenarchitektur, Geschmack für Modisches, Formensinn, Ausgleichsbestrebungen und Taktgefühl sind aus ihr ebenso ersichtlich wie das Genießen an sich, Auszeichnungsverlangen und Eitelkeit.

Die Ringfingerlinie ist von der Gestalt des Ringfingers und dem Energiepotential des Ringfingerberges abhängig. Art, Länge und Tiefe der Ringfingerlinie zeigen ausschließlich, ob und inwieweit die durch Form und Gliederung der im Ringfinger ausgeprägten Begabungen bewußt oder unbewußt gepflegt werden. • Effektiv künstlerische Gestaltungen sind nur bei gleichzeitig guter Kopf- und Saturnlinie möglich. •• Ein Bildhauer beispielsweise benötigt wohl eine Ringfingerlinie, ebenso wesentlich für ihn ist eine ausgeprägte Saturnalis. •• Für einen Schriftsteller wiederum ist eine positive Merkurlinie das Primäre. Das zusätzlich venusische Moment verleiht dem schriftlichen Ausdruck lediglich eine gefällige Form.

Daß Künstlerhände meist eine betonte Ringfingerlinie besitzen, beweist, daß sich die Strebungen des Handeigners am stärksten auf die venusischen Begabungen konzentrieren. Läuft die Ringfingerlinie doppelt, offenbart sie immer Talente, die trainiert werden. Eine zweifach geführte Venuslinie kann aber auch zwei verschiedene Dinge verraten: einerseits eine künstlerische Bezogenheit, andererseits eine Selbstbespiegelung. •• Bei Projektionsverdacht ist stets das Geltungstrieb-Potential des Jupiterberges zu betrachten und wie immer auch der Gesamtbefund der Hand.

Die Ringfingerlinie spricht nicht immer von eitel Freuden. Oft sind es Wünsche und Traumbilder, die in ein *Du* oder ein Objekt hinein projiziert werden. Auch Menschen mit einer Berufstätigkeit in der Vergnügungsindustrie können mit einer Venuslinie ausgestattet (belastet) sein. Die Ringfingerlinie hat nicht nur die Bedeutung des leichten, frohen Sinnes, sondern auch des Leichtsinns.

In jeder Hand, deren Eigentümer durch ein venusisches Talent hervortritt, zeichnet sich eine Ringfingerlinie ab. So zeigen Schauspieler immer eine Ringfingerlinie. Einerseits zeigt der Schauspieler eine Schau und andererseits eine Einfühlung in ein *Du.*

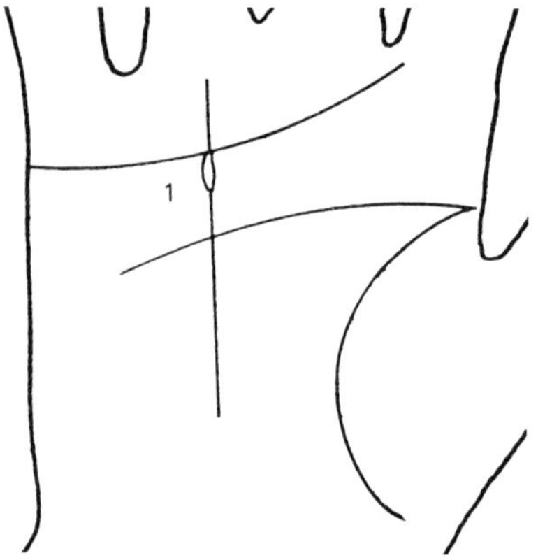

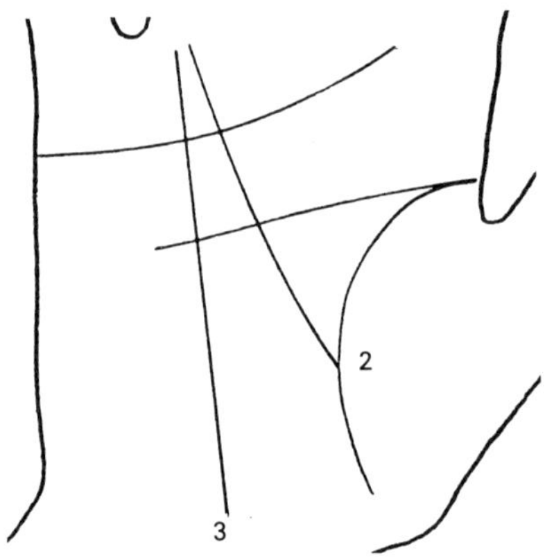

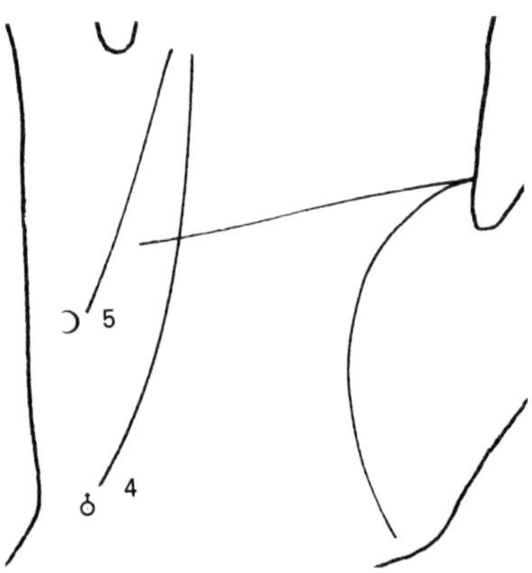

1 • Eine unterhalb der Emotionalis in der Venuslinie liegende Insel besagt zu geringes Selbstvertrauen, oberhalb der Gemütslinie liegend Schüchternheit, Lampenfieber oder Platzangst.

2 • Beginnt die Linie im Thenar oder an der Vitalis, so kommen zur Begabung des Ringfingerprinzips Vitalität, Dynamik, gestalterische Kräfte und kreative Möglichkeiten (astrologisch 5. Haus), die durch einen guten Mondberg noch Unterstützung finden. Meistens findet sich diese Kombination bei liebenswürdigen Persönlichkeiten, von herzlicher Wesensart, froher Natur und fast unwiderstehlichem Charme.

3 • Entspringt die Ringfingerlinie im Neptunberg und setzt ihren Weg bis zum Ringfingerberg fort, so zeigt sich schon in der Erbmasse ein Talent zu einer auszuübenden Kunst oder die Tendenz zum Bekanntwerden in der Öffentlichkeit. Finanzielle Erfolge werden kaum ausbleiben, falls die Linie selbst nicht bereits materielle Güter als Mitgift verheißt. Meistens sind die Vorfahren begütert.

4 • Aus dem Uranusberg aufsteigend, sind es die Ideen des Uranus, die praktische venusische Talente unterstützen.

5 • Beginnt die Ringfingerlinie im Mondberg, so verbinden sich die Fantasiekräfte des Mondberges mit den venusischen Bestrebungen. •• Bei erhöhtem Mondberg deutet der venusische Strom auf einen harmonischen *Du*-Bezug, ein starkes Gefühlsleben und Mütterlichkeit. •• Bei überhöhtem Mondberg überwiegt das Launische, Bequeme. •• Künstlerische Umsetzungen des Mondberges sind nur bei guter Saturn- und Kopflinie möglich.

6 • Steigt die Ringfingerlinie aus der Saturnalis auf, sind künstlerische Bestrebungen mit viel Fleiß und Anstrengung verbunden. Öfters handelt es sich um eine handwerkliche Kunst. Die nebenstehende Hand gehört einem Kunstschmied, der sich auch dichterisch betätigt.

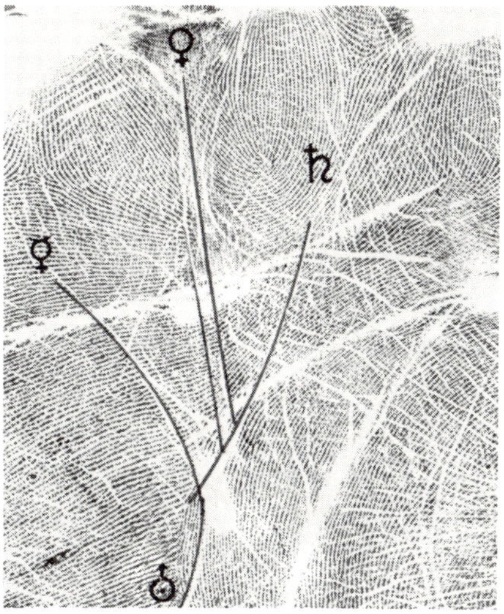

7 • Dem Plutoberg entspringend, zeigt die venusische Linie große persönliche Tatkraft von fast magischem Zwang. Die künstlerische Leistung wird unter Einsatz aller Kräfte und eventuellen Verzichtleistungen, mitunter mit fanatischem Eifer betrieben. Gleichzeitig wird der Linieneigner mit Überzeugungskraft die Ergebnisse seiner Anstrengung präsentieren, was zwar zusätzlich Merkurkräfte voraussetzt. Diese Kombination entbehrt kaum der suggestiven Note und auch an erotischer Strahlkraft wird es nicht mangeln.

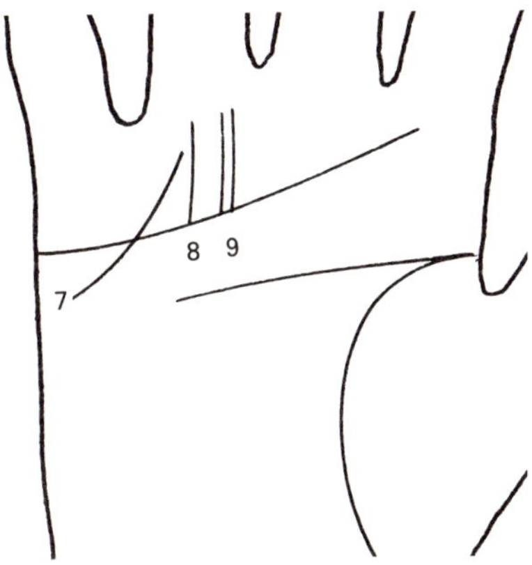

8 • Eine aus der Emotionalis aufsteigende venusische Linie offenbart Fähigkeiten der Identifikation mit dem *Du.* Die Mantik verspricht eine seelische Sicherheit durch die Ehe.

9 • Die zweifach geführte Linie verrät Kunstinteresse und zeigt stets verstärktes Einfühlungsvermögen. Die Doppellinie braucht nicht auf der Bergmitte zu liegen. •• Mehr zum Merkurberg verlagert, kann der künstlerische Einschlag merkantil verwertet werden, •• mehr zum Saturnberg verschoben, ist öfters ein wissenschaftlicher Einschlag (z. B. Kunsthistoriker), zu verzeichnen.

• Viele kleine Linien im Ringfingerberg deuten Freude an schönen Dingen an.

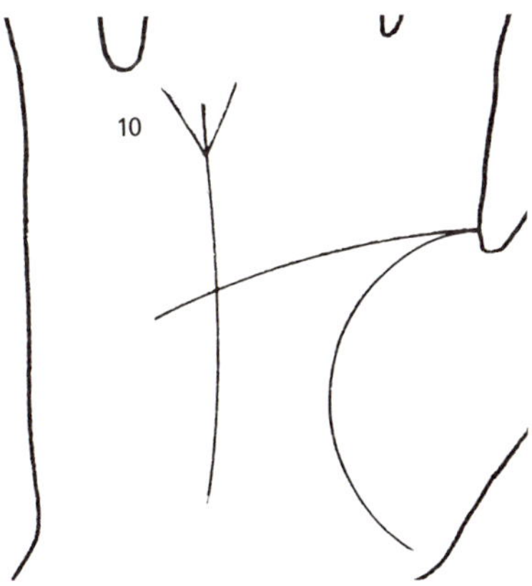

10 • Die Venuslinie kann sich im Ringfingerberg auch verzweigen. Gerne gesehen ist die dreifache Gabel, weil sie ein vielseitiges, erfolgreiches Einsetzen venusischer Potenzen anzeigt.

Die Kleinfinger- oder Merkurlinie

Die Merkurialis, als Linie der willentlichen oder unbewußten Eindrucksoffenheit, vermittelt in langer ausgeprägter Form eine Häufung von Eindrücken. Dadurch wird der Linieneigner sensibilisiert, d. h. mit einer Feinnervigkeit ausgestattet, die bei ständiger Übung einem besonderen Gespür gleichkommt. Gleichzeitig gibt die Merkurlinie Hinweise auf den Nervenzustand.

Voraussetzung für eine positive Deutung der Merkurlinie ist ein gutgeformter Kleinfinger, der nicht zu tief angesetzt sein sollte. Eine weitere Bedingung ist das Erreichen des Ansatzes des Ringfinger-Nagelgliedes. Nur so sind ausreichende Fähigkeiten vorhanden, die von der Merkurlinie konkretisiert werden können. Ebenso wichtig ist ein gutausgeprägter Merkurberg, weil dieser der Fülle entsprechende seelische Energien oder Wunschkräfte symbolisiert. •• Eine fehlende Merkurlinie besagt keine Minderung der Begabung des Merkurfingers, wohl aber einen Mangel an Feinspürigkeit.

Wenn die Merkurlinie voll ausgebildet ist, verbindet sie, diagonal die Hand durchquerend, die Vitalis mit dem Kleinfingerberg. Die Merkurlinie offenbart, daß der Versuch gemacht wird, die im Kleinfinger symbolisierten Fähigkeiten zu gebrauchen.

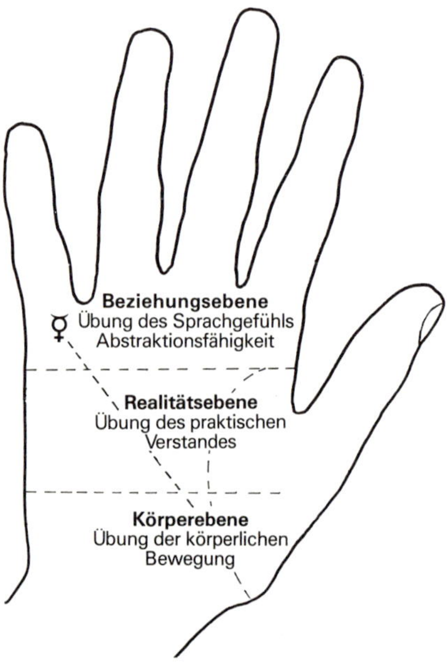

Da dem Merkurprinzip eine neutrale Funktion zukommt und es vor allem ein vermittelndes, kommunikatives Prinzip verkörpert, also Beweglichkeit oder Gewandtheit offenbart, zeigt die horizontale Dreiteilung der Hand, wo dem Kleinfinger-Prinzip entsprechend etwas bewußt oder unbewußt in Bewegung gebracht wird. Das gleiche gilt für das Geburtsbild, wo sich Merkur nach demjenigen Planeten richtet, mit dem er eine Verbindung eingeht sowie nach Haus und Zeichen, in dem er steht. Merkur kann überhaupt nichts anderes vermitteln als das Planetenprinzip, mit dem er fusioniert und/oder die Färbung von Zeichen und Haus, in dem er sich aufhält. Merkur ist Reporter Olymps. Merkur legt im Geburtsbild die Ebene des Denkens fest. Auf dieser Ebene besitzen wir Wahlfreiheit. Die Merkurverbindungen mit Planeten, Haus oder Zeichen verraten auch die Gesinnung. Von Bedeutung ist dabei die Einsichtsfähigkeit.

Die Merkurlinie symbolisiert den Gebrauch der Merkurfinger-Fähigkeiten, sei es eine geistige, wissenschaftliche, vermittelnde oder kaufmännische Tätigkeit sowie unter Umständen körperliche Beweglichkeit.

1 • Bei ausgeprägter Merkurlinie besteht die Möglichkeit, rasch auf den Kern der Sache zu kommen und Hintergründe zu durchschauen. Sprachensinn ist vorhanden sowie eine gute Ausdrucksfähigkeit, meist auch psychologisches Verständnis und Menschenkenntnis sowie Gewandtheit in der Gestaltung von Umweltbeziehung. Bei reichem theoretischen Wissen ist die Merkurlinie lang und kräftig oder hat eine Parallele, was gleichzeitig eine gute Aufnahme- und Äußerungsfähigkeit offenbart.

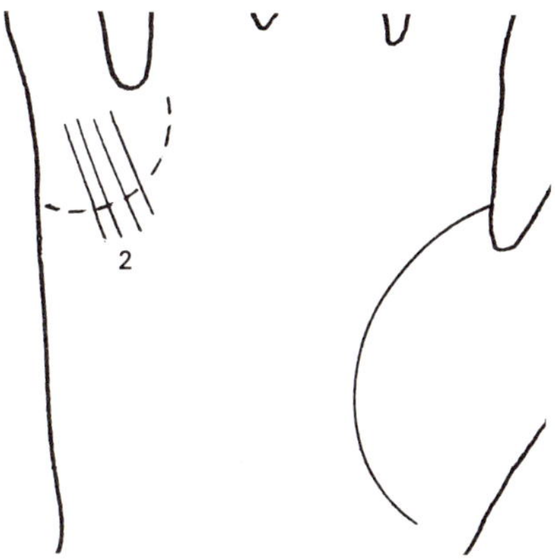

2 • Zahlreiche Parallelen auf dem Merkurberg zeugen von Redefähigkeit und klarer Ausdrucksweise in Wort und Schrift, sofern Merkurberg und Merkurfinger gut entwickelt sind. Bei übermäßiger Länge des Merkurfingers ist Überredungskunst nicht ausgeschlossen. Wie bei allen anderen Linien kann auch die Merkurlinie nicht für sich allein betrachtet werden.

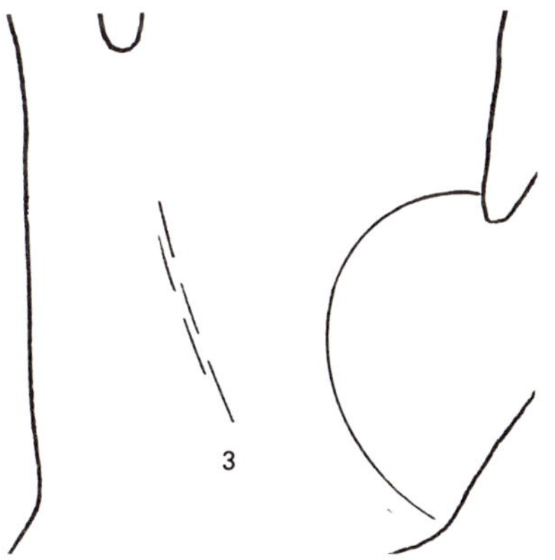

3 • Eine zerrissene Merkurlinie weist auf ein anfälliges Nervensystem. Zeigt sich dies im Bereich der Peripherie des Mondberges, sind nervöse Magenstörungen möglich oder der Darmbereich läßt zu wünschen übrig. •• Ist die Merkurlinie gänzlich in kleine Linien zerstückelt, muß eine organische Erkrankung des Nervensystems angenommen werden.

• Grundsätzlich zeigt die Merkurlinie primär Gewandtheit auf dem Gebiet, worauf die Grundhand angelegt ist. •• In der Spatelhand Geschicklichkeit im materiellen (finanziell oder körperlich), •• in der eckigen im organisatorischen, lehrhaften oder kommunikativen Bereich •• und in der konischen Hand weist sie auf Feinspürigkeit und Empfindsamkeit im *Du*-Kontakt. In sensiblen Händen ist die Merkurlinie oft auch geistige Antenne.

1 • Mündet die Merkurlinie in den Thenar, läuft also über die Lebenslinie hinaus, ist der Mensch stimmungsmäßig vom körperlichen Befinden abhängig. Zusätzlich erfährt die merkurische Urteilskraft eine zu starke Subjektivität in persönlichen Angelegenheiten. •• Dieses Liniengebilde findet sich oft in Händen von Menschen, die im Geburtsbild den Merkur zu nahe der Sonne stehen haben. Wo immer im Geburtsbild der Merkur zur Sonne zu wenig Distanz aufweist, verliert die Urteilskraft an Objektivität, sobald eine Sache zur Diskussion steht, mit der sich der Horoskopeigner nicht identifizieren kann.

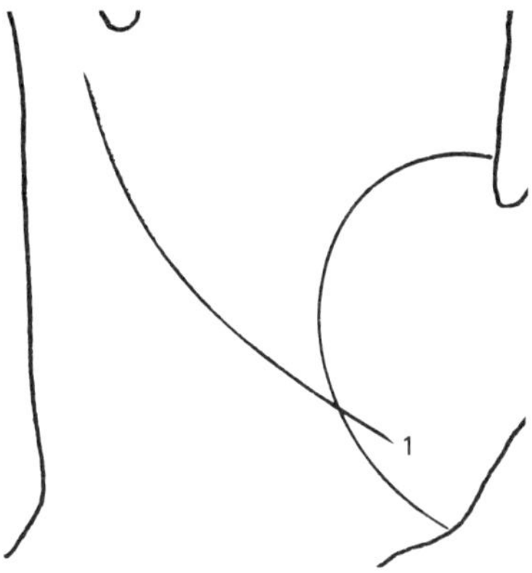

1

2 • Eine Kleinfingerlinie, welche die Handwurzel mit dem Merkurberg verbindet, zeugt von einer spekulativen Anlage. Die Auswirkungen in der Realität sind vom Handtyp abhängig. •• In der Spatelhand betrifft die Kleinfingerlinie den materiellen Bereich und vermittelt dem Handeigner ein Gespür für den richtigen Augenblick, •• in der eckigen Hand ein leichtes Zustandekommen intellektueller Denkprozesse und •• in der konischen oder sensiblen Hand offenbart sie einen philosophischen oder mystischen Einschlag.

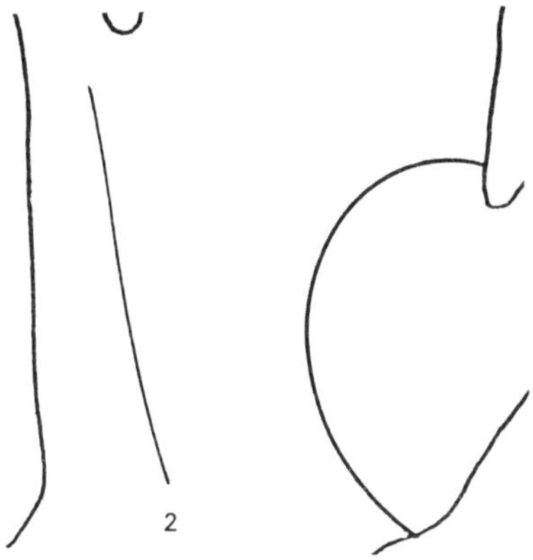

2

3 • Läuft die Merkurlinie straff vertikal über den Plutoberg zum Mondberg, vermögen die Fantasiekräfte in die Kleinfingerlinie einzudringen. Ohne positive Kopflinie und Saturnalis kommt es aber zu keiner künstlerischen Leistung, doch begünstigt sie ein gefühlsmäßiges Gespür in *Du*-Angelegenheiten. Gleichzeitig wird eine suggestive Note in *Du*-Auseinandersetzungen wirksam, besonders, wenn gleichzeitig die Perkussionsseite eine Ausbauchung aufweist.

3

• Gesamthaft gesehen offenbart die Merkurlinie den Grad der geistigen und intellektuellen, meistens, aber nicht immer, auch den Grad der körperlichen Beweglichkeit.

Die Plutolinie

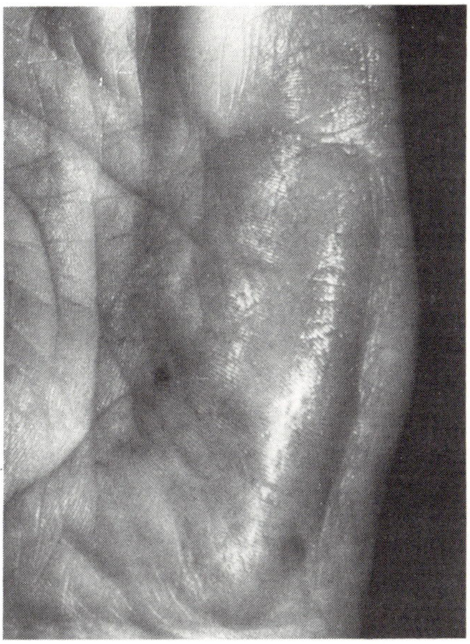

Die Plutolinie verläuft auf dem äußersten ulnaren Handrand, auf der Handkante in vertikaler Richtung zwischen Pluto- und Uranusberg.

Obwohl sie in der Literatur als selten bezeichnet wird, bin ich ihr in meiner Praxis mehrere Male begegnet, und zwar vor allem in Handlese-Kursen. Die nachstehenden Aussagen konnte ich aber noch zuwenig absichern. Die Plutolinie verrät Aufgeklärtheit, die auf Erkenntnis beruht. Menschen mit einer Plutolinie sind um die Vervollkommnung ihres Wesens bemüht. Sie verfügen über schöpferische Kräfte und haben Zugang zu anderen Dimensionen mit Entwicklungsmöglichkeiten im Überstofflichen. Plutolinien-Eigner streben nach Weisheit und strahlen im Alter eine gewisse Würde aus.

Die Mondberglinien

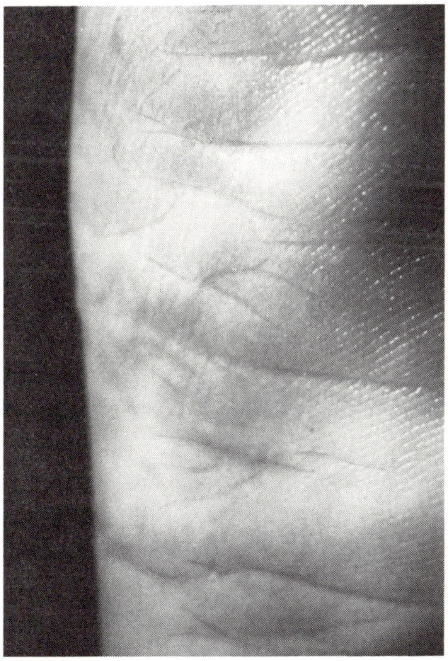

Der Mond erfreut sich keiner eigentlichen größeren Linie. Sein Prinzip ist auch viel zu flüchtig, launisch und veränderlich. Der Mond begnügt sich mit kleineren auf dem äußersten Rand seines Berges gelegenen Zeichnungen. Um diese Linien zu erkennen, ist der Mondberg im Profil zu betrachten. Die Mondberglinien werden in der Fachliteratur meist Reiselinien genannt.

Wie jede Linie auf ein bewußtes oder unbewußtes Streben hinweist, so deuten die Mondberglinien auf einen Drang nach Bewegung oder Veränderung, haben also mit Reisen nur indirekt zu tun. Willensstarke Menschen können ihre Veränderungswünsche in Reisen realisieren, willensschwache dagegen werden Reisen, die doch immer mit einer gewissen Anstrengung verbunden sind, nur in der Fantasie erleben.

Die großen geometrischen Figuren der Innenhandfläche

Der Raum zwischen Kopflinie und Emotionalis wird Handtisch genannt. Der Handtisch sollte regelmäßig gebaut sein, im Zentrum mittelweit und gegen den Jupiterberg und den Plutoberg sich verbreiternd. Die Weite des Handtisches ist Sinnbild der individuellen Großzügigkeit, Fairneß und Toleranz des Handeigners. Ein gutausgebildeter Handtisch weist auf eine gute Ausgewogenheit zwischen Gefühl und Intellekt, auf geistige Klarheit und großzügiges Denken.

In der Regel verrät der Handtisch der linken Hand in Form, Weite oder Enge den Charakter des in der Erziehung dominierenden Elternteils. Das ist meistens die Mutter, von der vorzugsweise auch das Erbgut der linken Hand stammt.

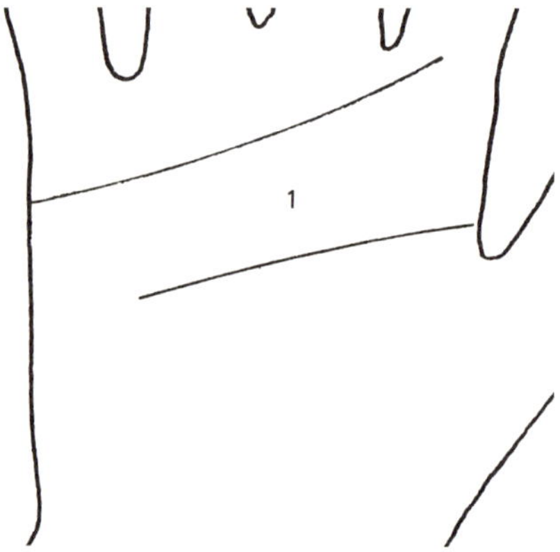

1 • Ist der Zwischenraum von Emotionalis und Kopflinie zu weit, sind Gefühl und Verstand nicht koordinierbar. Es kann nach zwei Richtungen gelebt werden, entweder rein verstandesmäßig oder rein gefühlsmäßig. Es zeigen sich Widersprüchlichkeiten, weil die Mitte nicht gefunden wird. Diese Menschen kennen weder das richtige Maß für Gefühlsäußerungen noch die Grenzen materieller Mittel. Die Pläne des Handeigners sind meist überdimensioniert und kaum mehr realisierbar. Die Großzügigkeit kann bis zur Nachlässigkeit ausarten.

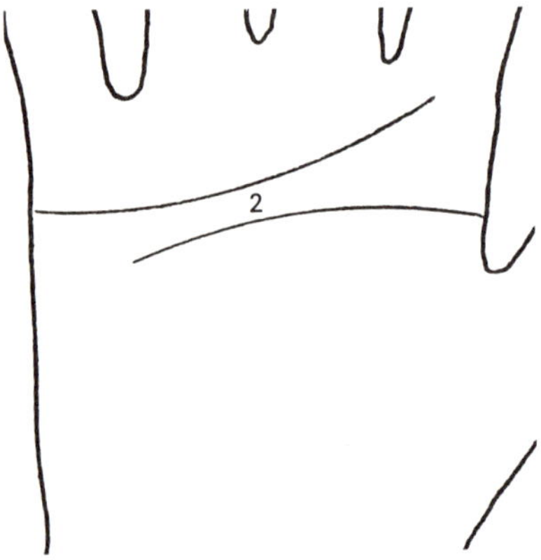

2 • Bei schmalem beziehungsweise engem Handtisch bestehen Tendenzen zu inneren Ängsten, zu einem materiellen Absicherungsbedürfnis und zu konservativer Denkweise. Sie kann wegen Steckenbleibens bei einer einmal gefaßten Meinung von Sturheit nicht weit entfernt und zu Fehleinschätzungen geneigt sein. Die gegenseitige Behinderung von Verstand und Gemüt hat meist eine gewisse Enge der Lebensauffassung zur Folge, was im extremen Fall zu Kleinlichkeit, Ängstlichkeit, Pedanterie und Geiz führt. In pathologischem Sinn zeigt sich Neigung zu Beklemmungen und asthmatischen Beschwerden.

Das Handtisch-Viereck

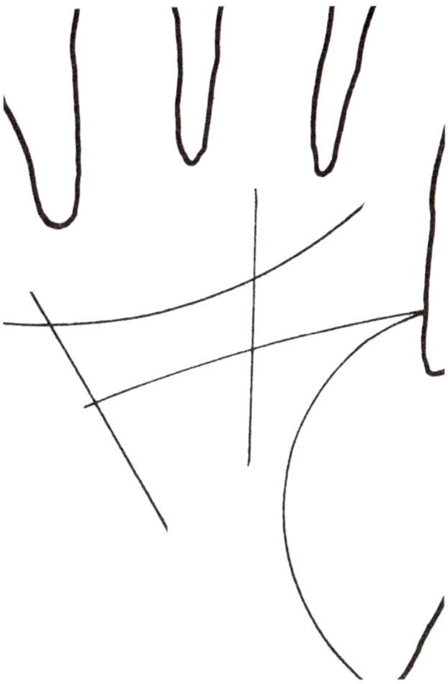

Die Kreuzungen der Hauptlinien durch die Vertikalen bilden geometrische Figuren, die von besonderer Bedeutung sind. Werden Emotionalis und Kopflinie durch die Saturnalis und die Merkurlinie verbunden, entsteht das Handtisch-Viereck. Ein gutgezeichnetes Handtisch-Viereck offenbart moralische und soziale Eigenschaften sowie intellektuelle Beweglichkeit.

•• Stellt nur die Saturnalis die Verbindung zwischen Emotionalis und Kopflinie her, herrschen Sachlichkeit und nüchternes Denken vor. Diese Linienkombination offenbart einen Realisten, einen von Gefühlsmomenten unbelasteten Menschen. •• Andererseits, wenn die Saturnalis fehlt und nur die Merkurlinie Intellekt und Gefühl verbindet, hat die Empfindungsseite das Übergewicht.

Das große Dreieck

Wenn Vitalis, Cerebralis und Merkurlinie eine Verbindung eingehen, entsteht das große Dreieck. Das große Dreieck zeugt von bestem Zusammenwirken vitaler, intellektueller sowie nervlicher Faktoren und bringt dem Denken große Intensität. Das große Dreieck, auch Triangel genannt, ist Sinnbild guter Vitalität, praktischen, lebensnahen Verstandes, gekoppelt mit Vernunft und Gespür. Es offenbart das Zusammenfließen vitaler Kraft, klarer Begrifflichkeit und Ausdrucksfähigkeit. Wichtig sind die sich bildenden Winkel; je exakter sie gezeichnet sind, umso eher ist das harmonische Zusammenfließen der verschiedenen Kräfte gewährleistet.

• Beim Zusammentreffen von Kopf- und Merkurlinie wäre ein 90°-Winkel der vorteilhafteste. Je schärfer und genauer ein rechter Winkel gebildet wird, desto besser ist die intellektuelle Beweglichkeit und das sensible Gespür. LOMER nennt den 90°-Winkel das Intelligenzkreuz. Menschen mit dem Intelligenzkreuz werden immer an ihrer Weiterbildung interessiert sein. Doch auch ohne Intelligenzkreuz ist ein Hochschulabschluß möglich. Aber es fehlt das Gespür und es mangelt an intellektueller Vielseitigkeit und Beweglichkeit. Die Kopflinie symbolisiert die bewußte Verarbeitung. Sie ist konkret, praktisch und lebensnah. Die Merkurlinie bezieht sich auf Gespür, Einsichten und vermehrte Abstraktionsfähigkeit.

• Je klarer dieses Dreieck gebildet wird, desto besser das Zusammenwirken vitaler (Lebenslinie), bewußter (Kopflinie) und geistig-seelischer oder abstrakter Kräfte. Innerhalb des Dreiecks sollten keine unruhigen Linien oder Brüche liegen. Sie würden das Bild des Dreiecks stören.

Das kleine Dreieck und das hohe Dreieck

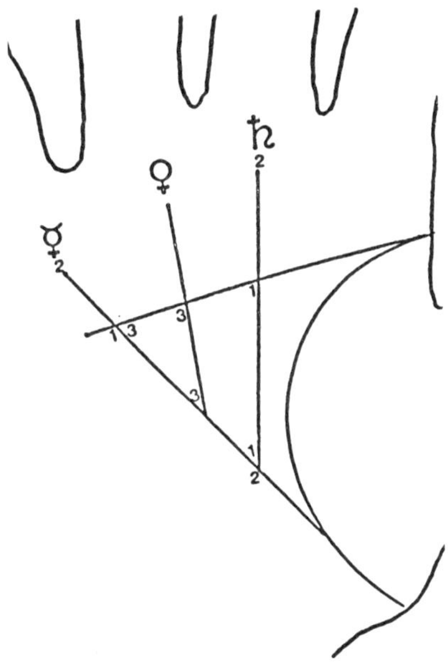

1 • Wird der große Triangel durch die Saturnalis geteilt, entsteht, gebildet durch Kopflinie, Merkurlinie und Saturnalis, das *kleine Dreieck*. Ist das kleine Dreieck gut ausgebildet, offenbart es Talent für Studien. Durch die Dreierkombination vereinigen sich Intellekt (Kopflinie), Einfühlungsvermögen (Merkurlinie) sowie Fleiß und Verantwortungsgefühl (Saturnalis). Das kleine Dreieck begünstigt auch eine selbständige berufliche Tätigkeit.

2 • Sind die Schenkel des kleinen Dreiecks verlängert, beziehungsweise liegt der Beginn des sich durch die Saturn- und Merkurlinie bildenden Dreiecks auf deren Bergen, so ergibt sich das Bild eines Trichters oder Füllhorns, manchmal auch «Tulpe» (D. Riedel, München) genannt. Der Trichter besagt gestalterische Fähigkeiten, insbesondere, wenn sich auf dem Ringfingerberg noch venusische Linien zeigen.

3 • Selten kommt die Dreierkombination Kopflinie, Ringfingerlinie und Merkurlinie zum Zug. Ein durch diese Linien gebildetes Dreieck wird *hohes Dreieck* oder *Auge Gottes* genannt. Dieses Dreieck offenbart Intellekt, künstlerische Geschicklichkeit sowie Einfühlungsvermögen und zeugt auch davon, daß diese drei Gaben geübt werden.

Die drei bogenförmigen Nebenlinien

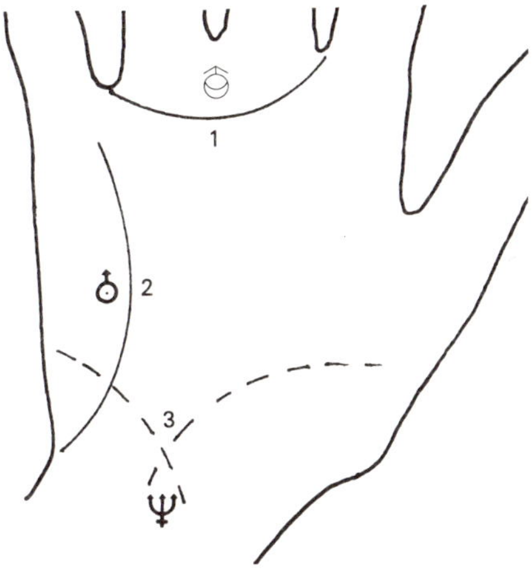

Die drei bogenförmigen Linien sind Symbole höherer Schwingungsebenen. Sie haben astrologisch Bezug zum Oktavenverhältnis der Siebenerreihe. Für Menschen auf niederer Entwicklungsstufe wirkt sich das Erscheinen dieser sensiblen Linien eher chaotisch aus.

In der Literatur übliche Bezeichnungen

1 • Der Venusring, Eros- oder Venusgürtel. Die astrologische Parallele zum Venusgürtel ist nicht geklärt. Der Venusgürtel könnte sublimierte Mars/Venuskräfte darstellen im Sinne einer Transpluto- oder Isislinie. Beim Venusgürtel handelt es sich um ein außergewöhnlich sensibles Gebilde. Meine vergleichenden Forschungen, die ich aufgrund ausgeprägter, gutgezeichneter Venusgürtel vornahm, zeigen im jeweils zugehörigen Geburtsbild immer kosmische Strukturbilder wie Venus = Merkur/Neptun; Neptun = Venus/Uranus; Venus/Neptun = Merkur/Uranus; Merkur = Pluto/Venus; Venus/Pluto = Neptun/Uranus; Uranus = Pluto/Neptun = Venus; Merkur = Transpluto/Neptun. Meist ist in den Strukturbildern Transpluto noch mitenthalten. Ähnliche Hinweise, wie sie die kosmischen Strukturbilder eines Venusringes zeigen, finden sich in der Transpluto-Ephemeride von LANDSCHEIDT/HAUSMANN (Weiteres siehe Seite 108).

2 • Der Uranusring oder die Uranuslinie. Astrologisch ist Uranus die Oktave Merkurs (Näheres siehe Seite 109).

3 • Die Neptunlinie, Giftlinie, Linea toxica, Milchstraße oder Via Lasciva. Astrologisch besteht ein Oktavenverhältnis zwischen Neptun und der Venus. Von der Rune her könnte Neptun auch eine Oktave Jupiters sein, stellt doch Neptun zeichnerisch einen doppelten Jupiter dar. Mythologisch ist der Fall geklärt, indem Poseidon/Neptun und Zeus/Jupiter Brüder sind. Astrologisch wird Zeus/Jupiter das große Glück und der Venus das kleine Glück zugesprochen, wobei sich die Frage stellt, ob mit der Venus die schaumgeborene Tochter des Uranus, die Venus-Urania, oder die von Zeus/Jupiter mit der Dione gezeugte Tochter, die Venus-Pandemos, gemeint ist (weitere Ausführungen siehe Seite 110).

Der Venus- oder Erosgürtel

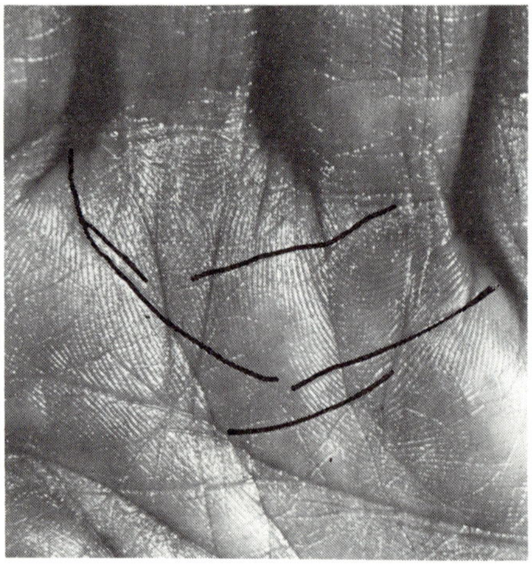

Der Venusgürtel gehört zu den sensiblen Nebenlinien und findet sich nicht in jeder Hand. Er entspringt zwischen Zeige- und Mittelfinger und schwingt sich meist zwischen Ring- und Kleinfingerberg, kann sich aber auch zum Merkurberg hin öffnen. Ein positiver Venusgürtel ist gleichförmig gezeichnet, aber leicht gebrochen und etwas verzweigt. So gebildet symbolisiert er Sublimierfähigkeit der Triebe für gemeinschaftliche Ziele. Der Venusgürtel drückt nervöse Empfindsamkeit aus, die schöpferischen Künstlern eigen ist und Gelehrten, die ohne persönliche Interessen zur Forschung gedrängt werden. Ebenso sind Venusgürtel-Besitzer Menschen, die in tiefere seelische Bereiche einzudringen vermögen. Sie nehmen auch die Umweltschwingungen radarähnlich wahr. Für den Innenhandraum ist der Venusgürtel annähernd das, was die Tautropfen für die Finger (siehe Seite 150). Das ist noch verstärkt der Fall, wenn die Finger Längslinien aufweisen (siehe Seite 119).

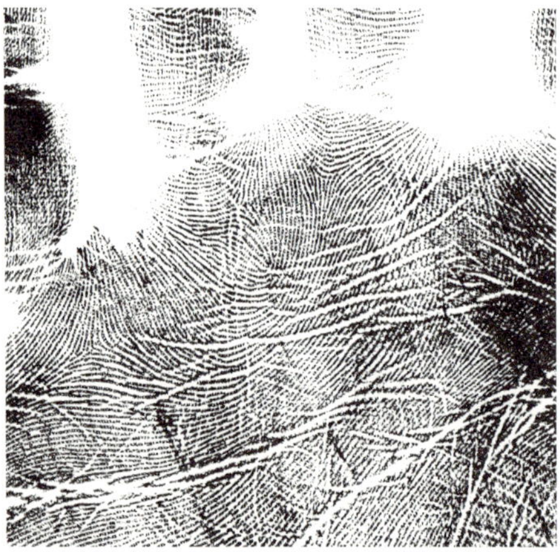

• Eher ungünstig wirkt sich ein zersplitterter, zerrissener, drei- bis vierfach überlagerter Venusgürtel aus. In fast allen Fällen sind Störungsanfälligkeiten des Nervensystems zu beobachten. Der Gürtel offenbart einen übersensiblen, unruhigen, meist neurasthenischen (nervenschwachen) Handeigner. Hierhin gehört auch die Prüfungsangst. Trotz bestem Beherrschen der Materie ist in Prüfungssituationen oft der gefragte Stoff nicht präsent, weil die zuständigen Nervenleitungen blockiert sind. Maturanden mit dem «neurasthenischen Venusring» sollten ihre Prüfungen in zwei Teilen ablegen können.

• Ein geöffneter Venusring, der unter dem kleinen Finger endet, gehört zu den wesentlichsten Zeichen geistiger Wißbegier und Forschungseifers. •• Wenn sich der Gürtel mit einer Kontaktlinie vereint, deutet diese Kombination auf eine karmische Beziehung zu einem Partner oder Hörigkeit in einer gemüthaften Bindung.

• Fast an der Handkante, unter dem Kleinfinger endend, drückt der Venusgürtel verstärkte Nervosität aus, öfters verbunden mit einer Rückgratsschwäche.

Die Aussagen des Venusgürtels modifizieren sich entsprechend den einzelnen Handtypen.

• Der Spatelhandtyp zeichnet sich durch sexuelle Überlegenheit, aber eher mangelndes geistiges Übergewicht aus.

• Die eckige Hand hat die besten Möglichkeiten, einen Venusgürtel einzusetzen. In der eckigen Hand ist der Venusgürtel meist Zeichen von Genie in Richtung Kunst, Musik, Literatur oder auch von leidenschaftlicher Wißbegier. Der Venusgürtel fügt der Intelligenz ungewöhnliche Aufnahmefähigkeit hinzu. Meist ist zusätzlich noch eine virtuose Fingergeschicklichkeit vorhanden.

• In der konischen Hand entspricht der Venusgürtel öfters – aber nicht immer – einem Unbefriedigtsein, weil das Ersehnte keine Erfüllung findet. Daher sind hysterische Ausbrüche möglich (Konversionsneurose).

Die Uranuslinie oder der Uranusring

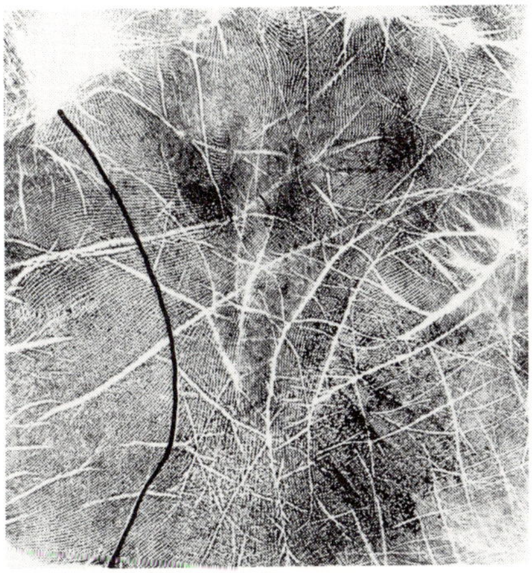

Die Uranuslinie entspringt dem untersten Teil des Hypothenars, im Uranusberg, und läuft bogenartig zum Kleinfinger- oder zwischen Ringfinger- und Merkurberg. Diese halbkreisförmig verlaufende Linie erreicht ihr Ziel nur selten in vollendeter Form.

Der Uranusberg ist intuitiver Urgrund des Menschen. Uranus, als höhere Oktave Merkurs, hat die Fähigkeit, angesammeltes merkurisches Detailwissen zu ordnen und in blitzartig erkennender Zusammenschau, als Intuition, als vollzogene Synthese von Einzelheiten, ins Bewußtsein zu bringen, im Sinne einer Erleuchtung, einer plötzlichen Eingebung, einer Erkenntnis in Form einer lange gesuchten Lösung, im optimalen Fall einer Erfindung. Das Uranische ist sprunghaft und blitzartig, wie ein Blitz aus heiterem Himmel. Uranus ist ja in der Mythologie der Himmel.

• Wenn die Götter einem Menschen gnädig sind, dann schickt Zeus/Jupiter, der Blitzschleuderer, aus dem «eigenen inneren Himmel» einen uranischen Einfall in das Stirnhirn. Das ist ein Geistesblitz, eine Intuition, eine Idee. Das geht aber nie auf direktem Weg. Das funktioniert nur über eine Umschaltstelle, den Mondberg, das Unbewußte, vergleichbar dem Thalamus im Zwischenhirn.

• Das Bemühen um die Lösung eines Problems setzt das Unbewußte in Bewegung und dieses bringt die spontanen Eingebungen hervor. Die besten Erkenntnismöglichkeiten ergeben sich chirologisch durch eine Uranus-Merkurlinienverbindung. Merkur hat die Fähigkeit, die blitzhaften elektrischen Signale des Uranus nicht nur aufzufangen, sondern zusätzlich diese zu übersetzen und via Thalamus als Idee, als Intuition dem Stirnhirn und damit dem Intellekt zu übermitteln beziehungsweise bewußt zu machen.

Wie bereits an anderer Stelle erwähnt, hat Merkur Beziehung zu den motorischen Nerven, den Sprach- und Hörorganen und Uranus zum zentralen Nervensystem, der Rhythmik, der Hirnhaut, der Hypophyse und dem Rückenmark.

Menschen, die uranische Einfälle nicht bewältigen, sind in psychiatrischen Kliniken zu finden. Sie können uranische Offenbarungen nicht integrieren. Merkur steht im Geburtsbild nicht an der richtigen Stelle oder ist zu überlastet, um die Blitze aufzufangen. Oft ist Merkur etwas verschoben, von der richtigen Stelle gerückt. Er hat sich «verrückt». Darum glaubt man, Menschen, die mit Uranus nicht zurechtkommen, wären verrückt.

Da, wo im Radix-Horoskop der Uranus sich befindet, in den Belangen des betreffenden Hauses, besteht die beste Möglichkeit, daß Uranus «den eigenen Himmel» erhellt und blitzartige Erkenntnisse ins Bewußtsein schleudern läßt. Obwohl die Sonne horoskopisch unter anderem den Wesenskern symbolisiert, die Sonne ist der Himmel nicht. Es ist Uranus. Und so ist für eine reife Seele der Uranusstand im Geburtsbild wichtiger als die Sonne.

Schlecht geformt ist die Uranuslinie Hinweis auf nicht integrierbare Durchbrüche aus dem Unbewußten. Erregungszustände können beim Handeigner zu Kurzschlüssen führen oder zum mindesten beunruhigen. Uranisches muß sich aber nicht immer als Linie kennzeichnen. Es kann sich auch im Papillarlinienverlauf und in den Fingerkuppenmustern ausdrücken (siehe Seite 156 + 159). •• Die Kopflinie ist für uranische Menschen von großer Wichtigkeit. Sie gibt Auskunft über Unterscheidungskraft und Realitätsbezogenheit. Von ihr hängt es ab, ob die Ideen realisiert werden können.

Die Neptunlinie

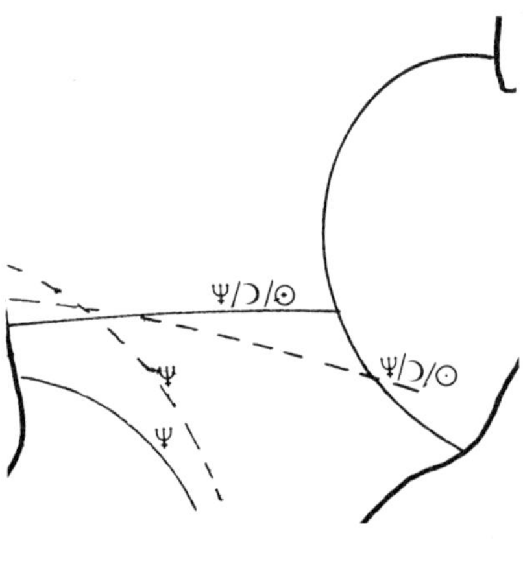

Dem «Außerbewußten», Formlosen, Geheimnisvollen, nicht Erfaßbaren zugehörig ist die Neptunlinie. Alles, auf eine transzendentale Welt Bezogene, parapsychologische Phänomene wie außersinnliche Wahrnehmungen, Medialität, Hellsehen, Ahnungen, Inspirationen und Mystik haben Neptuncharakter. Auch die Agape, die All-Liebe, und der Ur-Instinkt stehen in Beziehung zu Neptun.

Zu den negativen Neptuneinflüssen gehören Trugbilder, Halluzinationen, Illusionen und nebulöse Vorstellungen. Außerdem verlockt Neptun zu Genüssen berauschender Art bis zur Süchtigkeit.

Die typische Neptunlinie entspringt im «Ort des Ursprungs», der von den Chinesen als «Grube des Wassers» bezeichnet wird, was das Amorphe und Fließende des Neptunischen weit besser charakterisiert. Vom Neptunberg, dem Ort des Ursprungs, durchläuft die Neptunlinie den Mondberg zur Außenseite der Hand. In diesem Verlauf verbindet sich das Neptunische mit der Fantasie des Mondberges.

- Die Summation Neptun/Mond kann parapsychologische Phänomene hervorbringen. Hellsehen gelingt mit dem Mondberg allein nicht, dazu werden zusätzlich neptunische Ströme benötigt. Die neptunischen Ströme werden im Mondberg als verschleierte bildhafte Eingebungen wahrgenommen. Merkur nimmt die Übersetzung vor. Er erspürt, was mit dem Bild gesagt werden will, und vermittelt die innere Wahrnehmung dem Intellekt, dem Stirnhirn, chirologisch der Kopflinie. Auch hier hängt es, astrologisch gesehen, weitgehend von der Merkurposition im Geburtsbild ab, inwieweit die Inspirationen Neptuns entziffert werden können, und ob der Intellekt, chirologisch die Kopflinie, fähig ist, die von Merkur übermittelten Botschaften intellektuell zu verarbeiten. Neptunisches ist traumhaft, verschwommen Erfühltes. Darum können die meisten Medien die Bilder zeitlich nicht ausmachen, d.h. keine genauen Termine angeben, wann sich die Bilder erfüllen, die sie schauen.

- Um Medium zu sein, benötigt man keine Neptunlinie. Die meisten medialen Menschen, von denen ich Handabdrucke besitze, haben keine. Dafür ist die Vitalis, meist mit Fangarmen, oft noch mit Einschluß der Saturnalis, mit dem Ort des Ursprungs verbunden, oder die Neptuntriradie (siehe Papillarleisten) schickt Rillen in die Merkurlinie. Auch ein Neptunmuster im Mondberg bietet gute Voraussetzungen.

- Oft ist Neptunisches mit Uranischem vermischt, sei es, daß die Neptunlinie in den Uranusberg läuft, die Lebenslinie einen Ast in den Neptunberg, den anderen in den Uranusberg schickt oder daß die Neptuntriradie sich zum Uranusberg verschiebt.

- Was Störungen betrifft, so ergeben sich solche vor allem bei einem von einer Neptunlinie abgeriegelten Mondberg, wenn dieser mit zersplitterten Linien und Zeichen besetzt ist. Diese Gebilde können Verdrängungen, Komplexe oder Neurosen bedeuten. Die Neptunlinie kann sich öffnen und der Wirrwarr im Mondberg sich lichten, wenn das Problem des Handeigners angegangen wird, wie dies in einer Psychoanalyse geschieht, in der die verdrängten seelischen Inhalte bewußt gemacht werden.

Die Giftlinie

Wenn die Neptunlinie den Thenar, die aktive Körperseite, mit dem Hypothenar verbindet, trägt sie in der älteren chirologischen Literatur (ISSBERNER) den Namen Giftlinie. Nicht zu Unrecht, denn Neptun hat, wie bereits erwähnt, außer mit Transzendentalem auch mit Giften zu tun. Es ist nicht ausgeschlossen, daß, wie ISSBERNER dies annimmt, die Neptunlinie im Körper sich befindliche Gifte anzeigt. Andererseits sagt die Literatur auch, daß Menschen mit einer Neptunlinie, sich vor zu häufigem Medikamentengebrauch hüten sollen. Medikamente, im Übermaß «genossen», sind wirklich Gift, so wie alles, was überzogen und übertrieben wird, «Gift» ist. •• Wenn die Neptunlinie sich in zarten, sensiblen Händen befindet, wäre im Krankheitsfall eine homöopathische Behandlung angezeigter. Die Entscheidung trifft der Arzt, wobei zu sagen ist, daß der Schulmediziner nach bestem Wissen und Gewissen so therapiert, wie er es während seiner Ausbildung gelernt hat. Warum sollte er es anders? Am besten ist ein Mensch mit Neptunlinie von einem Mediziner beraten, der sich auch in naturärztlichen Heilmethoden auskennt. Homöopathen gibt es heute mehr, als allgemein angenommen wird. •• Die Neptunlinie verrät öfters eine Allergie gegen gewisse Antibiotika, wie z.B. Penizillin. •• Die Neptunlinie zeugt aber nicht nur von Giften, für die der Linieneigner selbst verantwortlich ist. Sie kann ebenso Gifte anzeigen, die die werdende Mutter während der Schwangerschaft auf den Embryo übertrug.

• In den Händen der heutigen Jugendlichen ist die Neptunlinie häufiger zu finden als früher. Das scheint kaum verwunderlich, da die Jugendlichen sich heute weit mehr mit Neptunischem auseinanderzusetzen haben.

Je nach Handtyp ergeben sich bezüglich der Neptunlinie andere Aussagen. •• Dem Spatelhänder bringt die Neptunlinie Instinktsicherheit. Seine Ahnungen bestätigen sich in der Realität. Möglich ist auch ein Ansprechen auf Erdstrahlen. •• Die eckige Hand weiß Neptunisches zu gestalten und ihm Form zu geben. •• Die konische Hand besitzt öfters eine Neptunlinie, doch bedeutet sie meist ein Zuviel für die bereits von ihrer Form her auf Transzendentes ausgerichtete Hand. Die Neptunlinie ist nur in Verbindung mit einer Saturnlinie und einer realitätsbezogenen Kopflinie positiv zu werten.

Die Ringe Salomons, Jupiters, Saturns und der Venus

Die Ringe drücken gesammelte Kräfte der Bergeigenschaften aus.

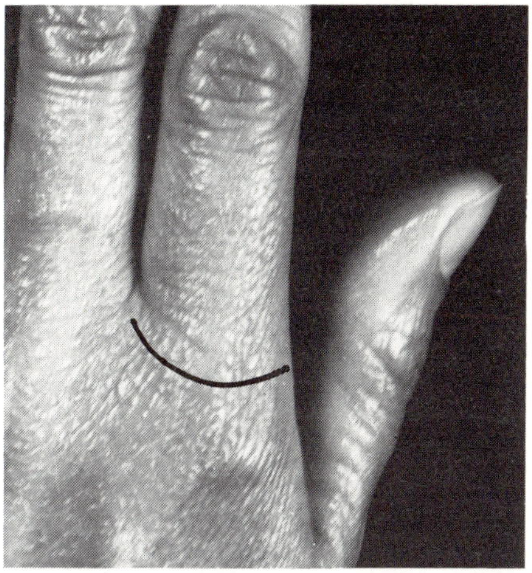

• Als *Salomonring* wird ein halbkreisförmiges Gebilde bezeichnet, das sich auf dem Zeigefingerknöchel der Außenhand befindet. Salomonring-Träger sind philosophisch und sozial interessiert. Doch das Erfassen sozialer und philosophischer Wirklichkeiten erfolgt mehr hellfühlend denn realistisch wahrnehmend. Menschen mit einem Salomonring besitzen nicht nur eine auf Erfahrung basierende, sondern auch eine innere Weisheit. Außerdem sind sie für viele menschliche Bedürfnisse immun, weil sie ihnen unwichtig erscheinen.

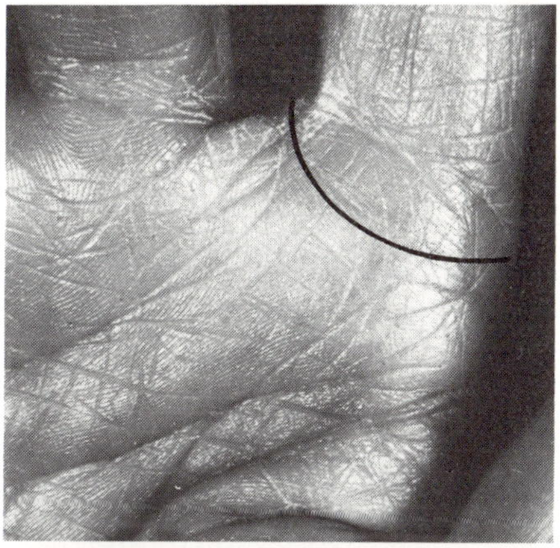

• Der *Jupiterring* befindet sich als kleiner Halbkreis auf dem Jupiterberg. Er offenbart ähnliche Anlagen wie der Salomonring im Sinne jovisch philosophisch verstärkter Strebungen der 9. Haus-Komponenten des Geburtsbildes. Doch entbehrt er der Weisheit und des Hellfühlens Salomons, die eine höhere Stufe Jupiters darstellen.

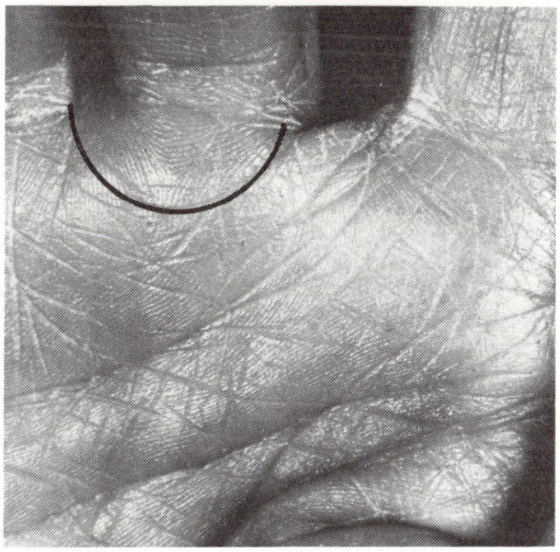

• Der *Saturnring* erscheint als Halbkreis oder formt sich aus zwei sich auf dem Saturnberg befindlichen schrägen Linien. Menschen mit Saturnring sind meist mit sich und der Welt unzufrieden, weil sie auf den Kern sozialer Mißstände des Weltgeschehens stoßen, ohne sich dessen so richtig bewußt zu werden. Nur eine einwandfreie Kopflinie vermag die durch den Saturnring vermittelten Erkenntnisse zu formulieren, um sie anderen mitzuteilen. Oft wird auf viele Annehmlichkeiten des Lebens verzichtet, damit die gesteckten Ziele erreicht werden können.

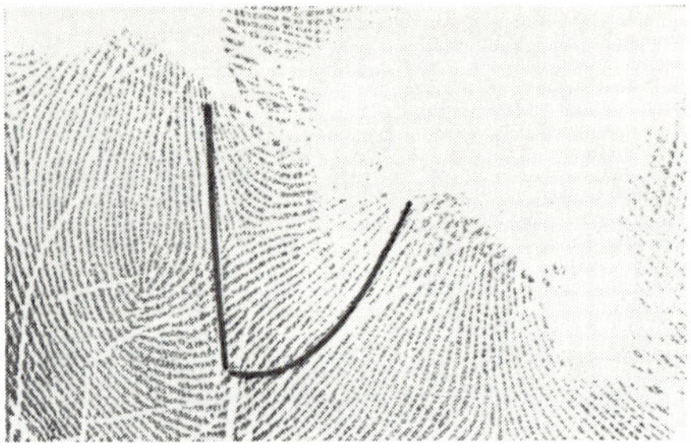

• Der *kleine Venusring*, der halbkreisförmig auf dem Ringfingerberg liegt, ist kein häufiges Zeichen. In fester Hand hebt er ausschließlich die Eigenschaften der Venus-Urania hervor. Er offenbart ideelle Strebungen, die für die meisten Menschen zu hoch gegriffen sind. Gleichzeitig verspricht er glückliche «Zufälle» oder «bügelt» weniger glückliche Umstände aus. Bei weicher Hand dringen die Züge der Venus-Pandemos durch. Es mischen sich ideelle Bestrebungen mit Bequemlichkeit und Ruhebedürfnis. • • Das nebenstehende Bild zeigt den Venusring eines jungen Mannes mit Sonne, Venus, Merkur und absteigendem Mondknoten in Stier im 9. Feld.

Die Raszetten

Die Linien, welche zwei- bis dreifach, selten vierfach um das Handgelenk laufen, tragen in der Fachliteratur verschiedene Namen. Sie werden als Gesamtheit Raszetten genannt. Einzeln heißen sie Restrictae, aus dem Lateinischen restringere = zubinden, beschränken, begrenzen. Mitunter führen sie auch die Bezeichnung «discriminalis linea» = Trennungslinie, da sie die Trennung von Arm und Hand vollzieht.

• Die Raszetten haben vorgeburtliche Bedeutung – sie liegen vor dem Ort des Ursprungs – und stehen im Zusammenhang mit der für diese Existenz gewählten oder zugesprochenen Erbmasse. Man könnte auch sagen, sie beziehen sich auf die notwendige Vitalität, Willens- und Handlungsintensität, die nötig sind, um die Lebensaufgabe zu meistern. Astrologisch gesehen gehört hierzu auch das, was der aufsteigende Mondknoten fordert, um nicht jenes zu tun, was der absteigende Mondknoten symbolisiert, nämlich das, was man von den letzten Leben her bestens beherrscht und für die gegenwärtige Existenz nicht gefragt ist. «Der Südknoten (Drachenschwanz oder absteigender Mondknoten) steht symbolisch für die Vergangenheit des Menschen. Er stellt die angesammelten Ergebnisse von Verhaltensweisen, Ereignissen und Gewohnheiten aus früheren Inkarnationen dar und ist zweierlei, einmal die Grundlage, auf die sich das gegenwärtige Leben aufbaut und ein Punkt der potentiellen Schwäche. Der Nordknoten (Drachenkopf oder aufsteigender Mondknoten) steht symbolisch für die Zukunft des Menschen und zeigt den Bereich an, wo der Mensch seine höchste Ausdrucksform im gegenwärtigen Leben erreichen kann.» (Martin Schulman)

• In der französischen Literatur werden die Raszetten mit dem Tierkreiszeichen Löwe in Verbindung gebracht und figurieren daher als «Lion». • • Das Tierkreiszeichen Löwe gilt als «königliches» Zeichen. Es symbolisiert die einsatzfreudige Vitalität, das sich Macht und Geltung verschaffende Prinzip, das unternehmungsfreudige Ausgreifen in den Umraum, das kraftvoll beharrliche Festhalten an den Dingen. • • Die Sonne, Regentin des Zeichens Löwe, entspricht dem Gesamtlebensantrieb, der Kernreaktion, dem zentralen Ansatz des Handelns. Sie ist Mittelpunkt aller Strebungen. • • Löwe- und Sonne-analog ist das 5. Feld. Es gibt Auskunft über die Dynamik, die Selbsterprobung und die Risikofreudigkeit. Nicht verwunderlich, daß frühere Autoren (PAPUS, NESTLER) drei wohlgeformte «restrictae» als königliches Bracelet oder als dreifach magischen Armring bezeichneten.

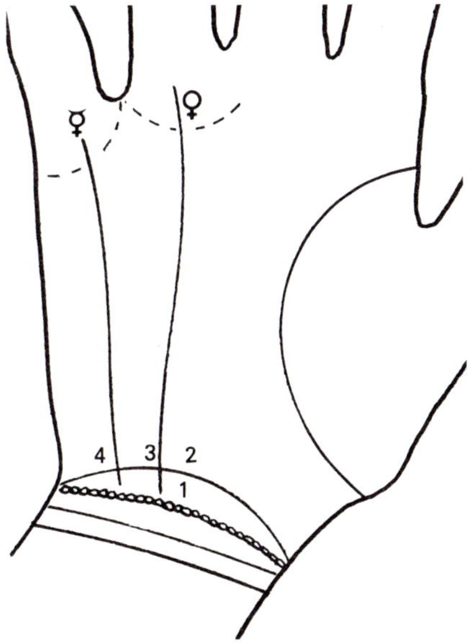

1. Nach der Literatur sind wohlgeformte, gut sichtbare Raszetten höher einzustufen als zarte, dünne. Oft sind es keine eigentlichen Linien, sondern winzige, gliederähnliche Gebilde. Diese sollen ein arbeitsreiches Leben verheißen, das sich im Alter auszahlen lasse.

2. Der Wölbung oder steigenden Tendenz der ersten Armlinie spricht LOMER eine erhabene Gedankenrichtung beziehungsweise hochgesteckte Lebensziele zu. • • ISSBERNER betrachtet die Armbänder vom gesundheitlichen Standpunkt. Nach seiner Erfahrung besagt die gewölbte Raszette eine vererbte Bindegewebsschwäche und verursacht bei der Frau die Tendenz einer erschwerten Geburt. Nachfragen in meiner Praxis haben ergeben, daß letztere Aussage nur in jenen Fällen zutraf, wo zugleich das Handgelenk zart war.

3. Reichtum und Ehren verspricht eine aus der Raszette aufstrebende Linie, die zum Ringfingerberg verläuft.

4. Eine in der Raszette entspringende und zum Merkurberg verlaufende Linie soll gute Aussichten in Handelsgeschäften verheißen.

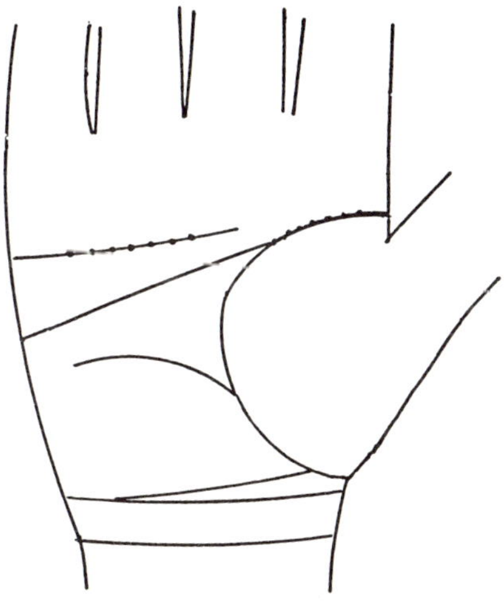

• Daß aber stark eingeprägte Raszetten und eine gut gezeichnete den Daunenballen umlaufende Lebenslinie kein langes Leben garantieren, illustriert die nebenstehende Zeichnung der Hand eines am 4. Lebenstag verstorbenen Säuglings, von der ich fotographisches Material gesehen habe. • • Als kritisch muß die aus der Lebenslinie aufsteigende «Giftlinie» mit der gleichzeitig tiefen Furchung des Kopflinienbeginns (Kleinhirn, Motorik) sowie die gekörnte Emotionalis/Herzlinie (Anlage zu Gallen- und Nierengrieß) bezeichnet werden.

Auch der Übergang vom Handgelenk zur Hand ist wesentlich.

• Ein stark ausgeprägtes Handgelenk mit unverengtem Übergang zur Hand symbolisiert energiegeladene Dynamik, körperliche Kraft, gekoppelt mit grobstofflicher, realitätsbezogener Sinnesart.

• Die verengte Handfessel dagegen findet sich eher bei einer Erbmasse, der eine gewisse Verfeinerung eigen ist.

• Ein zu schmales Handgelenk soll Dekadenzmerkmal sein.

V. Die Finger

Die Finger sind bewußtseinsnaher als der Handrumpf. Sie sind geistig akzentuiert und stellen eine höhere Stufe der bereits im Handrumpf symbolisierten Grundanlagen dar. Die Finger, zwar primär Fühler und Tastorgane, offenbaren auch Begabungen sowie das äußere Auftreten. Sie haben verschiedene Funktionen. An den Fingern ist • die Gefühlsanlage im Sinne des Einfühlens in die Umwelt, • die Wahrnehmungsfähigkeit als bewußter psychischer Vorgang sowie • die Anstrengung ersichtlich, das Wahrgenommene aktiv zu verwerten.

Wie das Einfühlen in die Außenwelt geschieht, auf welche Außenraum-Eindrücke ein Mensch anspricht, welcher Art die Wahrnehmungskräfte sind und ob das Wahrgenommene intellektuell oder materiell umgesetzt werden kann, zeigen Finger- und Nagelform sowie Fülle, Breite, Form und Länge der einzelnen Fingerglieder.

Die Dreiteilung der Finger

Schon optisch ist die Dreiteilung der Finger in drei Räume ersichtlich. Die Dreiteilung hat folgende Bedeutung:

Das Nagelglied

Die Nagelglieder haben Bezug zur gefühlsmäßigen geistig-seelischen Aufnahmefähigkeit. Sie symbolisieren die eigentlichen Antennen oder Fühler. Die Fingerkuppen sind Tastorgane. Die Nagelglieder haben die Aufgabe, sich in den Außenraum einzufühlen und die Umwelt nach geeigneten Eindrücken abzutasten. Die Nagelglieder als Fühlorgane verraten auch die Art des Herantastens an ein Objekt oder an einen Menschen. Die Fingerkuppen nehmen die Schwingungen der Außenwelt auf, holen die Impressionen herein und geben sie zur Verarbeitung an den Innenraum weiter. Die Nagelglieder sind «die Augen» der Hand (D'ARPENTIGNY).

Alles, was dem Fingercharakter nicht konform ist, kann das Nagelglied nicht aufspüren, weil es darauf nicht anspricht oder es für die im Finger liegenden Begabungen nicht wichtig erscheint. Selbst auf realistische Begebenheiten reagiert ein Mensch nicht, wenn in ihm keine Resonanz erzeugt wird oder die zeitliche Synchronizität fehlt.

• Die Nagelglieder haben astrologisch Bezug zu den beweglichen Zeichen des Tierkreises. Sie entsprechen dem «labilen oder dem geistigen Kreuz». Die Nagelglieder korrespondieren immer mit dem dritten Zeichen einer Triplizität, des Trigons, dem der Finger angehört.

Das Mittelglied

Das Mittelglied ist, wie der Bereich der Kopflinie, symbolhaft der Ort der größten Bewußtheit. Es zeigt die Stärke der bewußten Wahrnehmungskraft, die praktische intellektuelle Begabung, das Gedächtnis für Tatsachen. Gleichzeitig ist der Bereich der bewußten Wahrnehmung der Ort der rationalen Gestaltungsfähigkeit oder bewußten Formung. Die Mittelgliederbegabungen sind rein rational. Sie haben weder einen geistigen Bezug im Sinne von spirituell noch sind sie materiell. Das Mittelglied ist Sitz des objektiven, konkreten, realistischen, lebensnahen Wahrnehmevermögens.

Das Mittelglied symbolisiert die intellektuelle «Substanz» des jeweiligen Fingers, das Maß an bewußt, intellektuell zu fixierenden, konsolidierbaren Möglichkeiten im Sinne von stapelbaren Erfahrungswerten.

Diese Erfahrungswerte werden gespeichert und sind bei ständigem Gebrauch jederzeit abrufbar. Sie würden sich nach Freudscher Theorie im Vorbewußten befinden, auf die Hand übertragen im oberen Mondberg, symbolisiert astrologisch durch Merkur/Jungfrau/6. Feld (siehe Seite 194, das GIH-System). In der Regel läuft die Kopflinie in oder durch diesen Handteil. Bei längerem Nichtgebrauch der Erfahrungswerte sinken diese ins Unbewußte, chirologisch den Mondberg. Auch der Mondberginhalt, astrologisch Mond/Krebs/4. Feld, kann relativ schnell hochgehoben werden, solange es sich nicht um Verdrängungen handelt. Doch dauert es etwas länger, weil Zeit benötigt wird, um sich an die damaligen Umstände zu erinnern.

• Der Unterschied des astrologischen Zwillings-Merkurs gegenüber dem Jungfrau-Merkur liegt darin, daß der Zwillings-Merkur das Kontaktprinzip der Finger betrifft und mehr oder weniger interessiert die Dinge aus der Außenwelt bewußt hereinholt. Der Jungfrau-Merkur hat das Hereingeholte zu integrieren und bei Bedarf wieder herauszuholen. Er sortiert die Bilder, analysiert und überlegt, welches Material für die vernünftige Steuerung der Lebensprozesse benötigt wird.

•• Der Jungfrau-Merkur kann aber seine Auswahl nur in dem Sinne treffen und der Kopflinie, dem Intellekt zurückgeben, als das Material seinerzeit von der Kopflinie verarbeitet und im Handrumpf bzw. im Gehirn deponiert worden ist. Darüber orientiert das Kopflinien-Ende. Die Reaktionsweise aber und wie schnell das Erfahrungsgut hervorgeholt und verwendbar ist, zeigen die Qualität der Kopflinie und die Fingerkuppenmuster. Letztere offenbaren sogar, ob das Erfahrungsgut mehr praktisch oder theoretisch verwendet wird. In diesem Zusammenhang muß vorgreifend gesagt werden, daß ich aufgrund gemachter Erfahrungen und logischer Überlegungen, den Papillarleisten Merkur/Uranusfunktion zuschreibe.

Das Mittelglied ist intellektuell nur auf diejenigen Bereiche fixiert, die das Nagelglied erfühlt. • Astrologisch entsprechen die Mittelglieder dem fix-stabilen Kreuz, den fixen Tierkreiszeichen des dem jeweiligen Finger zugehörigen Trigons.

Das Grund- oder Wurzelglied

In den Grundgliedern liegt analog dem Handrumpf der materielle Bereich. Da den Fingern aber keine Körpersubstanz innewohnt, betrifft das Materielle nicht die Substanz, sondern die Aktivität und Ausdauer für materiell Machbares. Die Grundglieder zeigen, mit welcher Intensität der Handeigner die materielle Auswertung des vom Nagelglied Erfühlten und vom Mittelglied intellektuell Wahrgenommenen und verstandesmäßig Verarbeiteten angeht. • Astrologisch entsprechen den Grundgliedern die Kardinalzeichen derjenigen Triplizität, der der jeweilige Finger angehört.

Da sich in den Grundgliedern die Frage der materiellen Auswertung oder die Durchsetzung einer Sache entscheidet, sind auch die Fingeransätze bedeutsam.

• Schmale, zarte Fingeransätze offenbaren eine Begabung für Tätigkeiten, die Sinn für Tatsachen und Wissen, feinste Beobachtung, gute Definitionsfähigkeit und kritische Einfühlung in Geschehnisse und Schriftstücke verlangen.

• Verdickte Grundglieder verraten rein materielle Bedürfnisse. Diesen Menschen mangelt jeglicher Feinsinn. Ebenso fehlt die intellektuelle Beweglichkeit und damit die Voraussetzung für eine vernünftige Diskussion.

Die Länge der einzelnen Fingerglieder

Die Fingerglieder sind im gegenseitigen Verhältnis zu betrachten.

• *Lange Nagelglieder* besagen Unmittelbarkeit des Urteils, gute Auffassungsgabe, schöpferisches Denken, geistige Beweglichkeit in jenen Belangen, die der Finger symbolisiert.

• *Lange Mittelglieder* offenbaren logisches Überlegen, gutes Wahrnehmungsvermögen, Nachdenklichkeit, ein natürliches Verständnis für Dinge, die auf Erfahrung beruhen, richtige Kritik, Begabung für Ausdruck und Ausdeutung. Gleichzeitig besteht für den Fingereigner die Aufgabe, viele Erfahrungen zu sammeln.

• *Lange Wurzelglieder,* die zusätzlich breit und fleischig sind, deuten auf vorzügliche Fähigkeiten, das in den beiden oberen Fingergliedern Angelegte praktisch und sinnennah umzusetzen. Sie zeugen von starker Aktions- und Realisationskraft.

Die Finger-Längsfurchen

Die Finger, als Fühler, sind auch Kräfteempfänger. Befinden sich vertikale Linien auf den Fingergliedern, werden die empfangenen Reize durch diese Längsfurchen dem Handinnern zur Verarbeitung weitergeleitet. Je ungebrochener die Längslinien sind, desto besser sind die Impulse leitbar.

• Gleichzeitig stellen diese Linien verstärkte Energien derjenigen Eigenschaften dar, die dem entsprechenden Fingerglied zugesprochen werden.

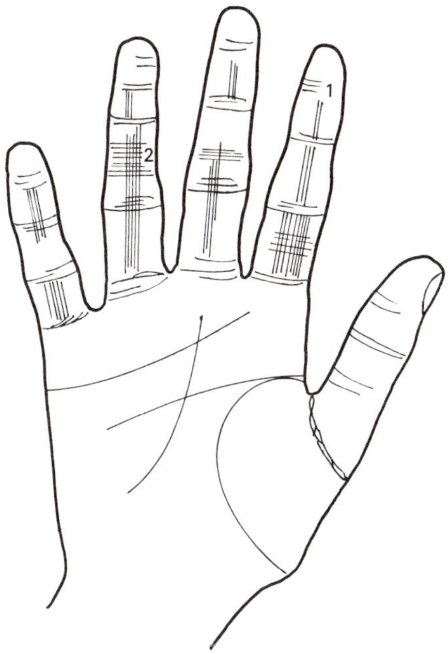

1 • Querstriche in den obersten Fingergliedern deuten auf Erschöpfungszustände.

2 • Querlinien im Mittel- oder Grundglied offenbaren Widerstände gegen die Ausübung jener Fähigkeiten, die der Finger vertritt.

Vertikallinien auf den Nagelgliedern

• Jupiterfinger: Wissensdrang, Streben nach neuartigen Forschungen

• Mittelfinger: philosophische Begabung

• Ringfinger: übermäßige Sensibilität, die eine Fülle von Eindrücken aufnimmt

• Kleinfinger: betont gute verstandesmäßige Auffassungsgabe, wissenschaftliche Interessen, Beredsamkeit.

Vertikallinien auf Mittel- und Grundglied

Klar, regelmäßig und parallel durchlaufend: ausgeglichene intellektuelle Fähigkeiten, die von einer starken Lebenskraft getragen werden.

Die knotigen und die glatten Finger

Die Chirologie teilt die Finger in zwei weitere Kategorien ein: in knotige und glatte. Bei den Knoten, den Verdickungen an den Fingergelenken, sind deren zwei zu unterscheiden:

Philosophischer oder geistiger Ordnungsknoten wird der obere Knoten genannt, der sich zwischen Nagelglied und Mittelglied befindet. Er hat folgende Bedeutung.

Positiv: • analytische, theoretische Fähigkeiten • logisches, prüfendes, überlegendes, kritisches Denken • präzises, geistiges Arbeiten • Probleme werden zuerst von der abstrakten Seite her angegangen • Hang zum Philosophieren.

Negativ: • Mißtrauen, Grübeleien.

Der *materielle Ordnungsknoten* oder untere Knoten verbindet das Mittelglied mit dem Wurzelglied. Menschen mit dem unteren Knoten reagieren praxisnah. Sie treffen ihre Entscheide aufgrund praktischer Erfahrung, kennen die Gesetze und Ordnungsprinzipien des Handelns und halten sich an das Erreichbare und Mögliche.

Positiv: • Sammlung und Sichtung der Fakten.

Negativ: • Kleinlichkeit und Mißgunst.

Die Philosophenhand zeigt beide Knoten.

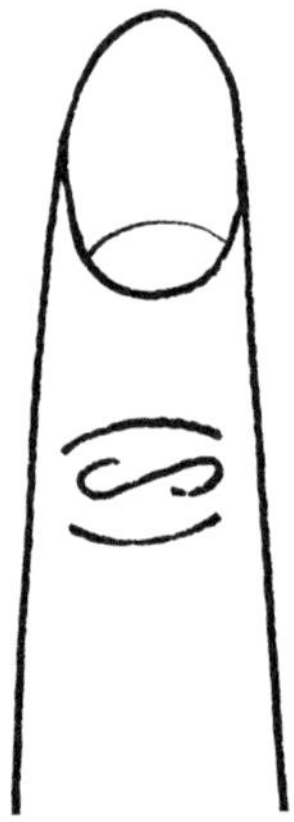

Knotenlose Finger

Die Künstlerhand und die sensible Frauenhand sind meistens knotenlos. Knoten sind für künstlerisches Schaffen und frauliche Qualitäten eher hemmend.

Positiv: • Anpassungsfähigkeit • Beeindruckbarkeit • Empfindsamkeit • künstlerische Anlagen • Unmittelbarkeit • Fantasie • spontane Reaktionen.

Negativ: • ungeordnet • sorglos • leidenschaftliche Erregtheit • beeinflußbar • Anstrengungen abgeneigt.

Die Fingerformen

Genauso wie es drei Handformen gibt, nämlich die spatelige, die eckige und die konische, gibt es Spatelfinger, eckige Finger und konisch-spitze Finger. Die Finger offenbaren die Art des Umweltabtastens, die Einfühlung in die Außenwelt und das Benehmen. Gleichzeitig ist das, was der Handeigner in der Umwelt zu ertasten vermag, nicht nur das Ziel seines Interesses, sondern, sofern es sich um Begabungen handelt, auch seine Aufgabe.

Der spatelförmige Finger

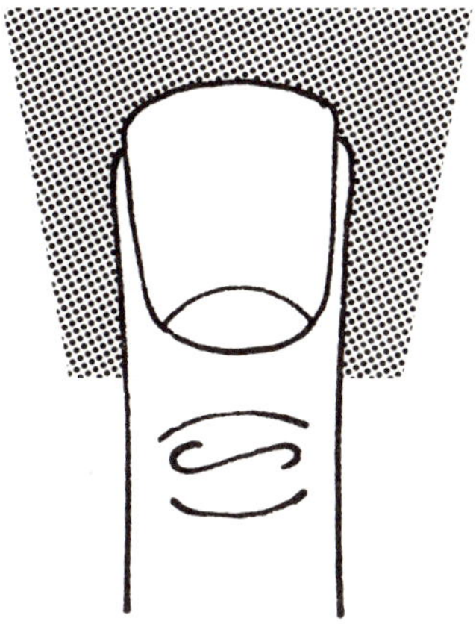

Spatelförmig sind Finger, deren Nagelglieder sich schaufelförmig nach oben verbreitern. Menschen mit Spatelfingern sind nur an materiell umsetzbaren Werten interessiert. Automatisch werden ihre Fingerspitzen nur das ertasten und dem Intellekt zur Verarbeitung anbieten, was für sie wirtschaftlich interessant erscheint. Der Spatelfinger zieht seine Antenne nur zur Erlangung materieller Güter aus oder wo ihm das Irdische Genüsse verspricht. Der Spatelfinger ist ein aktiver Finger. Er läßt keine Möglichkeit außer acht, sein Ziel zu erreichen.

Der eckige Finger

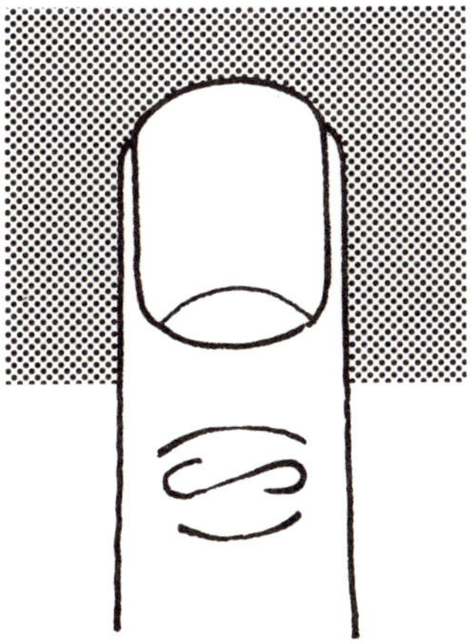

Der eckige Finger hat parallellaufende Seitenlinien. Der eckige Finger offenbart ein Gefühl für Ordnung, für rhythmisches Gleichmaß, mit einer Neigung zur Förmlichkeit. Menschen mit eckigen Fingern sind nüchterne Naturen. Sie haben Sinn für Methodik und Systematik und die Gabe der vernünftigen Beurteilung von Menschen und Situationen. Der eckige Finger nimmt eine Mittelstellung ein. Er neigt sowohl zum Realen als auch zum Idealen, vor allem zur Ethik sowie zu sozialer Gerechtigkeit und ist auch wissenschaftlich interessiert. Der eckige Finger bringt das Wahrgenommene bereits systematisch geordnet dem Verstand zur Verarbeitung.

Der konische Finger

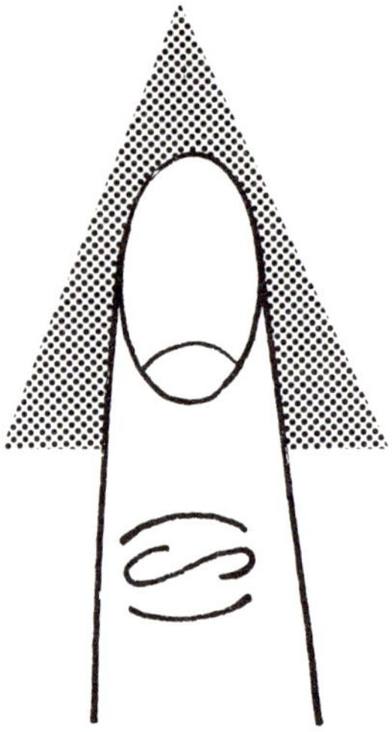

Beim konischen Finger laufen, wenn ein Lineal zur Verlängerung angesetzt wird, die Seitenlinien zusammen. Menschen mit konischen Fingern sind ästhetisch empfindsam. Sie haben großes Einfühlungsvermögen, künstlerisches Verständnis, Sinn für Poesie und Lyrik. Menschen mit konischen Fingern haben ihre Ideale oder Theorien. Sie haben die Begabung, Transzendentes zu erspüren. Konische Finger sind ungeeignet, sich mit sachlichen Werten auseinanderzusetzen. Beim spitzen Finger findet sich eine Übersteigerung der erwähnten Wesensmerkmale.

Die Nägel

Nicht nur die Endungen der Nagelglieder, auch die Länge der Nägel ist aussagekräftig. Primäre Aufgabe der Nägel ist es, die Endglieder der Finger zu schützen. Jeder Nagel hat sein eigenes Gepräge. Aus Größe, Festigkeit und Farbe können Schlüsse bezüglich Anlage, Wesenseigentümlichkeiten, Gesundheit und Krankheitsneigung gezogen werden. Auch die Nagelmonde sind zu beachten.

Nägel können kurz, mittellang oder lang sein. Die Nagellänge wird nur nach der Strecke gemessen, auf welcher der Nagel mit der Haut verwachsen ist.

• Kurze Nägel tendieren zum Stofflichen, Materiellen. Sie offenbaren Energie und Tätigkeitsfreude, aber auch Unruhe, Kritik und Skepsis. Der kurze Nagel hat eine Analogie zur Spatelhand.

• Der mittellange Nagel zeugt von einem vernünftigen, verständnisvollen Menschen, der Verläßlichkeit und Ausgeglichenheit besitzt. Der mittellange Nagel, der eine Mittelstellung einnimmt, entspricht der eckigen Hand.

• Der lange Nagel hat eine ideelle Note. Er weist auf Geschmack, Höflichkeit und Takt seines Besitzers. Ist der lange Nagel zu schmal, deutet er auf einen leicht beeinflußbaren Menschen.

• Der normale Nagel steht in harmonischem Verhältnis zur Gesamtgestalt der Hand. Seine Ränder laufen parallel. Er ist von mittlerer Größe und halb so lang wie die Rückseite des Nagelgliedes. •• Dem der mehr über die Nägel wissen möchte, empfehle ich die Schrift: *«Die Physiognomie der Hand»,* Autor FRIEDRICH BROBECK, Helioda-Verlag Zürich.

Nägel können nicht nur kurz, mittellang oder lang sein, sie haben auch die Möglichkeit verschiedener Formen. Die Nagelform ist größtenteils vererbt. Wie immer werden nur die drei Grundformen besprochen.

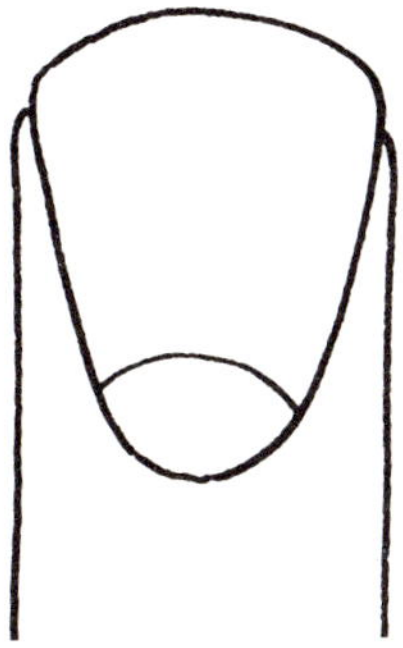

Der dreieckige Nagel verbreitert sich zu seinem Ende hin. An der Nagelwurzel ist er schmal, manchmal wie zugespitzt. Der dreieckige Nagel hat eine Beziehung zur Spatelhand. Wie bei dieser stehen praktische, reale, wirtschaftliche Interessen im Vordergrund. Der Nageleigner ist fleißig und regsam, manchmal etwas ungeduldig oder hastig. Diesen Nagel zeichnen aktive Tendenzen aus.

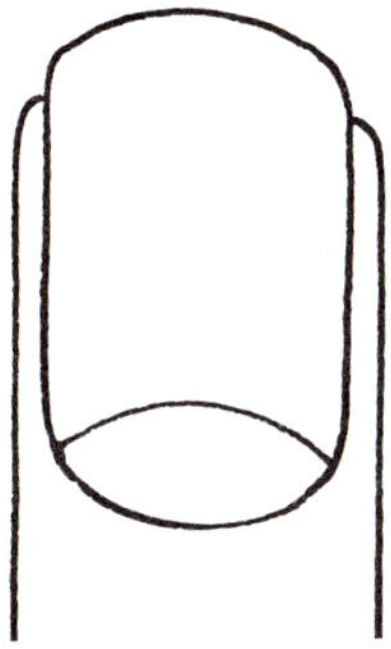

Der rechteckige Nagel besitzt eine Analogie zu den Charaktereigenschaften der eckigen Hand und des eckigen Nagelgliedes. Diese Nageleigner sind vernünftig, ruhig, besonnen und beherrscht. Sie zeigen Systematik und Methodik in ihrer Arbeitsweise. Sie sind etwas förmlich in ihrem Wesen, wenn gleichzeitig das Nagelglied eine eckige Form aufweist. Ein konisches Fingerglied beispielsweise macht der eckige Nagel realitätsbezogener.

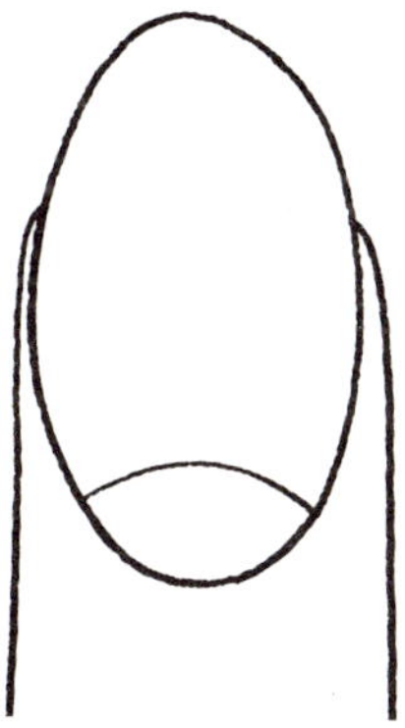

Mandelförmige Nägel sind von länglicher ovaler Form. Meist findet sich dieser Nagel bei schlanken Händen mit langen Fingern. Der Nagel gehört zur konischen Hand und weist wie sie auf Ästhetik, Harmoniebedürfnis, Freude an schönen Dingen und künstlerisches Empfinden. Menschen mit mandelförmigen Nägeln sind stark gefühlsbetont und auf einen liebevollen *Du*-Bezug angewiesen.

Obwohl jeder Nagel einer Grundhandform entspricht, kann jeder Finger eine andere Nagelform aufweisen, genauso wie sich in einer Hand verschiedene Fingerformen befinden können. Verschiedene Formen weisen immer auf Vielseitigkeit, dafür auf weniger Einheitlichkeit.

Der Daumen

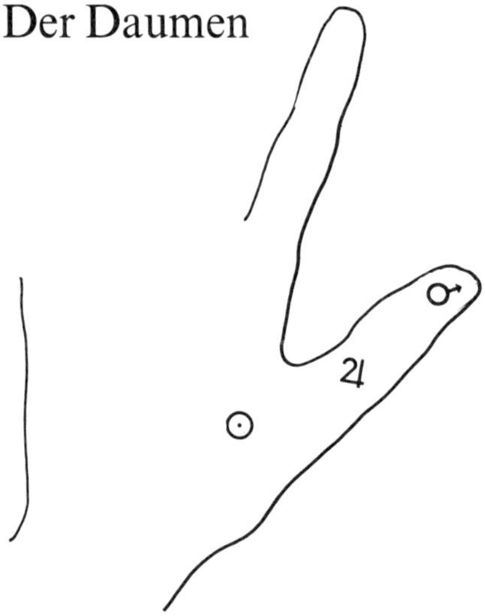

Grundglied (Sonne):
körperliches Ich-Erhaltungsvermögen
Zweites Glied (Jupiter):
Überlegung zum Zweck der Ich-Behauptung
Nagelglied (Mars):
Willens-Energie zur Ich-Behauptung

Der Daumen, der stärkste und beweglichste aller Finger, nimmt seinen Platz auf der Aktiv-Seite, der Ich-Seite, der Hand ein. Seine Stellung entspricht einer Schlüsselposition, denn er dominiert die Hand. Der Daumen, mittelhochdeutsch Duomen (von domare = bezwingen, beherrschen), hat nicht umsonst seinen Namen erhalten. Etymologisch bedeutet der Daumen der Dicke, der Starke.

• Erst bei der Ich-Entwicklung öffnet sich der Daumen (Widder/Mars/I. Haus/Ascendent = Ichheit). Säuglinge, geistig Zurückgebliebene und kranke Menschen halten den Daumen eingezogen, von den Fingern umschlossen. Das gleiche Symptom zeigt sich bei Müdigkeit und Erschöpfungszuständen sowie bei Andächtigen, In-sich-Gekehrten.

• Das dominante Gestirn des Tierkreises ist die Sonne. Astrologisch entspricht daher der Daumen primär der Sonne. Das Grundglied, der Daumenballen oder Thenar, hat Bezug zum Gesamt-Lebensantrieb, zum existenzbehauptenden Willen. Dieser ist, weil vitalitätsabhängig, solar. Das Grundglied des Daumens (Sonne) gehört zur Innenhand.

• Mars, der Energieplanet, ist am Daumen auch beteiligt, und zwar als Gradmesser des Willens für die Ich-Durchsetzung, der individuellen Selbstbehauptung. Er regiert das Nagelglied. Sein dynamischer Anteil ist zu unterscheiden von der Sonne als ganzheitliche Ausrichtung sowie von Jupiter, der ethischen Wertverschiebung. •• Sonne und Mars sind Antriebssymbole. Beide verkörpern die Motorik und benötigen ein Regulativ.

• Das Regulativ des Daumens stellt sein zweites Glied dar. Diesem untersteht die Vernunft, die Überlegung zum Zweck der Ich-Behauptung. •• Nach der Lehre der Chinesen symbolisiert das zweite Daumenglied den Saal der Studien, den guten Menschenverstand. George Soulié de Morant wies ihm die Logik zu, was die späteren Chirologen übernahmen und mit Vernunft ergänzten. Astrologisch gehören diese Begriffe zu Jupiter/Schütze/9. Haus. Somit hat der Daumen Bezug zu den astrologischen Persönlichkeitshäusern 5, 9 und 1, die sich im Zeigefinger in sublimierter und bewußtseinsnäherer Form wiederholen. Zusammenfassend kann gesagt werden: Über die Durchsetzungsfähigkeit und das Wie der Durchsetzung, auch über die Verwirklichung des Anlagegefüges entscheidet in letzter Instanz der Daumen. Der Daumen in seiner Ganzheit, der Thenar inbegriffen, symbolisiert die Vitalkraft, die Grundkernhaltung (Sonne), die Vernunft, die Methodik der Ich-Behauptung (Jupiter) und die Willensenergie (Mars). Sämtliche Fingerbegabungen können sich nur über den Daumen umsetzen. Darum ist die Ausprägung des Daumens sehr wesentlich.

Der Daumenansatz

Der Daumen kann tief, mittelhoch oder hoch angesetzt sein. Die Mittelstellung gilt als Idealansatz.

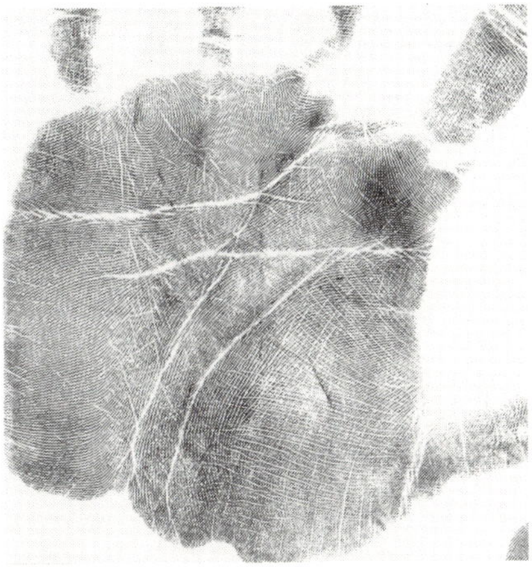

Der tiefangesetzte Daumen

Tiefangesetzte Daumen deuten auf einen extravertierten Einstellungstyp. Diese Menschen sind umgänglich, meist freundlich, aufgeschlossen und geeignet für Publikumskontakte. •• Ist der tiefangesetzte Daumen beweglich und stark, gilt das Hauptinteresse des Daumeneigners dem beruflichen Fortkommen. Solche Daumen gehören materiell Erfolgreichen. Oft verrät dieser Daumenansatz auch Nachahmungstrieb und ein Kopieren der Ideen anderer.

Der mittelhochangesetzte Daumen

Das Ideale wäre ein mittelhochangesetzter, in harmonischem Verhältnis zur Hand gehender Daumen. Das Nagelglied sollte gleich lang oder knapp länger als das zweite sein sowie leicht zurückbiegbar. Gut proportioniert, verrät ein Daumen dieser Art einen Menschen von ausgeglichener Wesensart, der bei der vitalen Durchsetzung seiner Ich-Wünsche auf das *Du* Rücksicht nimmt.

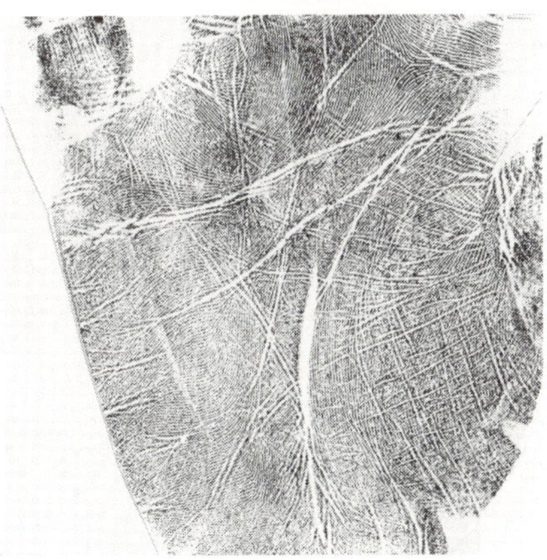

Der hochangesetzte Daumen

Der hochangesetzte Daumen offenbart meist einen etwas starren, unbeweglichen Charakterkern, nicht aber unbedingt einen eigensinnigen. Deutet der Gesamteindruck der Hand auf Steifheit, so ist eher Langsamkeit, Befangenheit oder Gehemmtheit zu erwarten. Der Eigner hat seine Ideale, ist aber nicht gerade großzügig, in welchen Bereichen auch immer sich dies manifestieren mag.

Die Daumenwinkel

Öfters zeigt der Daumen zwei Ausbauchungen, die vom ersten Mittelhandknochen gebildet werden: der Harmonie- und der Rhythmuswinkel.

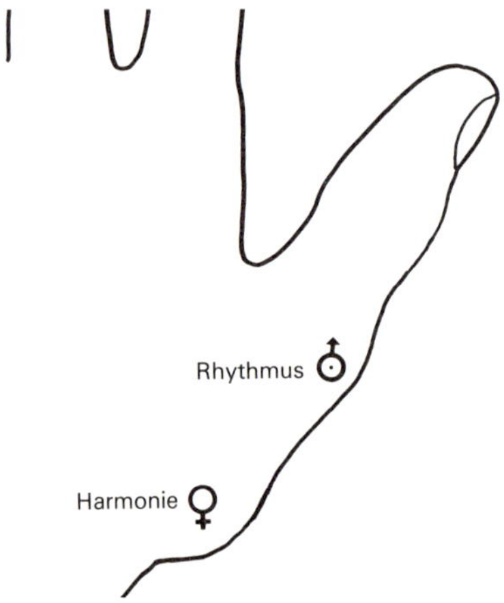

Der Harmoniewinkel (Venus)

Eine ausgeprägte Ausbauchung unterhalb des Thenars, am Übergang des Handgelenkes zum Handrumpf, Harmoniewinkel genannt, weist auf ein entwickeltes Ton- oder Formgefühl. Häufig sind Harmoniewinkelbesitzer musikalisch oder zeigen künstlerische Begabungen. • Ein zu stark hervortretender Harmoniewinkel, manchmal vergesellschaftet mit einer teilweisen Muskelatrophie des Daumenballens, deutet außer auf Wahrnehmungsfähigkeit paranormaler Schwingungen auch auf weniger erwünschte Anlagen. Die Skala reicht von Geräuschüberempfindlichkeit bis zum Auffangen von Frequenztönen elektrischer Installationen aus Maschinenräumen oder Pumpwerken. Diese Winkeleigner sind sehr feinfühlig und auf eine harmonische Umgebung angewiesen. Auf disharmonische Strömungen reagieren sie sehr empfindlich, öfters verbunden mit gesundheitlichen Störungen.

Der Rhythmuswinkel (Uranus)

Auf ein ausgesprochenes Rhythmus- oder Zeitgefühl deutet der Winkel des Knöchels am Übergang der Daumenwurzel zum Daumenglied, wenn er besonders kräftig ausgebildet ist. Er trägt den Namen Rhythmuswinkel. Rhythmus ist ein Gleichmaß von Wiederholungen in ähnlichen Zeitabständen, das heißt, es handelt sich beim Rhythmus um harmonische Aufeinanderfolgen, die etwas Lebendiges und nichts von «militärischem Takt» an sich haben. Menschen mit Rhythmuswinkel besitzen häufig auch eine innere Uhr oder einen unbewußt gesteuerten Zeiteinteilungsdienst. Das wirkt sich in der Realität als Pünktlichkeit und in arbeitstechnischer Hinsicht in termingerechtem Abliefern von Arbeiten, im Einhalten von Terminen, aus. Zusätzlich scheint im Rhythmuswinkel noch eine ähnliche Tugend wie im unteren Fingerknoten zu liegen (siehe Seite 120), nämlich Ordnungssinn in materiellen Belangen. • Bei Vorhandensein beider Winkel, des *Harmonie-* und des *Rhythmuswinkels,* vorausgesetzt, die übrigen Merkmale der Hand weisen auf einen intelligenten Menschen, darf auf schöpferische, kreative Fähigkeiten geschlossen werden. •• *Astrologisch* hat der Harmoniewinkel eine Beziehung zur Venus, der Rhythmuswinkel zum Uranus, wobei der Venus zusätzlich auch etwas Rhythmisches eigen ist. Es sei dabei auf die Umlaufbahn der Venus verwiesen, in der genaue 72er Winkel beschrieben werden, woraus sich als Zeichnung das Pentagramm ergibt. Ich will damit keineswegs sagen, daß der 72er Winkel ein venusischer sei. HANS-JÖRG WALTER ordnet in seinem kosmischen Code[6] den 72er Winkel dem Mars zu.

• Wie aber kommen diese Ulnarplaneten, Venus und Uranus, auf die Radialseite der Hand? Um sich auf der Radialseite manifestieren zu können, müssen Verbindungen zu einem der aktiven Gestirne Sonne, Mars, Jupiter oder dem Ascendenten vorhanden sein. Falls dies aus dem 360°-Kreis nicht ersichtlich sein sollte, helfen das 90°-System und die KdG[7] von EBERTIN weiter. •• **Manchmal müssen bevorzugt die Schnittpunkte beachtet werden, zum Beispiel die Schnittpunkte von Jupiter oder Mars zu Uranus. Dabei beobachtete ich, daß im 90°-Kreis dieser Schnittpunktachse gegenüber öfters der Schnittpunkt von Venus/Saturn liegt, das heißt Saturn (die Zeit) ins Strukturbild kommt.**

Die Daumenabspreizung

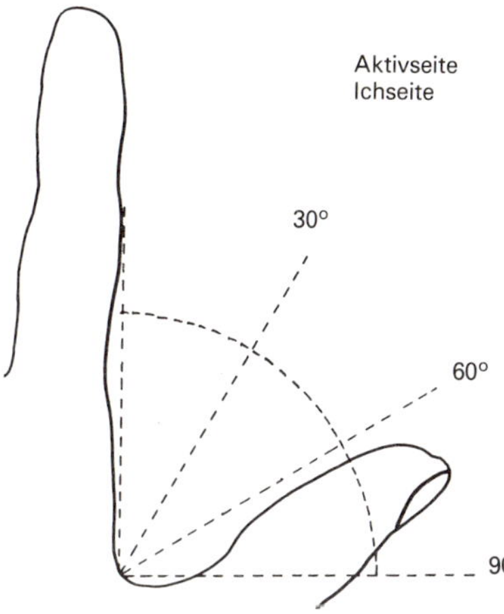

Hinweise für die dem Handeigner innewohnenden Eigenraum-Behauptungskräfte gibt der Winkel der Daumenabspreizung.

• Die Abwinkelung von nur 30° zeugt von Anlehnungsbedürfnis, Unselbständigkeit, Ängstlichkeit oder Minderwertigkeitsgefühlen sowie vorsichtigem, zögerndem Verhalten.

• Der Normalwinkel beträgt 60° bis 90°. Er bedeutet Toleranz, Verständnis für die Freiheitsansprüche anderer, Großzügigkeit, will aber auch die eigenen Freiheitswünsche gewahrt wissen.

• Spreizt sich der Daumen über 90°, ist der Freiheits- und Unabhängigkeitsdrang zu stark ausgeprägt. Diese Menschen vertragen keinerlei Zwang und haben auch in Partnerschaftsverhältnissen Schwierigkeiten, sich ein- und anzupassen.

Nebst der Abwinkelung des Daumens und seiner Ansatzhöhe ist auch seine Abdrehung im Verhältnis zu den Fingern wesentlich. • Ein Daumennagel, der beim Hinlegen der Hand voll zu sehen ist, weist auf einen Menschen, der Pläne und Einfälle mit Begeisterung durchzuführen versteht. • Wird nur ein Drittel des Daumennagels sichtbar, unterliegen alle Handlungen einer eingehenden Kontrolle. • Verschwindet auch der letzte Rest des Nagels, macht sich eher eine Hemmung bemerkbar. • Nimmt die Daumenhaltung die Form einer Krebsschere an, deutet dies nicht nur auf eine Sperre der Selbstentfaltung, sondern auch auf eine Sparsamkeit, welche die Formen des Geizes annimmt.

[6] HANS-JÖRG WALTER, *Entschlüsselte Aspektfiguren*, Ebertin Verlag.
[7] REINHOLD EBERTIN, *Kombination der Gestirneinflüsse* (KdG, Ebertin Verlag, Freiburg i. Br.).

Die Daumenglieder

Die zwei herausragenden Daumenglieder zeigen, wie es um den Willen zur Ich-Behauptung und die Überlegung zum Zweck dieser Ich-Behauptung bestellt ist. Entscheidend ist bei der Beurteilung das gegenseitige Verhältnis.

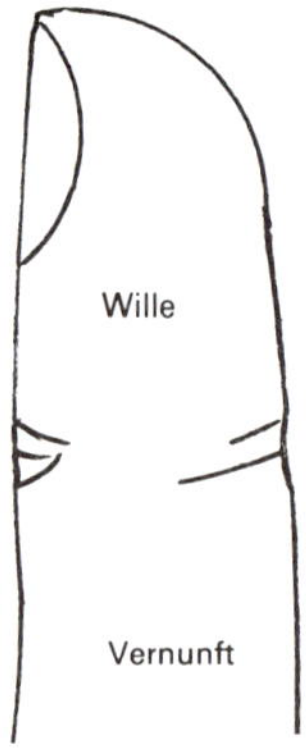

Das Nagelglied

Das Nagelglied (Mars/Widder/1. Feld) symbolisiert die Stärke oder Schwäche der Ich-Behauptung. Es offenbart die Initiative, die Unternehmungslust, die Aktionskraft (Mars), die dem Daumeneigner anlagemäßig für die Durchsetzung im Außenraum zur Verfügung steht.

• Ist das Nagelglied des Daumens lang, so verfügt der Mensch über eine rasche Entscheidungsfähigkeit, wenn nicht andere Merkmale dieser Grundanlage widersprechen, wie dies beispielsweise eine längere Zusammenschaltung von Vitalis (Ascendent/Sonne) und Kopflinie (Ascendent/Mars) anzeigen würde.

• Bei kurzem Nagelglied fehlt es an Entschlußkraft (Mars-Manko). Diese Menschen weichen Widerständen mangels Aktionskraft aus. Sie haben keine ehrgeizigen Wünsche, werden niemals Führer, fühlen sich wohl in abhängiger Rolle und überdecken ihre Schwäche oft mit Sturheit.

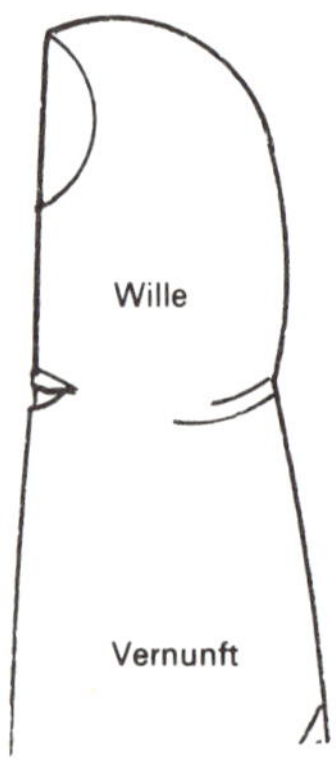

Das zweite Daumenglied

Dem zweiten Daumenglied (Jupiter/Schütze/9. Feld) werden in der chirologischen Fachliteratur Verstand, Vernunft sowie Logik einerseits und Fantasie und Talente anderseits zugesprochen. STEINDAMM/ACKERMANN fügen noch die Überlegung zum Zweck der Ich-Behauptung hinzu. So symbolisiert denn das zweite Daumenglied ganz allgemein die Kernhaltung des Menschen beim logischen oder weniger folgerichtigen Vorgehen zur Lebensbehauptung.

• Aus Länge, Stärke, Breite, Fülle und Form des zweiten Gliedes kann auf die Art oder Unart des Vorgehens bei der Ich-Behauptung geschlossen werden. Das zweite Glied zeigt die angeborene Taktik. Es offenbart, ob sich der Daumeneigner eines diplomatischen Weges oder der Holzhammermethode bedient.

Kombinationen: kurze, lange, schmale, breite Daumenglieder

Bei *kurzem Nagelglied gegenüber einem langen zweiten* mangelt es an der Durchführungskraft, die Reichhaltigkeit der Ideen und Pläne des langen zweiten Daumengliedes in die Realität umzusetzen (Mars-Manko). Der Verstand entwickelt zu viele Einzelheiten, Nebensächlichkeiten, Bedenken und Befürchtungen. • • Es besteht eine Hemmung bei der Ich-Durchsetzung, weil die Spontaneität fehlt und der Daumeneigner sich von Natur her Mittel und Wege zu lange überlegt.

• Ist das *zweite Daumenglied bedeutend länger als das erste* und ausgesprochen tailliert, so gehört der Daumen einem Menschen, der so logisch denkt, daß er mit der überraschendsten Argumentation zu begründen vermag, warum er dieses oder jenes nicht tun kann.

• Ist das *Nagelglied länger,* dominiert der Wunsch nach Betonung des eigenen Willens. Der Daumeneigner stellt sich in den Vordergrund. Vernunft und bessere Einsicht (Schütze/9. Feld) kommen zu kurz.

• Ein *kleines zweites Daumenglied* zeugt von bescheiden angelegter Vernunft und wertmäßiger Abstimmung (Jupiter-Manko). •• Bei *zu kurzem zweiten Glied* ist der Daumeneigner mit logischen und Vernunftgründen kaum zu beeinflussen. • • Ist das *zweite Glied sehr stark verkürzt,* so ist dies Anzeichen geistiger Armut.

• Bei *kurzem zweiten Daumenglied* einerseits und *langem Nagelglied* andererseits geschieht die Vitaldurchsetzung rücksichtslos, indem der Vorgang zur Ich-Behauptung der Charakteranlage entsprechend zuwenig überdacht wird.

• Die ***Breite*** ist Ausdruck der Stärke der organischen Widerstandskraft, kann aber, je nach Form, auch das Maß an Eigensinn anzeigen (2. Substanzhaus Stier).

• Ein *breites Nagelglied,* das zugleich *kleiner* ist als das *zweite,* verrät eine Ballung an Vitalkräften, die nicht in Einsatz gebracht werden können. Die Ballung entspricht einer Stauung. Ein gestautes Nagelglied ist Zeichen von Unausgeglichenheit. Es fehlt dic Durchschlagskraft (Mars) eines langen Nagelgliedes.

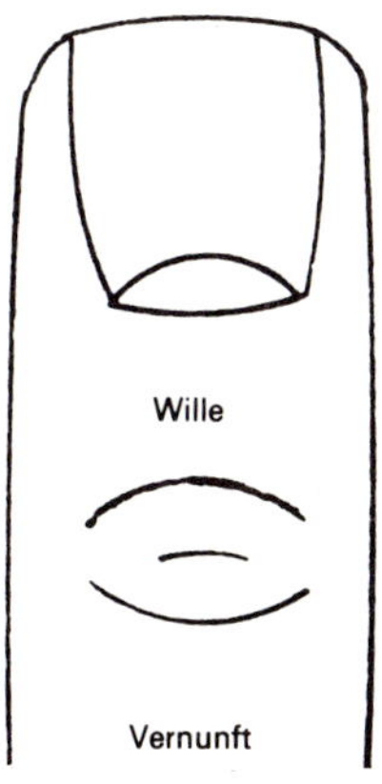

• Bei *ungestalteter, dicker* Form des *zweiten Daumengliedes* zeigen sich bei der vitalen Ich-Durchsetzung übermäßig starke Eigeninteressen. • • Je gröber und dicker sich das Nagelglied ausnimmt, desto gröber, schwerfälliger und materialistischer ist die Kernhaltung des Betreffenden.

• Ein *gerader* Daumen weist auf einen Menschen, der von seiner eigenen Meinung überzeugt ist, der möglicherweise nicht allzugroße Rücksicht bei seiner Vital-Durchsetzung auf andere nimmt und mitunter als eigensinnig eingestuft werden muß.

• Anderseits besagt ein steifer, fester, nicht biegsamer Daumen eine erhebliche Dosis Wollen, Durchführungskraft und Ausdauer, die für die Ausübung ernsthafter und strenger Lebenspflichten notwendig ist.

Bewegliche Daumen offenbaren geschickte Anpassungsfähigkeit. Aufgrund des eigenen positiven Verhaltens kommt es mit der Umwelt zu harmonischen Kontakten. •• Außergewöhnlich bewegliche Daumen gehören meist nervösen Menschen, für die eine harmonische Umgebung Bedürfnis ist. Zu bewegliche Daumen verraten eine schwankende Verhaltensweise.

1

1 • Der *lange bewegliche* Daumen zeugt von einem Idealisten. Bei leicht abgeflachtem Nagelglied sind die Aktivitäten mehr geistig denn körperlich-materiell ausgerichtet, und die Lebensenergien erschöpfen sich rascher als bei voller Fingerkuppe.

2 • Ist der Daumen *tailliert,* gehört er einem Menschen mit diplomatischem Geschick und kultiviertem Benehmen.

2

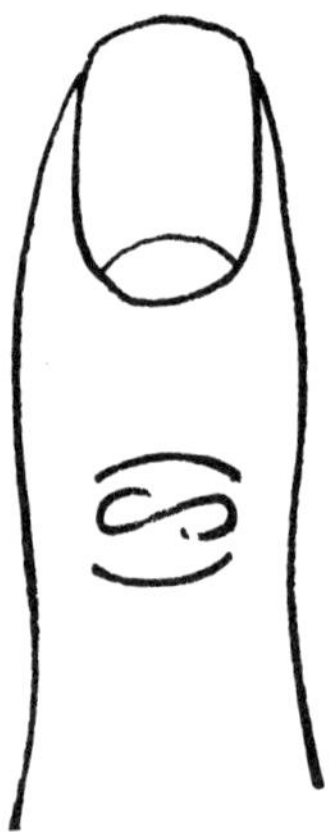

Der große und der kleine Daumen

• *Große* Daumen gehören Menschen mit guter vitaler Durchschlagskraft, die nach Unabhängigkeit und Selbständigkeit streben. Im großen Daumen liegt eine gewisse Suggestionskraft, der Menschen mit kleinerem Daumen unterliegen. Eigner von großen Daumen halten es für selbstverständlich, daß die anderen sich ihnen unterordnen. Betrifft es Frauen, werden sie in der Ehe dominieren. Auch sind Besitzer großer Daumen anspruchsvoll und nie ganz zufriedenstellbar. •• Wenn aufgrund der Fülle des Daumenwurzelgliedes genügend Vitalkraft zur Verfügung steht, verrät ein großer Daumen Leidenschaftlichkeit. Ein Mensch mit großem Daumen will seine Vitalkräfte in Taten umsetzen oder sich im Triebbereich ausleben. •• Bei ungenügender Thenarfülle zeigen sich bei Menschen mit großem Daumen Erschöpfungszustände, weil die Vitalkraft überzogen wird.

• Der *zu lange* Daumen gehört ungeduldigen und herrschsüchtigen Handeignern, die Machtansprüche hegen und Autorität erstreben. Falls das Wurzelglied genügend Fülle aufweist und der Zeigefinger lang und fest ist, wird ihnen dies auch gelingen. Herrscher und Führernaturen sowie Menschen von Ehrgeiz und Ausdauer besitzen immer lange und starke Daumen. Die Literatur sagt, daß GALILEI, NEWTON, LEIBNIZ und VOLTAIRE sich durch besonders lange Daumen auszeichneten.

• Der *kleine* Daumen zeugt von schwächerer physischer Kraft. Meist können Menschen mit kleinem Daumen ihre Ideen und Pläne nicht verwirklichen, weil es ihnen an vitaler Durchsetzungskraft fehlt. Viele kleindaumige Menschen sind mißtrauisch und ängstlich. Sie sind eher gefühlsbetont denn realistisch und meiden in der Regel Meinungsverschiedenheiten, weil sie erfahrungsgemäß doch stets «den kürzeren ziehen». •• Frauen mit kleinerem Daumen passen sich in der Ehe an, ebenso Männer, die sich zum Ausgleich von einer Partnerin mit größerem Daumen heiraten lassen. Da Eigner mit kleinem Daumen vitaler Durchschlagskraft ermangeln, träumen sie eher von Erfolgen, als daß sie sich realistisch darum bemühen. Als Kompensation lieben sie Zeremonielle und legen Wert auf Äußerlichkeiten.

Die Form des Nagelgliedes

Aber nicht nur die Daumenglieder sind bezüglich Länge und Breite aussagekräftig, auch die Form der Nagelglieder ist von Bedeutung.

• Hat das Nagelglied des Daumens Spatelform, so symbolisiert es eine geballte Lebensenergie. Schlimmstenfalls kann es Brutalität und Grausamkeit bedeuten.

• Zeigt das erste Daumenglied eine eckige Form, so verfügt der Daumeneigner über eine praktische Veranlagung, die nicht angelernt, sondern naturgemäß gegeben ist. Außerdem wird er bei der Vital-Ichdurchsetzung die Form wahren.

• Bei konischem bis spitzem Nagelglied ist der Mensch aufgrund mangelnder Vitalkraft nachsichtig und nachgiebig.

• Im weiteren muß die jeweilige Fingerform noch mit der Nagelform kombiniert werden.

Linien auf den Daumengliedern

• Vertikallinien auf dem *Nagelglied* des Daumens besagen ein aktives Bemühen zur Durchsetzung im Außenraum.

• Waagrechte Linien, die das Nagelglied durchqueren, offenbaren eine zur Zeit geschwächte Widerstandskraft.

• Vertikallinien auf dem *zweiten* Daumenglied symbolisieren gesteuerte Vitalkräfte, fließende Energien für folgerichtiges Vorgehen entsprechend der Kernhaltung.

• Querstriche auf dem zweiten Daumenglied besagen, daß der Grundhaltung Hindernisse individueller Art entgegengestellt werden. Meistens sind es zu viele Dinge, die der Handeigner gleichzeitig erstrebt, statt seine Wünsche auf einen Nenner zu bringen. Die Querstriche können aber auch die Anzahl wesentlicher Enttäuschungen zeigen, die aufgrund der angeborenen Charakteranlage gemacht wurden. Sie mahnen zur Vorsicht, nicht wieder die gleichen Fehler zu begehen.

Der Zeigefinger

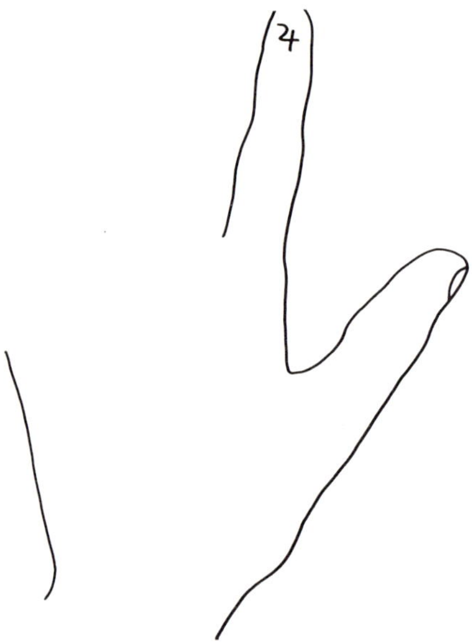

Der dem Daumen nächstliegende Finger auf der Aktivseite der Hand ist der Zeigefinger. Da die Finger den gleichen Prinzipien unterstehen wie die darunter liegenden Berge und der Berg unterhalb des Zeigefingers den aus der Mythologie entlehnten Namen des Zeus/Jupiters trägt, wird der Zeigefinger in der Chirologie wie Chiromantie Jupiterfinger genannt.

Jupiter-Entsprechungen sind: Autorität, Ehrgeiz, Geltungsanspruch, Machtwillen, aber auch Ethik, Selbsteinsicht und Weisheit. Das zur Verfügung stehende seelische Energiepotential für die Zeigefingeransprüche ist aus der Ausprägung des Jupiterberges ersichtlich.

Der Jupiterfinger als Symbol des bewußten Willens, Indikator des Selbstbewußtseins und Selbstwertgefühls, zeigt, ob der Handeigner in der Lage ist, reale Lebenssituationen zu bewältigen, auf welche Art und Weise er dies tut, und was dabei sein Hauptanliegen ist. Dem Jupiterfinger, dem Finger der Persönlichkeit, untersteht die Führung der Kopf- und Denkkräfte. Dazu gehören auch die Wahrnehmungsorgane der Sinne, speziell der Augen sowie die richtige Einschätzung der Kräfte und das Erkennen der eigenen Verwirklichungsmöglichkeiten.

Astrologisch gesehen zeigt die Jupiterposition, wo die optimalen Werte dieses Lebens liegen. Jupiter will auf etwas hinweisen. Dort, wo Jupiter steht, geht einem ein Licht auf, wenn man daran interessiert ist, daß das Licht wirklich aufgeht. Die Gestalt des Zeigefingers entspricht genau der Jupiterstellung im Geburtsbild. Und so wie horoskopisch die Verwirklichung der Anlagen sonnenabhängig ist und die Sonne chirologisch dem Daumen entspricht, muß, um chirologisch gültige Aussagen machen zu können, zusätzlich zum Jupiterfinger auch der Daumen konsultiert werden.

Der Zeigefinger dient primär der Orientierung. Er ist der Wahrnehmungsfinger. Wenn wir etwas oder jemanden wahrnehmen und darauf hinweisen, benützen wir den Zeigefinger. Befindet sich der Gegenstand oder die Person hinter uns, vollziehen wir die Geste mit dem Daumen. Dem Jupiterfinger als hinweisendes, sinngebendes Prinzip entsprechen auch soziale, beratende Funktionen, wo Mitmenschen gangbare Wege zur Realitätsbewältigung aufgezeigt werden.

Die Dreiteilung des Zeigefingers

Das Nagelglied

Das Nagelglied symbolisiert den Bereich des ungeschriebenen Gesetzes, der Ethik sowie der Metaphysik, der Transzendenz. Es verrät, in welcher Form die Einfühlung der Geist-Seele in die Welt geschieht, welche Werte für sie am verbindlichsten sind: die ethisch-religiösen, die überlegenden intellektuellen oder die naturhaft-körperlich materiellen, je nachdem, ob die Nagelglied-Gestalt eine konische, eckige oder spatelige Form aufweist.

Das Mittelglied

Das Mittelglied des Jupiterfingers bezieht sich auf bewußt gestaltendes Handeln aufgrund gemachter objektiver Wahrnehmungen und Erfahrungen. Im Mittelglied sind die seelischen Ich-Funktionen, analog dem Kopflinienbereich, am bewußtseinsnächsten. Es geht im Mittelglied um rein verstandesmäßige Überlegungen und Gestaltungsfähigkeiten im Realitätsbereich. Die Konkretisierung hängt vom Wurzelglied ab.

Das Wurzelglied

Das Grund- oder Wurzelglied des Jupiterfingers zeigt, wie es um die Aktionskräfte für bewußte konkrete Einsätze bezüglich Macht- und Geltungsansprüche steht. Wenn es in Länge und Ausprägung stark genug ist, verrät es genügend Aktionskräfte, um die Anlagen der beiden oberen Glieder zu realisieren, sofern die Ausprägung des Daumens dem nicht widerspricht.

Deutungen

- Ein langer, kräftiger Zeigefinger findet sich meistens zusammen mit einem starken Daumen, was eine extravertierte Grundeinstellung mit Durchschlagskraft symbolisiert. Der lange Zeigefinger wird oft im hohen Staatsdienst, der Politik, bei Führungskräften und bei zielstrebigen, entschlossenen, ehrgeizigen Menschen angetroffen. Ein langer, starker Jupiterfinger deutet auf Tatkraft und Selbstvertrauen, mitunter auf Stolz über eigene Leistungen. Die Handlungsweise dieser

Menschen geschieht aufgrund logisch gezogener Schlußfolgerungen. Sie haben eine gute Beobachtungsgabe, und ihr Sinn für die Realität ist ausgeprägt. Je selbstbewußter der Mensch, um so unabhängiger ist er von Umwelteinflüssen.

• Ein breiter, kräftiger Jupiterfinger kann nur konkret Machbares aufspüren. Darauf ist er angelegt. •• Ist die Fingerkuppe abgerundet, einerlei ob der Finger spatelig oder eckig ist, erfährt die Anlage einen harmonisierenden Einschlag.

• Bei kurzem Zeigefinger herrscht Mangel an Selbstbewußtsein. Ein leicht angekratztes Selbstwertgefühl macht sich bemerkbar. •• Die Handlungen werden eher gefühlsmäßig denn aufgrund logischer Überlegungen vollzogen. Meist besteht auch eine Abneigung gegen Details, die gern als nebensächlich abgetan werden. Kurze Finger zeigen ganz allgemein eine Tendenz zu Ungeduld.

Die Formen des Nagelgliedes

Die Finger sind Fühlern vergleichbar. Es hängt von der Form des Nagelgliedes ab, worauf die Antenne des Jupiterfingers ausgerichtet ist.

Der spatelförmige Zeigefinger

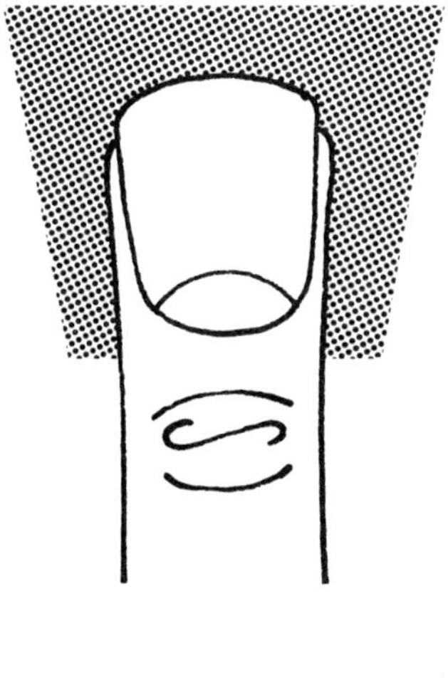

Das Erspüren der und das Einfühlen in die Umwelt ist grundsätzlich auf Körpernahes, Materielles, konkret Machbares ausgerichtet. Instinktiv wird der Mensch mit Spatelfinger von elementaren Kräften angezogen, die in ihm selbst wirksam sind. Er muß diese Situationen gar nicht suchen. Er wird wie automatisch dorthin gezogen. Menschen mit spatelförmigem Zeigefinger sind ehrgeizig, energisch, aktiv und auf Machtentfaltung ausgerichtet. Das Benehmen ist körpernah.

Der eckige Zeigefinger

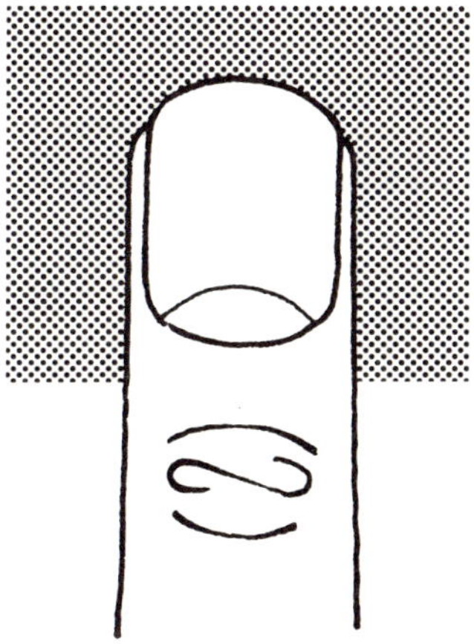

Bei eckigem Zeigefinger sind intellektuell zu gestaltende Umweltsituationen gefragt. Der Mensch mit eckigem Zeigefinger ist begabt, die Dinge aus dem Außenraum bereits systematisch geordnet, sachlich nüchtern aufzunehmen. Wie das Wahrgenommene verarbeitet wird, zeigen das Mittelglied, die Kopflinie und die Form der Außenhand als Grundanlage. Das Benehmen der Menschen mit eckigen Fingern ist beherrscht, formbewahrend, eventuell sogar förmlich. Der eckige Zeigefinger offenbart Gesetzesorientiertheit und oft auch eine juristische Begabung. •• Ein eckiger Nagel (siehe Zeichnung) würde die Anlage des eckigen Fingers noch unterstützen.

Der konische Zeigefinger

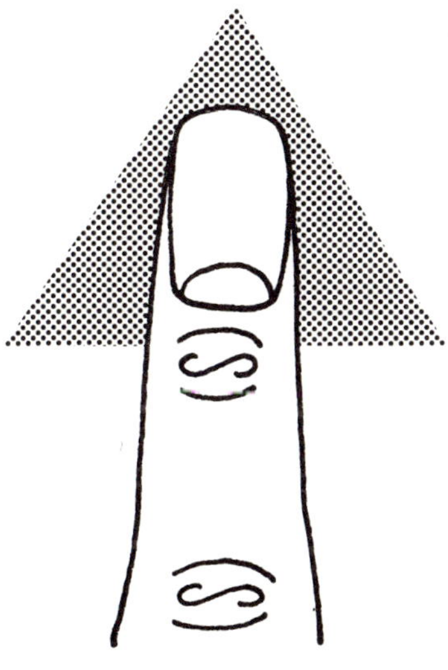

Die Skala des konischen Fingers reicht von abgerundet bis spitz. Der konische Zeigefinger verrät ein starkes geist-seelisches Einfühlungsvermögen. Je spitzer die Form, desto stärker ist seine Antenne auf das Erspüren von Sensiblem, Transzendentem oder materiell Ungeordnetem ausgerichtet, so daß alles wahllos in den Finger einströmt. Der Mensch mit konischem Jupiterfinger interessiert sich primär für Glaubensfragen, soziale Belange, Religionssysteme und Okkultes. Je konischer der Finger, desto mehr Neptuneinflüsse enthält das Jupiterprinzip. Der Eigner eines konischen Jupiterfingers wird die ungeschriebenen Gesetze halten, weil er religiös gebunden ist. Er hat eine jovische Rechtsauffassung und ein persönliches Rechtsgefühl. •• Je spitzer der Finger, um so sensibler und unmaterieller ist der Ort, wohin der Zeigefinger seine Fühler ausstreckt und um so schwieriger wird eine intellektuelle Verarbeitung des Erspürten. Bei breiter Abrundung dagegen ist das Einfühlen in die Umweltsituationen bereits stark auf konkrete Daseinsformen ausgerichtet. •• Im Falle eines eckigen Nagels (siehe Zeichnung) käme noch etwas vernünftig Überlegendes, intellektuell Ordnendes hinzu. Er wäre für die Daseinsbewältigung der optimale Nagel des konischen Fingers.

Der Mittelfinger

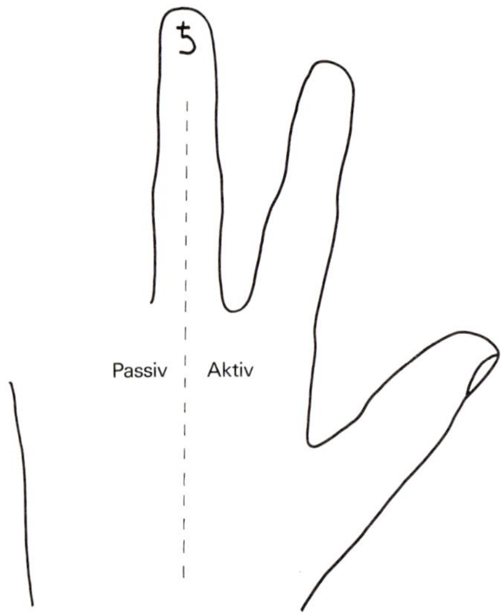

In der Mitte der Achse, zwischen Aktiv- und Passivseite der Hand, befindet sich der Mittel- oder Saturnfinger. Esoterisch ist Saturn ein Karmaplanet und stellt den Hüter der Schwelle dar. Saturn/Janus ist doppelgesichtig: eine Seite ist männlich, die andere weiblich.

Das gleiche zeigt sich in der Hand. Saturnfinger und Saturnlinie trennen die Hand in zwei Hälften: in eine aktiv-männliche und eine passiv-weibliche.

Saturn-Entsprechungen sind: Stoffliche Bedingtheiten, Sachwerte, materielle Tatsachen; Lebensernst, Verantwortungsbewußtsein, Zuverlässigkeit, Zähigkeit, Gewissenhaftigkeit, das Gewissen schlechthin sowie Besinnlichkeit, Durchhaltevermögen, Lebensernst und Selbstzucht.

Über die verfügbaren Seelenkräfte für die sachlichen konkreten Werte des Lebens und die Verfestigungstendenzen im Dasein gibt die Beschaffenheit des Saturnberges Auskunft.

Die saturninen Form- und Festigkeitskräfte sind außer im Bild des Mittelfingers noch aus Form- und Spannkraft der Hand- und Hautkonsistenz sowie der Schicksals- oder Saturnlinie ersichtlich. Im Saturnbereich drückt sich die Stabilität und das seelische Gleichgewicht aus. STEINDAMM-ACKERMANN nennen den Saturnfinger den Finger des kategorischen Imperativs im Sinne des Gewissens.

Im Geburtsbild weist die Saturnposition darauf hin, wo uns eine der Hauptaufgaben dieses Lebens erwartet. Saturn ist das Konzentrations- und Verfestigungsprinzip. Darauf, wo Saturn im Geburtsbild steht, haben wir uns zu konzentrieren, dort gibt es etwas zu erlösen. Möglicherweise treten in dem angezeigten Bereich Hemmungen, Ängste oder Schuldgefühle auf, ganz bestimmt aber Prüfungen oder Verpflichtungen. Wesentlich ist dabei unsere Einstellung und Verhaltensweise. Auch Quadraturen im Geburtsbild sind saturnin. Sie stellen ebenfalls Arbeitsaspekte dar und zeigen, wo etwas erarbeitet werden will.

Ein stark gestellter Saturn entspricht chirologisch einem geraden, gutgeformten Mittelfinger. Der Saturnfinger, in der Normalhand der längste Finger, reicht am weitesten in den Außenraum. Saturn, der Karma- oder Schicksalsplanet, ist gewordene Form. Doch das Schicksal schmieden wir uns stets selber. So ist es kaum verwunderlich, daß in der gegenwärtigen Existenz das Schicksal mehr erlitten denn gestaltet wird. Gestaltet haben wir unser derzeitiges Schicksal im großen und ganzen ehe wir diesmal waren. Was wir jetzt gestalten, ist für das nächste Sein. Saturn zeigt uns auch unsere Projektionen; er selbst ist Projektion. Es kann uns daher im Außenraum schicksalhaft nichts begegnen, was nicht in uns selbst liegt. Den Kosmos haben wir ja in uns, und das zeigt die lebende Hand viel deutlicher als das Kosmogramm.

Die Dreiteilung des Mittel- oder Saturnfingers

Das Nagelglied

Alle Nagelglieder haben mit den Nerven-Sinnesorganen zu tun und stehen in Beziehung zur seelisch-geistigen Ebene. Die Fingerbeere des Saturnfingers besitzt ein gutes Tastgefühl, doch ist dieses etwas weniger ausgeprägt als dasjenige des Zeigefingers. Das Nagelglied zeigt in Finger- und Nagelform, wohin sich die Stabilisierungskräfte des Mittelfingers ausrichten. Die Finger-Endform muß immer noch mit der Nagelform kombiniert werden. So kommt beispielsweise zu einem konischen Finger mit eckigem Nagel stets eine vernünftige Komponente hinzu, die der Labilität des konischen Fingers Halt gibt.

Das Mittelglied

Nach Dr. med. Norbert Glas[8] haben alle mittleren Fingerglieder mit dem Atmungs- und Zirkulationssystem des Menschen zu tun. Organisch wäre es von besonderer Wichtigkeit, wenn das Mittelglied des Saturnfingers das längste wäre. Auch psychologisch gesehen ist ein längstes mittleres Fingerglied dem Saturnprinzip wesensgerecht, denn dadurch erfahren die Saturneigenschaften eine Unterstützung. Das Mittelglied symbolisiert die bewußte gedankliche Ebene. Lange Mittelfingerglieder zeigen ganz allgemein Nachdenklichkeit, logisches Überlegen, gute Wahrnehmungsfähigkeiten und entsprechende Auffassungsgabe sowie Tatsachensinn, Sinn für Erfahrungswerte und richtig angebrachte Kritik. Auch verrät das lange Mittelglied, sofern es nicht allzubreit ist, Begabung für Ausdruck und Ausdeutung.

[8] Dr. med. Norbert Glas, *«Die Hände offenbaren den Menschen»*, J.C. Mellinger-Verlag, Stuttgart.

Das Wurzel- oder Grundglied

Alle Grundglieder symbolisieren die Aktivität, mit welcher die Fingeranlagen umgesetzt werden. Das Grundglied bezieht sich auf die Stabilisierung materieller Sachwerte oder die Konkretisierung bzw. wirtschaftliche Verwertung intellektueller oder gestalterischer Begabungen. Organisch haben die Wurzelglieder eine Beziehung zum Ernährungs- und Stoffwechselvorgang. Somit ist aus dem Wurzelglied auch die Aktivität des Stoffwechsels ersichtlich. Die psycho-somatische Wechselwirkung dürfte kaum erstaunen. • Lange Grundglieder zeigen immer, daß der Fingereigner intensiv bestrebt ist, die Fingeranlagen umzusetzen. Gleichzeitig unterstreicht ein langes Saturn-Wurzelglied die Ausdauer in allen Bestrebungen. •• Bei breitem Grundglied geschehen sämtliche willentlichen oder körperbezogenen Prozesse mit Nachdruck, aber mit weniger Dynamik.

Weitere Deutungen

• Der *lange, gerade, starke* Mittelfinger offenbart Pflichtgefühl, Verantwortungsbewußtsein, Vorsicht, Vernunft, Klugheit, Umsicht, Überlegenheit, Grundsätzlichkeit und Konzentrationsfähigkeit. Menschen mit positiv gestaltetem Mittelfinger sind in der Lage, die materiellen Werte des Lebens objektiv zu beurteilen. Sie können ihre Pläne realisieren, weil sie dafür intensive Vorarbeiten leisten und erst nach folgerichtigen Überlegungen an deren Verwirklichung herangehen.

• Ist das Nagelglied des Mittelfingers *spatelförmig* und der Finger *geknotet,* so ist das Verstandesmäßige verschärft. Denken und Tun sind völlig auf praktische, greifbare Ergebnisse konzentriert. Öfters haben exakte Naturwissenschaftler diese Fingerform.

• Der *zu lange* Mittelfinger ist Zeichen einer inneren oder äußeren Überforderung, was Schuldgefühle hervorrufen mag. Die objektiven Werte der Welt erhalten ein zu starkes Übergewicht, so daß die Tatkraft des Handeigners eine Beeinträchtigung in Form einer Hemmung erfährt. Die Belastung wird als Leistungszwang empfunden. Menschen mit zu langem Mittelfinger neigen zur Melancholie, zum Grübeln und Zaudern, zu übergroßem Ernst oder Gesellschaftsscheu.

• *Zu kurz* weist der Mittelfinger wohl auf eine schnelle Übersicht – wie dies immer bei kurzem Finger der Fall ist – aber für den Saturnfinger bedeutet dieser Umstand Mangel an Konzentration, Unfähigkeit zu exakter Planung, fehlendes Pflichtgefühl und eventuell asoziales Verhalten. Der Mensch tendiert zu Leichtsinn aus Mangel an Lebensernst.

Die Formen des Nagelgliedes

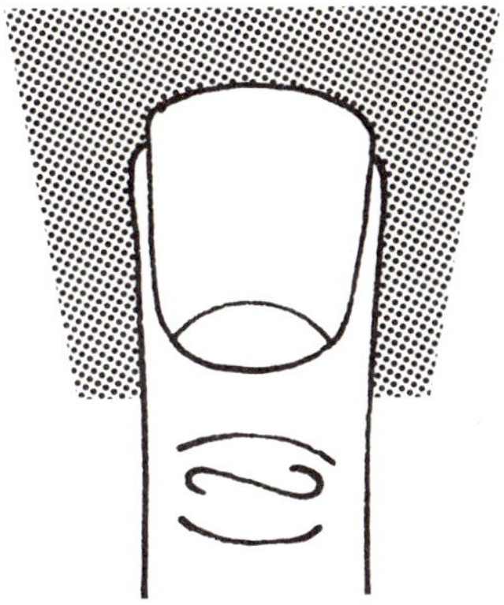

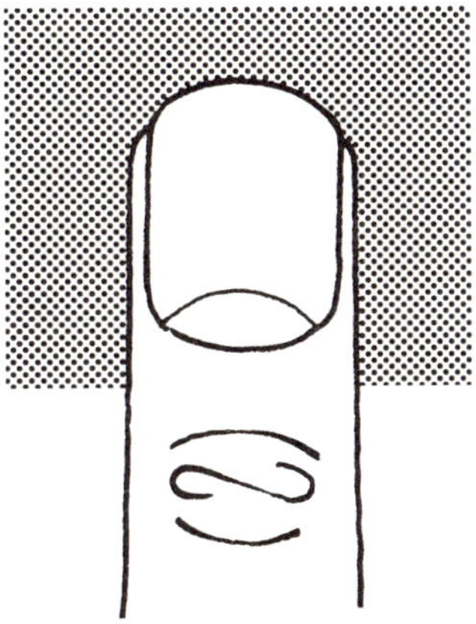

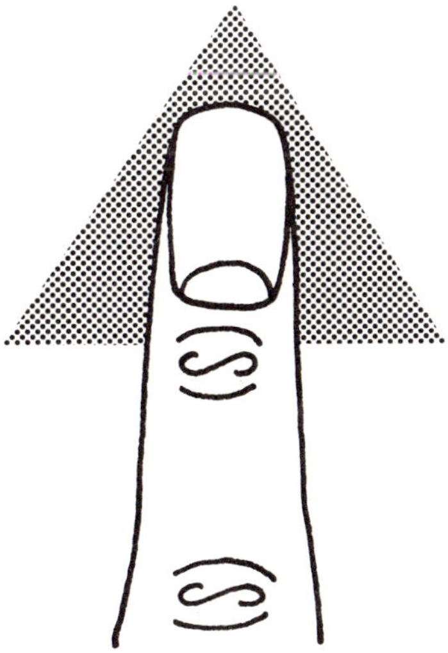

Der spatelförmige Saturnfinger

Die Wahrnehmungsfähigkeit des Mittelfingers ist auf sachliche Werte des Lebens konzentriert. Das trifft für Menschen mit spatelförmigem Endglied in verstärktem Maße zu, denn sie können sich sehr gut mit materiellen Belangen auseinandersetzen. Diese Menschen werden sich im Realitätsbereich nichts vormachen lassen, denn sie wissen instinktiv Bescheid. •• Ist das Grundglied am längsten, wird keine Aktion zur Erreichung eigener Vorteile unterlassen.

Der eckige Saturnfinger

Ein eckiger Saturnfinger zeugt von praktisch-intellektueller Begabung des Handeigners und dem Wunsch, selbständig zu arbeiten. Diese Menschen haben die Neigung, den Dingen auf den Grund zu gehen und sich mit den Geschehnissen des Lebens konkret auseinanderzusetzen. Sie besitzen Verantwortungsbewußtsein und Pflichtgefühl und haben – wenn der Finger lang ist – ein gutes Gedächtnis sowie die Fähigkeit, sich auf eine Sache zu konzentrieren.

Der konische Saturnfinger

Ein konischer Mittelfinger ist dem Saturnprinzip nicht gemäß. Wenn das Nagelglied gleichzeitig das längste ist, offenbart es einen Menschen, der sich sachlichen Werten gegenüber leichtsinnig verhält. Psychologisch gesehen besteht ein Mangel an Verantwortungsgefühl, denn Verantwortung zu übernehmen, sei es für eine Sache oder einen Menschen, bedeutet eine Last, die zu tragen der Eigner eines konischen Saturnfingers sich nicht gewachsen fühlt. •• Ein eckiger Nagel würde die Anlage verbessern (siehe Zeichnung).

Der Ringfinger

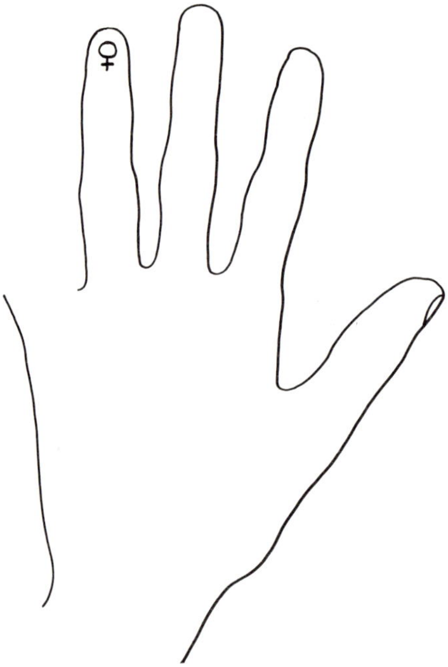

Der Ringfinger befindet sich auf der *Du*-Seite der Hand, dem Bereich der *Ich*-Ergänzung, der den seelisch unbewußten, gemüthaften, gefühlsbetonten Teil der Persönlichkeit und die seelischen Bindungen an ein *Du* symbolisiert.

• Der Ringfinger ist in der Regel der am schönsten gestaltete, wohlgeformteste aller Finger. Der Nagel wölbt sich meist etwas mehr als jener der anderen Finger, und auch die Fingerkuppe ist stärker gerundet, was einem Mehr an unbewußten Gefühlsregungen entspricht.

• Die Regel ist: gleiche Höhe von Ring- und Zeigefinger als gleichgewichtige Verteilung aktiver und passiver Kräfte. Die gleiche Länge der *Ich*- und *Du*-Finger offenbart auch eine ausgeglichene Einstellung zu materiellen und ideellen Werten. Die Größenverhältnisse von Ring- und Zeigefinger sind von Hand zu Hand verschieden.

• Dem Ringfinger, auch Kunstfinger genannt, entspricht das seelische Erleben des inneren Eigenraumes. Dieses wird meistens in ein *Du* hineinprojiziert, das uns im Außenraum in Gestalt eines Menschen oder in einem geschaffenen Werk künstlerischer, ästhetischer oder idealistischer Art entgegentritt.

• Der Ringfinger zeigt in seiner Länge, Breite, Form und Ausprägung das Maß an vorhandenem Idealismus, künstlerischem oder ästhetischem Empfinden, das Gefühl für Formen, das Formgefühl an sich und das Einfühlen in das Wesen anderer Menschen, also alles venusische, subjektive Eigenschaften. Zur negativen Seite des Venusischen gehören Überschwenglichkeit, Hohlheit und Genußsucht.

• *Astrologisch* entspricht dem Ringfinger und dem Ringfingerberg die Trinität Venus/Waage/7. Haus. Die Venus ist aber Regentin zweier astrologischer Häuser. Das Taghaus, die Waage, entspricht der Venus Urania, das Nachthaus, das Zeichen Stier, der Venus-Pandemos. Wenn im Geburtsbild die Venus-Urania domi-

Das Taghaus, die Waage, entspricht der Venus-Urania, das Nachthaus, das Zeichen Stier, der Venus-Pandemos. Wenn im Geburtsbild die Venus-Urania domi-

niert, symbolisiert sie mehr geistige Elemente und läßt mehr den unkörperlichen Belangen Raum wie Harmonie, Schönheit, Musik, Farbe, Klang, friedlicher Ausgleich, Überbrückung von Gegensätzen, Ästhetik usw. Liegt die Betonung auf einer substanzierten Venus, läßt sie mehr zu irdischen Dingen neigen wie Eigentum, Besitz, Geld, Güter, konkrete Kunst (Plakat, Keramik), Schmuck usw. Tizian hat auf seinem Gemälde, «Die himmlische und die irdische Liebe» diese Gegensätze dargestellt. ERICH VON BECKERATH[5] bespricht in seinem Buch «Geheimsprache der Bilder» das Tiziangemälde aus astrologischer bzw. esoterischer Sicht.

• Chirologisch zeigt sich eine substanzierte Venus in einem breiten und fülligen Ringfinger und auch in einem ausgeprägteren Ringfingerberg. Astrologisch gesehen muß aber die Venus nicht im Zeichen Stier stehen.

• Ein gutgezeichneter Venusgürtel (siehe Seite 108) versinnbildlicht, daß der Mensch die venusischen Kräfte nicht nur personenbezogen, sondern auch für künstlerische oder wissenschaftliche Belange einsetzen sollte.

Die Dreiteilung des Ringfingers

Das Nagelglied

Das Nagelglied offenbart in Gestalt und Ausdruck die Fähigkeit des Einfühlens in künstlerische, ästhetische oder partnerschaftliche Bereiche sowie Formengefühl und Sinn für Rhythmik. Das Nagelglied verrät auch Wesentliches über das Benehmen in *Du*-Beziehungen. Ist es am längsten, strebt der Fingereigner nach Vollendung eigener künstlerischer Formen, zeigt seelisch-geistige Feinfühligkeit, Idealismus und hat Sinn für die Schönheiten des Lebens.

Das Mittelglied

Das Mittelglied verrät, besonders wenn es lang und gut ausgebildet ist, künstlerische Gestaltungskraft und einen Menschen, der nach einer harmonischen *Du*-Beziehung strebt.

Das Wurzelglied

Das Wurzelglied bezieht sich auf die Aktivität bezüglich künstlerischer oder gestalterischer Bestrebungen. Wenn es lang und gut geformt ist, zeugt es von der Fähigkeit, die Ringfingeranlagen erfolgreich durchzusetzen. Ist das Grundglied zugleich füllig, reagiert der Fingereigner auf sinnliche Eindrücke und liebt das gesellschaftliche Leben. Menschen mit stark geprägtem Wurzelglied sind genußliebend und nicht gerne allein.

[5] ERICH VON BECKERATH, Geheimsprache der Bilder, IBERAVERLAG, Wien.

• Ein *langer und schöngeformter* Ringfinger drückt nicht nur Möglichkeiten oder Sinn für höhere Künste aus, sondern auch ein Gefühl für Kleiderformen, Formgefühl für Möbel und andere Gebrauchsgegenstände, ein Gefühl für Ästhetik der Körperformen, die Einfühlung in andere Menschen sowie Freude, Fröhlichsein, Unbeschwertheit und rhythmische, musikalische Fähigkeiten.

• Der *lange und breite* Ringfinger gehört einem Menschen, der seine künstlerischen Anlagen verwirklichen will, um seinem Formengefühl Ausdruck verleihen zu können.

• Ein *zu langer* Ringfinger deutet auf einen Menschen mit Neigung zu Spiel und zu Spekulation, Oberflächlichkeit, Wirklichkeitsferne, Fantastik oder Eitelkeit.

• Ein *zu kurz* geratener Ringfinger ist Hinweis, daß der Fingereigner weder idealistische Neigungen hat noch eine harmonische *Du*-Beziehung erstrebt.

• Ist der *Ringfinger länger als der Zeigefinger,* so sind die Kräfte des Gefühls dem logischen Urteil eines längeren Zeigefingers überlegen. Subjektives hat gegenüber realistischen Werten und Begebenheiten den Vorrang; das Ideale, der gute Geschmack und die Kunstliebe sind stärker.

• Eine Hand mit fast *gleich langem Ringfinger wie Saturnfinger* gehört einem Menschen mit Neigung zu Spiel und Spekulation oder zu anderen gewagten Unternehmungen. Der längere Ringfinger ist auch in Künstlerhänden zu finden.

•• *Kombinationshinweis:* In einer konischen Hand muß ein zu langer Ringfinger negativ, in einer Spatel- oder eckigen Hand mit zugleich starkem Daumen und fester Konsistenz kann ein langer spatelförmiger oder eckiger Ringfinger positiv gedeutet werden.

• Ein *schlechtgeformter* Ringfinger verrät ein Unvermögen der Einfühlung und einen Mangel an Geschmack und ästhetischem Formgefühl. Bei Schwierigkeiten im Gefühlsleben ist der Ringfinger meist verkürzt und schlecht geformt.

Mantik: Steht ein Stern auf der Ringfingerspitze, verspricht die Wahrsagekunst die Erlangung großen Ruhms, sei es auf künstlerischem oder wissenschaftlichem Gebiet.

Künstlerhände besitzen vorwiegend eckige Hand- und Fingerformen. Für künstlerisches Schaffen reicht ein gutausgeprägter Ringfinger allein nicht aus. Hierzu wird noch ein gutgezeichneter Hypothenar benötigt, der im untersten Teil Intuition, im mittleren Teil, der den größten Raum einnimmt (Mondberg), Fantasie und im oberen Teil (Plutoberg) eine magisch-erotische Spannung symbolisiert. Die meisten großen Künstler arbeiten bewußt oder unbewußt aus einer Spannung heraus, viele aus einer erotischen.

Der spatelförmige Ringfinger

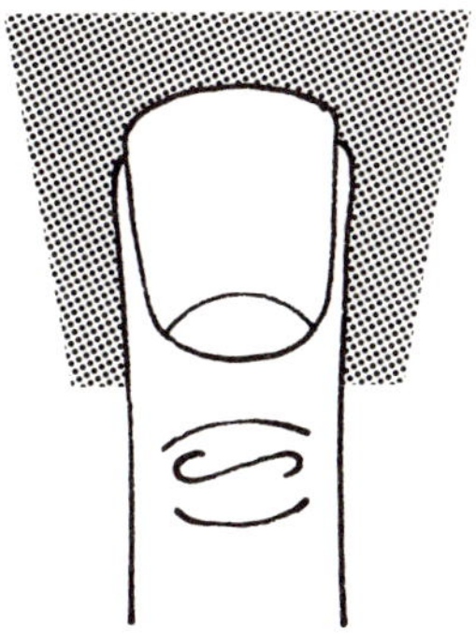

Die Spatelform offenbart schöpferisch-künstlerische Gestaltungskräfte realistischer Natur. Der Spatel als Symbol birgt immer eine praktisch-stoffliche, aktive Note in sich und enthält den Wunsch nach Darstellung und Ausdruck. Bei künstlerischen Gestaltungen werden in Bewegung begriffene Motive bevorzugt. Zugleich sind die künstlerischen Ideen wechselnder Art. Außerdem wird sich der Eigner eines spatelförmigen Ringfingers seines Daseins erfreuen.

Der eckige Ringfinger

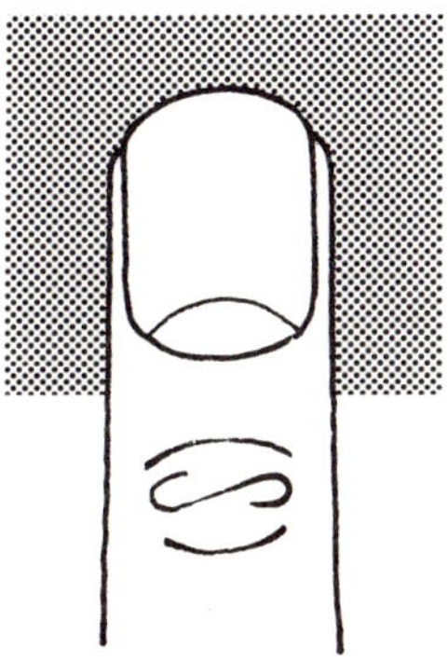

Der eckige Ringfinger zeugt von Wahrheitsliebe im Ausdruck, sei es in der Kunst oder Literatur, Beständigkeit in der künstlerischen Anschauung und einer Neigung zu gesunder Kritik. Der Mensch mit eckigem Ringfinger ist rhythmisch begabt, hat Formgefühl und legt Wert auf Konstanz in partnerschaftlichen Beziehungen. •• Ist das Mittelglied am längsten, verrät es Nachdenklichkeit in künstlerischen und literarischen Belangen.

Der konische Ringfinger

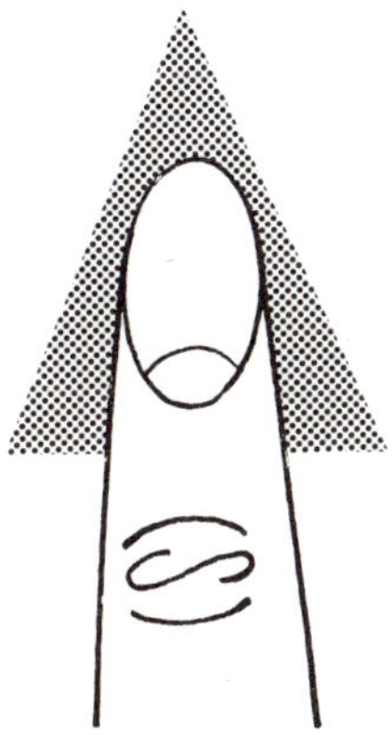

Ein konischer Finger weist auf einen Menschen mit Hingabefähigkeit in seelischen Beziehungen, Einfühlungsvermögen in künstlerische Belange, Sinn und Geschmack für alles Schöne, ästhetisches Empfinden, allenfalls auch auf Luxusbedürfnis und Sorglosigkeit. Konkrete künstlerische Leistungen sind jedoch kaum zu erwarten. Für konkretes Schaffen wird ein eckiger oder spatelförmiger Ringfinger benötigt. Die konische Form symbolisiert Labilität. Es fehlt an praktischem Sinn.

Der Merkur- oder Kleinfinger

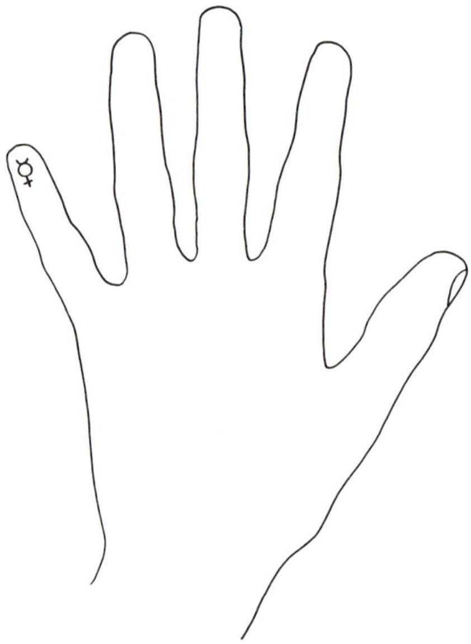

Am äußersten Rand auf der *Du*-Seite, der Ulnarseite, befindet sich der Kleinfinger, auch Merkurfinger genannt.

• Als normal lang gilt der Merkurfinger, wenn er den Ansatz des Ringfinger-Nagelgliedes erreicht. Gleichzeitig sollte er der Länge des Daumens entsprechen. Stimmt das Längenverhältnis zum Ringfinger nicht, ist zu prüfen, ob der Kleinfinger tiefer als normal angesetzt ist.

• Dem Kleinfingerprinzip entsprechen die Beziehung zur Umwelt, die Vermittlung, Gewandtheit, Anpassung, Redebegabung, wissenschaftliche Interessen, die Kommunikation schlechthin.

• Der Merkurfinger offenbart, wie wir es anstellen, zu kontaktieren, und wie wir uns im Außenraum bewegen. Der Kleinfinger ist aber auch Antenne überpersönlicher metaphysischer Einflüsse. Im Volksmund heißt es doch so schön: Der kleine Finger hat es mir gesagt.

• Biologisch hat der Kleinfinger eine Beziehung zu der Schilddrüse und zu den Geschlechtsdrüsen, außerdem zur Zirbeldrüse und zur Lymphtätigkeit. Bei Mongoloismus ist der Kleinfinger immer zu kurz und öfters weist er nur zwei Fingerglieder auf. Nachgewiesenermaßen funktionieren bei Mongoloiden die Schild- und Geschlechtsdrüsen ungenügend. Der zu kleine Merkurfinger deutet auf Infantilismus hin.

• Astrologisch gesehen bewohnt Merkur zwei Häuser: als Taghaus das männliche Zeichen Zwillinge und als Nachthaus das weibliche Zeichen Jungfrau. Die Rune Merkurs, ein Kreuz (Materie), auf dem ein Kreis steht (solares, männliches Prinzip) und eine den Abschluß bildende liegende Schale (lunares oder weibliches Prinzip), zeigt die Doppelgeschlechtlichkeit Merkurs. Merkur ist androgyn und daher vielseitig und anpassungsfähig. Merkur paßt sich jeweils dem Planetenprinzip an, bei welchem er im Geburtsbild steht, und nimmt auch die Qualitäten derjenigen Planeten an, die ihn aspektieren. Das gleiche gilt für Haus und Position. Merkurberg und Merkurfinger sind analog der kosmischen Stellung Merkurs im Geburtsbild gestaltet. Je mehr neptunische Ströme Merkur empfängt, desto konischer ist der Kleinfinger.

Die Dreiteilung des Merkurfingers

Das Nagelglied

Das Nagelglied offenbart sowohl die geistig-seelische als auch die höhere Stufe, die gefühlsmäßig-spirituelle Aufnahmefähigkeit. Wenn es am längsten und eher von konisch-spitzer Gestalt ist, symbolisiert es Interesse für spirituelle, metaphysische Belange. •• Bei konischem Nagelglied geschehen Einstrom der Schwingungen und Kontaktnahmen wahllos, bei eckiger Finger- oder Nagelform werden die spirituellen Einströme und die konkrete Kontaktnahme zur Außenwelt selektioniert. •• Besitzt der konische Finger einen eckigen Nagel, so hat der Eigner die Aufgabe, das wahllos Ertastete oder spirituell Erkannte zu ordnen und begrifflich festzuhalten. •• Bei eckiger Fingerform oder eckigem Nagel steht gutes Abstraktionsvermögen im Vordergrund. Spreizt sich der Kleinfinger mit größtem Nagelglied vom Ringfinger ab, besitzt er vermehrte Möglichkeit, Außenraumschwingungen aufzunehmen und offenbart gleichzeitig Kontaktbereitschaft. •• Bei Erfindern ist das Nagelglied des Kleinfingers besonders gut ausgeprägt.

Das Mittelglied

Das Mittelglied hat Beziehung zur Darstellungskraft, Rhetorik und Redetalent. •• Wenn es am längsten ist, gehört es einem Menschen mit intellektuellen Fähigkeiten theoretischer oder gestalterischer Art. Außerdem sind Menschen mit längstem Mittelglied begabt, abstrakte Erkenntnisse zu vermitteln. Sie verfügen über sprachliches Können und besitzen Organisationstalent. Zugleich finden sich ein gesunder Menschenverstand und Vernunftdenken in besonderer Ausprägung. Ein langes zweites Merkurglied deutet auch wissenschaftliche Begabung an, besonders, wenn gleichzeitig das Nagelglied lang ist. Bei fülligem langem Mittelglied sind die Begabungen im Wirtschaftssektor einsetzbar.

Das Wurzel- oder Grundglied

Das Grundglied bezieht sich auf praktische, realistische Umsetzungsmöglichkeiten der Merkurfingereigenschaften. •• Ist es am längsten, bestehen Fähigkeiten im Handelsgeschäft, im Bereiche der Heilkunst sowie Möglichkeiten auf der Körperbeweglichkeits-Ebene (Sport). Gleichzeitig offenbart das Wurzelglied den Grad des Familiensinns, denn astrologisch hat das Wurzelglied des Kleinfingers Mond/Krebs/4. Hausbedeutung und weist einen Bezug zur Lymphtätigkeit auf. •• Viele Mantiker suchen die Anzahl der Kinder nicht aus den Strichen auf den Bindungslinien, sondern aus dem ersten Drittel des Merkur-Wurzelgliedes zu ermitteln. •• Ein verdicktes Wurzelglied mit gleichzeitig fülligem Merkurberg weist auf einen Menschen mit materiellem Behauptungsvermögen. •• In konischer, weicher Hand bedeuten dieselben Merkmale Bequemlichkeit und Genußfreudigkeit. •• Sind Mittel- und Wurzelglied in einer eckigen oder spatelförmigen Hand gleich lang, müssen die Begabungen der beiden Glieder kombiniert werden, d.h. dann bestehen Fähigkeiten sowohl für wissenschaftliche Belange als auch für Funktionen in Handel und Wirtschaft.

Weitere Deutungen

• Der *normale,* gerade, gutgeformte Kleinfinger, der den Ansatz des Nagelgliedes vom Ringfinger erreicht, offenbart Klangsinn, Sprachgefühl, Redegewandtheit, Vernunftwaltung in den Umweltbeziehungen sowie einen gesunden Menschenverstand.

• Ist er *länger* ausgefallen, besteht ein großes Maß an intellektueller Beweglichkeit, geistigem Schwung, Redebegabung und Großzügigkeit.

• Bei *übermäßig langem* Kleinfinger besteht hervorragende Redegewandtheit, Diplomatie, aber je nach Niveau auch die Tendenz zu Geschwätzigkeit, Betrug und Überredungskunst. Jedenfalls will ein Mensch mit zu langem Kleinfinger stets mehr als ihm zusteht. Gleichzeitig verrät das disharmonische Längenverhältnis des Merkurfingers eine nicht integrierungsfähige Persönlichkeit oder einen Menschen, der keine harmonischen Umweltbeziehungen zu unterhalten versteht. Bevor aber endgültige Aussagen gemacht werden können, sind auch Länge und Gestalt der anderen Finger zu berücksichtigen.

• Ein *zu kurz* geratener Kleinfinger offenbart einen Menschen, der konkret zu bewältigenden Umweltsituationen kaum gewachsen ist. Der zu kurze Finger zeigt ein verstandesmäßig zu geringes Aufnahmevermögen.

• Bei *mäßig kurzem,* aber gutgestaltetem Merkurfinger fehlt zwar dem Eigner die Leichtigkeit im sprachlichen Ausdruck und der intellektuellen Beweglichkeit. Dafür hat er die Gabe des instinktsicheren Erfassens einer Situation.

• Der *schlecht geformte* Merkurfinger verrät eine unpraktische Lebensgestaltung sowie geringes Aufnahme- und Äußerungsvermögen. Ein im Mittelglied verunstalteter Kleinfinger geht meist konform mit Anomalien der Geschlechtsdrüsen. •• Bei Frauen weist ein geknicktes mittleres Merkurfingerglied öfters auf eine Gebärmutterknickung oder eine gestörte Eierstockfunktion. •• Ein verunstaltetes, verdrehtes Nagelglied kann Hinweis sein auf verschrobene religiöse Ideen. •• Anatomisch gesehen besteht eine Verbindung vom Fuß zum Nagelglied des Kleinfingers. Astrologisch sehe ich im Nagelglied des Merkurfingers eine Beziehung zu Neptun/Fische.

Der spatelförmige Kleinfinger

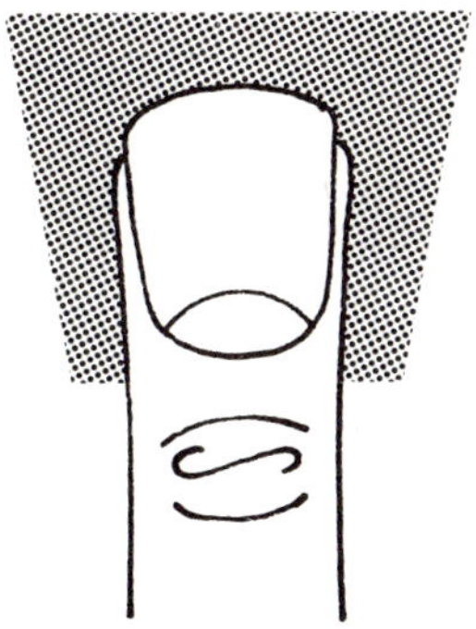

Der Mensch mit spatelförmigem Kleinfinger bewegt sich auf dem Boden der Realität. Bei ihm sind realistische materielle Interessen vorrangig. Ein spatelförmiger Kleinfinger verrät Instinktsicherheit in geschäftlichen Belangen. Astrologisch ordne ich dem Nagelglied des Kleinfingers das Zeichen Fische zu (siehe Seite 193). Für den Spatel bedeutet Fische/Neptun Instinktsicherheit, für den konisch-spitzen Kleinfinger Spiritualität.

Der eckige Kleinfinger

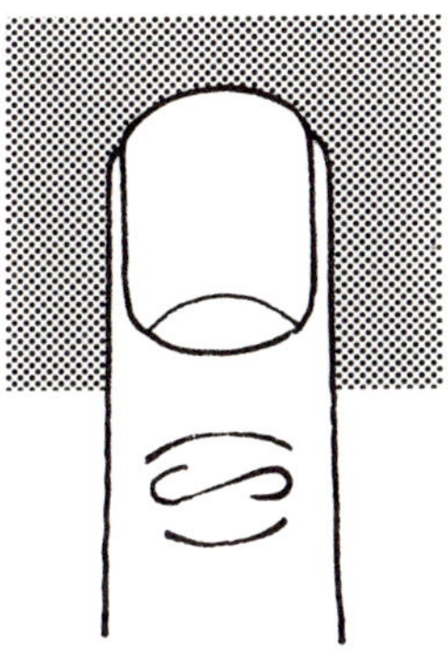

Ein eckiges Fingerglied offenbart immer einen gesunden Menschenverstand, Methodik, vernünftiges Verhalten sowie das Einhalten eingegangener Verpflichtungen. Außerdem besitzt ein Mensch mit eckigem Merkurfinger Organisationstalent und Klugheit in geschäftlichen Belangen, aber auch wissenschaftliche Interessen und Fähigkeiten sowie Redebegabung. Im Kommunikationsbereich wird stets die Form gewahrt. •• Ist der eckige Kleinfinger geknotet, besteht Sinn für Forschung und Vorliebe für Studien.

Der konische Kleinfinger

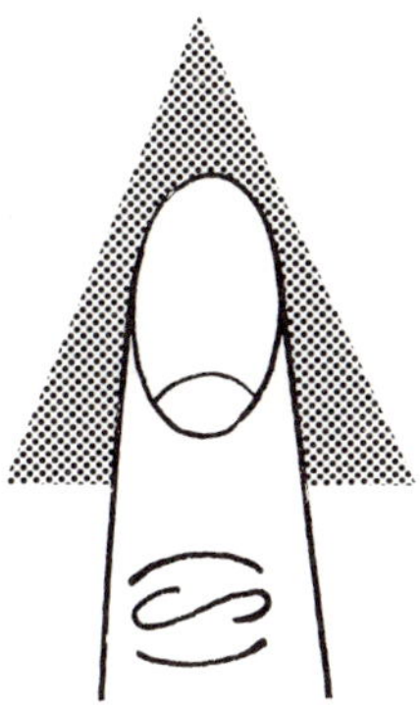

Die konische Form ist die dem Kleinfinger wesensgerechte. Sie vermittelt dem Finger bei seiner Kontaktpflege eine besondere Einfühlungsfähigkeit und Gewandtheit sowie eine gefällige Art des Ausdrucks. Da der Kleinfinger gleichzeitig die Antenne zur Aufnahme geistiger oder spiritueller Schwingungen symbolisiert, sollte er nicht zu spitz sein. Bei spitzem Finger fühlt sich der Eigner überfordert, weil er die Einflüsse, die auf ihn einströmen, nicht zu ordnen vermag.

Die axiale Verschiebung der Finger

Normalerweise stehen die Finger gerade. Öfters aber sind sie axial verschoben und neigen sich zu einem Nachbarfinger hin. Die Abbiegungen haben folgende Bedeutung:

Zeigefinger zum Daumen

Diese Fingerstellung gehört einem Menschen mit realistischer Lebenseinstellung, der außerdem einen ausgesprochenen Drang nach Unabhängigkeit besitzt sowie egoistische Tendenzen zeigt, wobei er durchaus noch besondere Begabungen aufzuweisen vermag.

Zeigefinger zum Mittelfinger

Die vom Zeigefinger bevorzugte Richtung offenbart, daß die durch ihn symbolisierten Strebungen verwirklicht werden wollen. Gleichzeitig erfahren die jovischen Eigenschaften eine ernstere, zurückhaltende Note. Bei wissenschaftlicher Tätigkeit des Fingereigners konzentriert sich der Ehrgeiz des Zeigefingers auf Anerkennung im entsprechenden Fachgebiet.

Mittelfinger zum Zeigefinger

Mit dieser Stellung übernimmt der Mittelfinger jovische Qualitäten, und bei allfällig zu langer Ausprägung entledigt er sich seiner melancholisch-depressiven Note.

Mittelfinger zum Ringfinger

Die idealen Strebungen des Ringfingers erhalten durch den zu ihm hingeneigten Saturnfinger eine reale Basis. •• Bei wenig entwickeltem eigenständigem Denken kann die Anpassung an die öffentliche Meinung zu groß sein. •• Weit häufiger zeigt sich in meiner Praxis, daß sich die Eigner dieser axialen Verschiebung im Partnerschaftsbereich zeitweilig stark bedrückt fühlen und der derzeitigen Bindung entfliehen möchten. Dies wäre sinnlos, weil der Fingereigner sein Schicksal, das der Saturnfinger in dieser Stellung anzeigt, in sich selbst trägt und somit erneut von Partnern angezogen würde, die ihn mit ganz ähnlichen Problemen konfrontierten. *Astrologisch* besteht meist eine Venus/Saturnverbindung, und zwar durch Aspektierung und/oder Saturn im 7. Haus bzw. im Zeichen Waage.

Ringfinger zum Mittelfinger

Bei dieser Position in einer Künstlerhand oder in der Hand eines sonstwie schöpferisch tätigen Menschen werden strengere Kunstformen bevorzugt, mitunter mit wissenschaftlicher Arbeitsmethodik. Das spielerisch Leichte des Venusischen erfährt eine Dämpfung durch die Zucht und Strenge Saturns. Diese Menschen zeigen auch in ihrer Lebenshaltung Ernst und Sachlichkeit, besonders, wenn es sich um eine eckige Hand handelt. Wenn der Saturnfinger schön geformt ist und gerade steht sowie ein gutes seelisches Gleichgewicht offenbart, wird das Schicksal dieser Existenz geliebt. *Astrologisch* besteht auch hier meist eine Venus/Saturnverbindung, aber Saturn befindet sich in starker kosmischer Position und öfters läuft die Venus auf Saturn zu.

Ringfinger und Zeigefinger zum Mittelfinger

Im Falle einer gutgezeichneten Saturnalis offenbart die gleichzeitige Neigung des *Ich-* und *Du-*Fingers zum Saturnfinger Liebe zur Wissenschaft, zum Studieren ganz allgemein, eine ernste Lebensauffassung und tiefgründiges Denken sowie die Neigung zur Zurückgezogenheit.

Ringfinger zum Merkurfinger

Die Biegung zum Kleinfinger hin gibt den venusischen gestalterischen Möglichkeiten eine bewegliche Note. In intellektueller Hand werden die sprachlichen Gaben oder organisatorischen Fähigkeiten durch die Leichtigkeit und Rhythmik der Venus untermalt. •• Oft besteht auch eine künstlerische Begabung für einen handwerklichen Beruf, wobei sich der Handeigner durch eine besondere Geschicklichkeit auszeichnet. Im Falle materieller Interessen läßt sich die praktische Begabung finanziell gut auszahlen.

Merkurfinger zum Ringfinger

Die axiale Biegung zum Ringfinger zeugt bei gutgeformtem Kleinfinger von einem verfeinerten Ausdrucksvermögen.

Merkurfinger zum Handrand

Spreizt sich der Merkurfinger vom Ringfinger ab, offenbart dies einen Menschen mit starker intellektueller Aufnahmefähigkeit. Das sich angeeignete Wissen ist verstandesgemäß sehr gut verarbeitet. Menschen mit abgespreiztem Kleinfinger sind wissenschaftlich oder künstlerisch, vorzugsweise aber literarisch sowie praktisch begabt und besitzen die Fähigkeit der schöpferischen Umsetzung ihrer Gaben.

Falls sich die Finger nur vorübergehend ihren Nachbarn zuneigen, handelt es sich um gesundheitliche Störungen.

Wenn sämtliche Finger die gleiche Richtung bevorzugen

Zum Zeigefinger (Jupiter)

Es dominieren Ehrgeiz, sicheres Auftreten und praktisches konkretes Handeln. Diese Richtung nehmen selten alle Finger gleichzeitig ein.

Zum Mittelfinger (Saturn)

Pflichterfüllung und soziale Einordnung haben Vorrang, werden aber manchmal als Belastung empfunden.

Zum Ringfinger (Venus)

Es dürfen künstlerische Talente vermutet werden, auf jeden Fall empfiehlt es sich, Berufe zu wählen, die guten Geschmack, Schönheitssinn oder ästhetisches Formgefühl voraussetzen. Ebensooft sind musikalische Neigungen vorhanden.

Zum Kleinfinger (Merkur)

Das Beweglichkeitsprinzip wird bevorzugt. Dies besagt ein Übermaß an Gewandtheit in intellektueller oder merkantiler Richtung; ob positiver oder negativer Art, entscheidet der Gesamteindruck der Hand.

Gerade stehende Finger und verdrehte Finger

Der *gerade* Finger symbolisiert Gerechtigkeitssinn sowie einen allgemein guten Gesamtüberblick über die Dinge, sofern der Gesamteindruck der Hand dem nicht widerspricht. Der *verdrehte* Finger zeugt von einem Unvermögen, Situationen objektiv zu beurteilen und die Zusammenhänge seiner ständigen Umweltkonflikte zu erkennen.

Die Erhöhungen auf der Fingerbeere

Öfters befinden sich auf der Innenseite der Nagelglieder, dort, wo sich die meisten Nervenenden konzentrieren, kleine Erhöhungen. Sie werden in der Fachliteratur Tautropfen genannt. HENRI MANGIN bezeichnet sie als das «Lächeln» der Finger. Die Tautropfen sind am besten zu sehen, wenn die Hand in Augenhöhe horizontal gegen das Licht gehalten wird.

Die Tautropfen offenbaren ein ausgeprägtes Tast- und Fingerspitzengefühl, Zartheit, künstlerische Geschicklichkeit, Handfertigkeit, Geschmack für schöne Dinge, psychologisches Feingefühl und diplomatischen Takt. •• In träger, weicher konischer Hand symbolisieren die verstärkten Tastballen Freude an sinnlichen Genüssen.

Die Fingeransätze

• Ein *zarter Fingeransatz weist auf ein gutes Definitionsvermögen, wissenschaftliche oder künstlerische Talente und die Gabe objektiver, genauester Beobachtungsfähigkeit.* • Der *breite* Fingeransatz zeigt deutlich praktisches Denken.

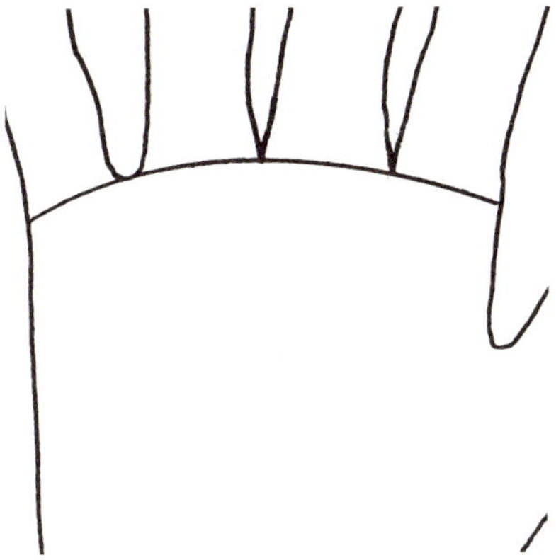

Der leicht bogenförmige Ansatz

Wenn Mittel- und Ringfinger auf gleicher Höhe ansetzen und Zeige- und Merkurfinger leicht tiefer im Handrumpf liegen, bilden die Fingeransätze einen sanft geschwungenen Bogen. Diese harmonische Rundung weist auf einen Menschen von ausgeglichener Wesensnatur, der das Leben so nimmt, wie es gerade spielt. Meist kommen Sorgen gar nicht an ihn heran, weil er sich keine unnötigen Probleme schafft. Umweltsituationen beherrscht er durch Vernünftigkeit und Wohlwollen.

• Wenn die Bogenform stärker ausgeprägt erscheint, indem Zeige- und Merkurfinger ziemlich tiefer angesetzt sind, leidet das Selbstwertgefühl einerseits und andererseits ermangelt der Handeigner der Fähigkeit der richtigen Menschenbehandlung. •• Bei dieser Bogenform ist es sehr wichtig, das gegenseitige Längenverhältnis der Finger zu kontrollieren, da durch den tiefen Ansatz der beiden Finger diese kürzer erscheinen können. •• Je tiefer die Ansätze von Zeige- und Merkurfinger im Handrumpf liegen, desto eher besteht die Tendenz zu Minderwertigkeitsgefühlen. Der zu kurze Kleinfinger kann Anzeichen von Beeinflussung durch ein *Du* sein, da der Handeigner über zuwenig Überzeugungskraft verfügt. •• Bei relativ kurzem, aber festem, gutem Merkurfinger fehlt das Abstraktionsvermögen, dafür ist die Instinktsicherheit ausgeprägter.

Der gerade Fingeransatz

Bei Erfolgreichen bilden die Fingeransätze meist eine gerade Linie. Diese Fingeransatzposition offenbart eine disziplinierte Wesensart mit stabiler Gefühlslage. Öfters zeigen diese Hände auch eine Kopflinie mit gleichem oder ähnlichem Verlauf. Eine lineare Kopflinie zeugt immer von einem scharfen Intellekt. •• Bei Fingeransätzen auf gleicher Höhe ist die wirkliche Länge der Finger schneller erkennbar. In diesem Zusammenhang ergibt sich, daß meist der Zeigefinger leicht größer ist als der Ringfinger. Dies würde einem guten Selbstwertgefühl entsprechen und läßt beim Handeigner ein sicheres Auftreten erwarten.

VI. Die Hand- und Fingerleisten (Papillarlinien)

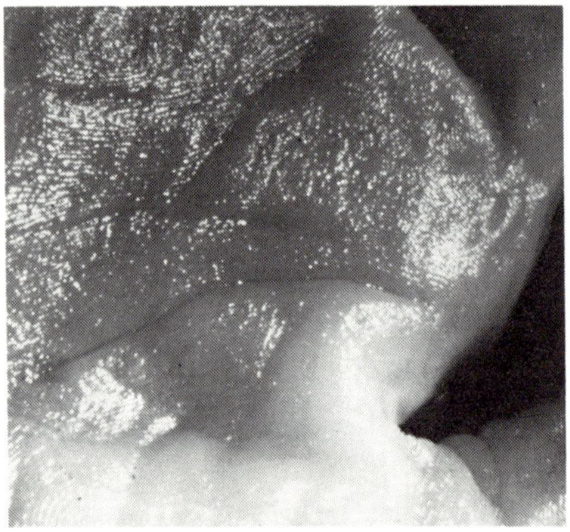

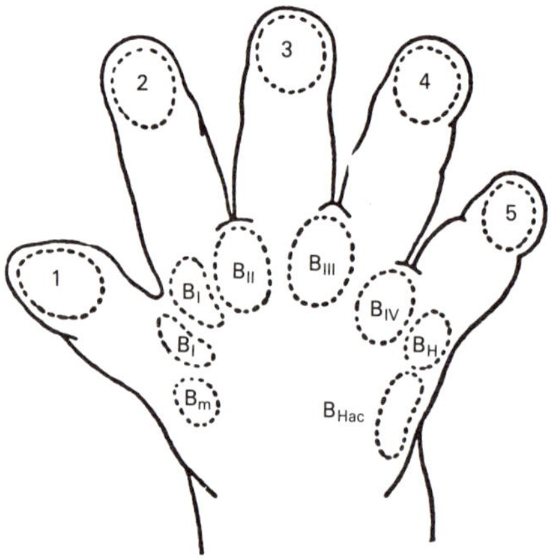

Tastballen der embryonalen Hand
(nach Cummins)

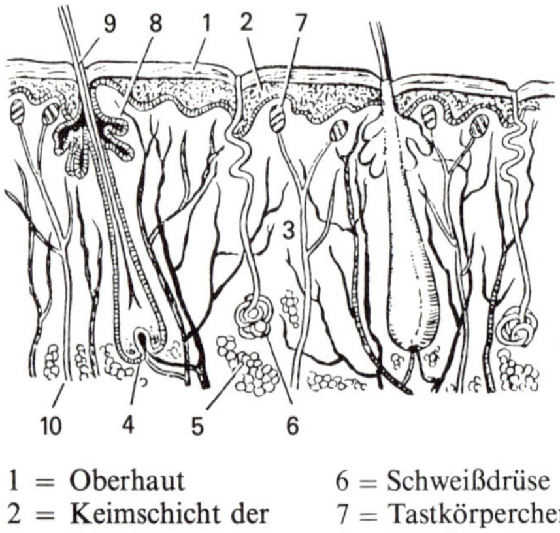

1 = Oberhaut
2 = Keimschicht der Oberhaut
3 = Lederhaut
4 = Haarpapille
5 = Fettträubchen
6 = Schweißdrüse
7 = Tastkörperchen
8 = Talgdrüse
9 = einzelnes Haar
10 = Nerven

• Die ganze Innenhand ist von einem Leistenmuster oder Papillarliniennetz überzogen. In ähnlicher Weise wird auch die Fußsohle überdeckt. Die Papillarleisten sind bereits am Ende des 4. Embryonalmonats fertig ausgebildet (siehe Bild der Handleisten etwa in der 16. Schwangerschaftswoche). Das einzige, was sich in der Hand nie ändert, sind die Papillarlinien. Nach Verletzungen bildet sich die ursprüngliche Leistenstruktur wieder nach. Bei Erkrankung des Menschen kann der Rhythmus der Leistenanordnung zusammenbrechen. Ist die Gesundheit wieder hergestellt, kehrt das ursprüngliche Leistenbild zurück.

• Im 3. Embryonalmonat sind die Fingerbeeren und die Handballen viel stärker vorgewölbt als später (siehe auch Bild Embryonale Finger auf Seite 188). In dieser Zeit erreicht die Leistenbildung ihren Höhepunkt. Die Strukturen der Papillarlinien haben eine genetische Beziehung zu den Chromosomen, weisen also auf ein gesundes oder krankes Erbgut und geben Hinweise auf das Zentralnervensystem.

• Jede Hautleiste, die sogenannte Reibehaut, besteht aus vielen aneinandergereihten Papillen. Es werden zwei Arten von Papillen unterschieden: die Gefäßpapille und die Nervenpapille. Für das gegenwärtige Thema sind nur die Nervenpapillen bzw. die Tastkörperchen interessant. Sie sind an Nervenzellen gebunden. Die Nervenzellen sind auf die Erzeugung und die Leitung elektrischer Ströme spezialisiert. Aus der Dichtigkeit der Nervenpapillen ergibt sich der Grad der Sensibilität.

Quantitativer und qualitativer Wert

Die Papillarleisten haben einen quantitativen und einen qualitativen Wert.

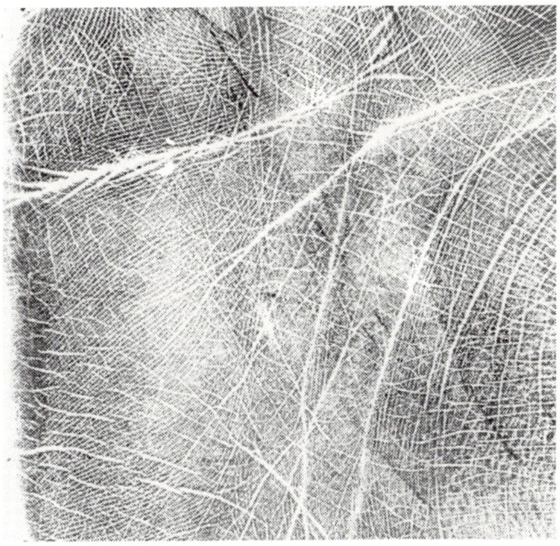

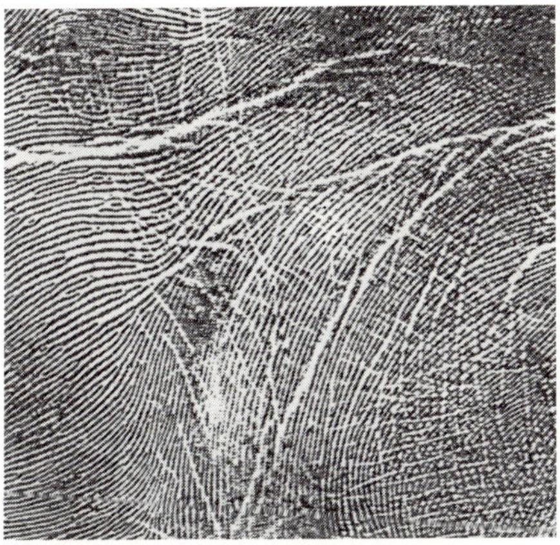

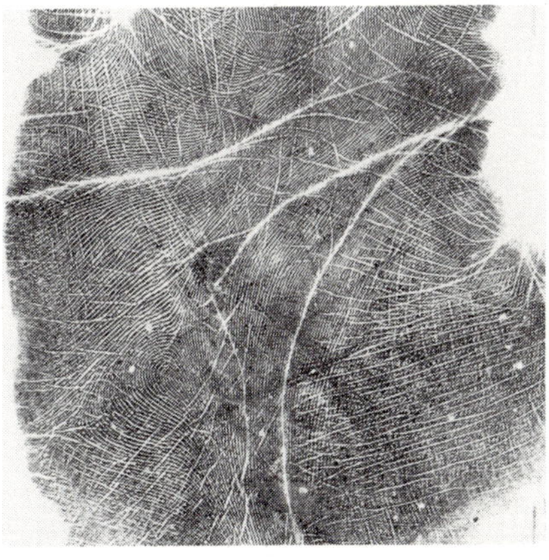

Der quantitative Wert

Unter quantitativem Wert wird Feinmaschigkeit und Grobkörnigkeit verstanden. • Feinmaschigkeit weist auf eine verstärkte Reizansprechbarkeit und Sensibilität, weil auf der Handinnenfläche eine größere Anzahl Nervenenden liegen als bei Grobkörnigkeit. Feinmaschigkeit entspricht einer seelisch-nervlichen Struktur von intensiver und lebhafter Gefühlswahrnehmung.

• Ein grobkörniges Papillarleistennetz ist Zeichen von Zähigkeit, eventuell von Hartnäckigkeit, oder, falls gleichzeitig noch andere Hinweise gegeben sind, von erschwertem Begriffsvermögen und verstärkter Triebverhaftung.

Der qualitative Wert

Der qualitative Wert besteht im Unterschied eines ungestörten zu einem gestörten Papillarlinienverlauf. Mit gestört ist ein Linienstrom gemeint, der Inseln, Einschlüsse oder Unterbrechungen aufweist. Sie figurieren als Galtonsche Merkmale, weil der Erbbiologe GALTON sie als erster entdeckte. Bild 2 zeigt das Handbild einer Minderbegabten mit gestörtem Papillarleistenverlauf in der Realitäts- oder Bewußtheitszone mit gleichzeitig schlechtgezeichneter Kopflinie.

• Aus dem Gesamteindruck des Handbildes und dem Verlauf der Papillarleisten ist das seelisch-geistige Niveau ersichtlich; aus den Linien, medizinisch Furchen genannt, die Intensität des Denkens, Fühlens und Wollens. Je harmonischer die Proportionen der Hand und je ungestörter das Leistennetz, desto höher ist das Gesamtniveau des Handeigners.

Die Triradien

Die Formen der Triradien

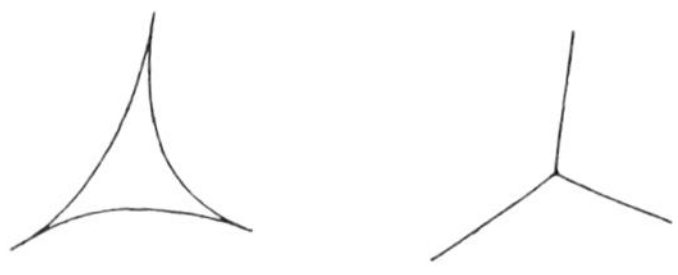

Dort, wo drei Papillarleistenströme zusammenfließen, entsteht ein Triradius, auch Delta genannt.

Es gibt verschiedene Triradienformen sowie ein Zusammentreffen dreier Leistenströme ohne aussparenden Mittelraum.

Das nebenstehende Bild zeigt zwei solcher Mustertypen.

Die Lage der Triradien

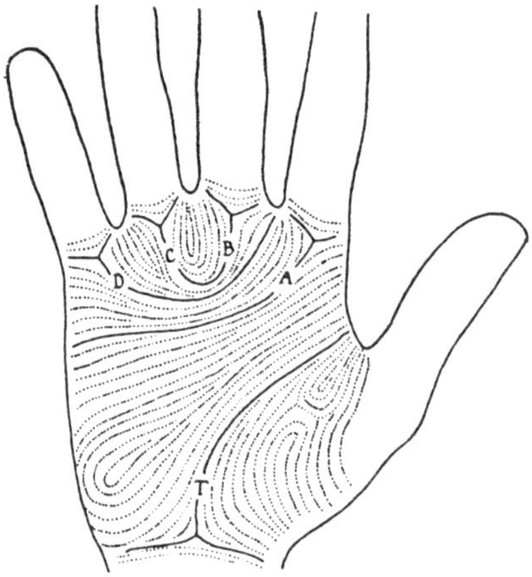

Die Lage des Handwurzeltriradius

Triradien befinden sich in der Innenhand unterhalb des Zeige-, Mittel-, Ring- und Kleinfingers, in der Nähe der Handwurzel, Handwurzel- oder karpaler Triradius genannt, sowie auf den Fingerbeeren mit bestimmten Mustern. Die Lage der Triradien ist sehr wesentlich. Sie haben charakterliche oder gesundheitliche Bedeutung. Die Verschiebung des Jupiterbergtriradius zum Marsberg weist beispielsweise auf eine mehr ichbetonte denn sozialbetonte Charakterstruktur.

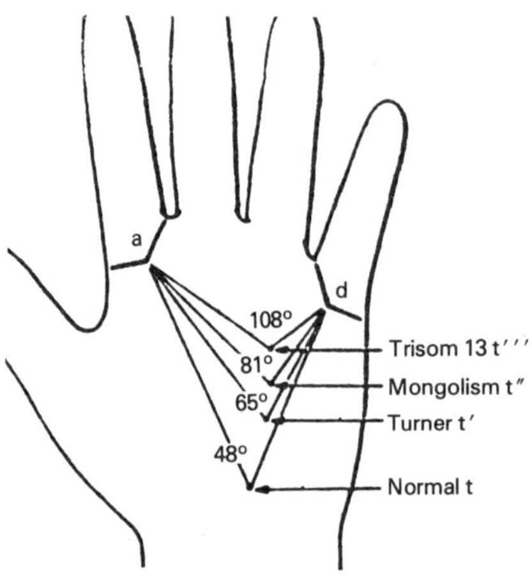

Der Triradius, der in der Nähe der Handwurzel liegen sollte, ist bei Chromosomen-Anomalien verschoben. Als erster hat dies der Erbbiologe PENROSE entdeckt. Die nebenstehende Zeichnung stammt aus PENROSE L.S.: Fingerprints, palms and chromosomes. Sie zeigt typische Lagen des verschobenen Handwurzeltriradius bei bestimmten Chromosomen-Anomalien. Interessierten empfehle ich das Buch: «Hautleisten und Krankheiten» von W. HIRSCH, Große Verlag, Berlin.

- Die Verlagerung des Handwurzeltriradius gegen den Mondberg ist aber ohne gleichzeitig niederwertige Papillarleisten der Fingerkuppen keineswegs pathologisch. Bei den Jahrgängen 1948 bis 1956 mit Uranus im Tierkreiszeichen Krebs fand ich diese Verschiebung des öftern.

Die Diagonalleiste

Die Diagonalleiste ist jene Leiste, deren Ausgangspunkt in der Jupitertriradie liegt. Sie kann verschiedene Richtungen einschlagen: in den emotionalen Raum, in die Realitäts- oder Denkebene, in den bildhaften Raum (Mondberg), in den Intuitionsraum (Uranusberg) oder in den Ort des Ursprungs (Neptunberg). Aufgrund ihres Verlaufs sind wesentliche Aussagen über die Persönlichkeitsstruktur möglich. Der Verlauf der Diagonalleiste in der linken Hand entspricht meist nicht jenem in der rechten Hand, genauso wie die linke und die rechte Großhirnhälfte unterschiedliche Fähigkeiten enthalten. Wie auf Seite 34 erwähnt, kontrolliert die linke Hirnhälfte die rechte Hand und die rechte Hirnhälfte die linke Hand. Das Papillarleistennetz steht in engstem Zusammenhang mit der Gehirnstruktur, aber auch jede Bewegung ist gehirnabhängig, somit auch jede Gestik.

Der emotionale Raum

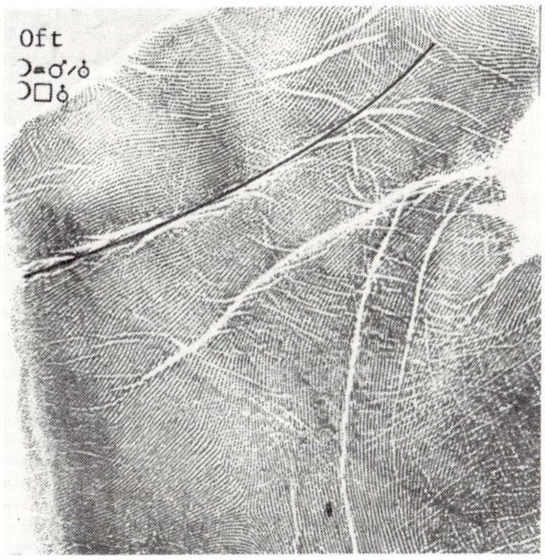

Wenn die von der Jupiterbergtriradie ausgehende Leiste den emotionalen Raum bevorzugt, offenbart sie einen Menschen mit starker gemüthafter Erregbarkeit oder jemanden, für den die Gefühlskomponente vorrangig ist. •• Außerhalb der Normalhände fand ich in fast allen nichtgesperrten Händen Mongoloider diesen Leistenverlauf. Dem LDS-Kind (Langdon-Down-Syndrom = Mongoloismus) ist dieser Leistenverlauf wesensgemäß.

Der Denkraum

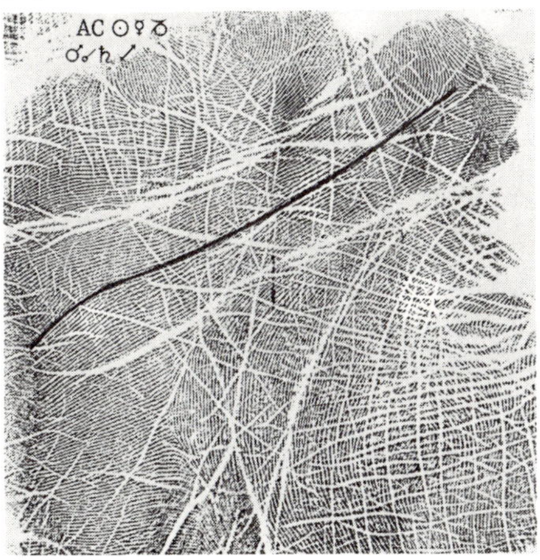

Verläuft die Diagonalleiste zwischen Emotionalis und Kopflinie ist der Denkraum, die Realität, von besonderer Bedeutung. Bei gutgesteuerter Kopflinie ist der Handeigner realitätsbezogen. Dieser Leistenverlauf ist für die rechte Hand der übliche. Wenn dem Handeigner die Realität und nackte Tatsachen sehr viel wesentlicher sind als das Gemüthafte, läuft auch die Diagonalleiste in der linken Hand durch die Realitäts- oder Bewußtheitsebene.

Der bildhafte Raum
(Mondberg)

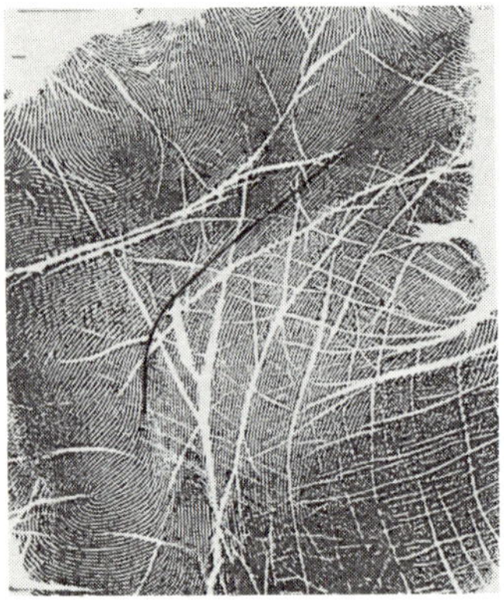

Strebt die Diagonalleiste in Richtung Mondberg, indem sie die Kopflinie durchbricht, befindet sie sich auf die linke Hand bezogen, in ihrem Normalverlauf. Sie weist darauf hin, daß der Handeigner Bewußtes und Bildhaftes gut miteinander zu verbinden vermag, ohne die Realitätsbedingungen zu übersehen. Zeigen beide Hände diesen Leistenverlauf, sind Bildhaftes, Mütterliches und gute Gedächtniskräfte für die Realitätsbewältigung dieses Menschen sehr wesentlich.

Der Intuitions-Raum
(Uranusberg)

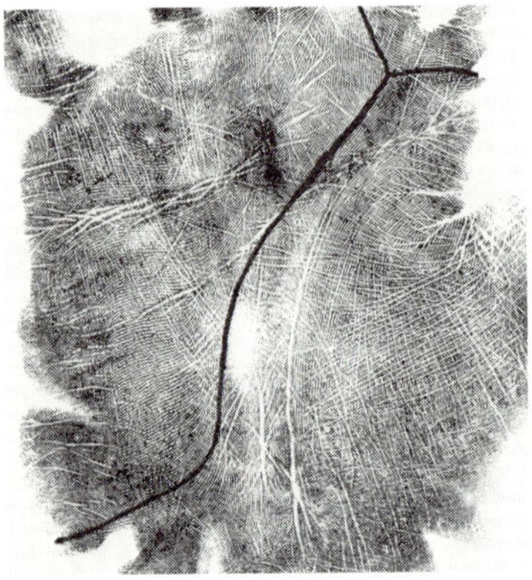

Verläuft die Diagonalleiste in den Uranusberg, weist sie auf eine uranische Persönlichkeitsstruktur. Um die blitzartig, intuitiven Einsichten im Leben praktisch verwerten zu können, sollte der Zeigefinger – und für einen beruflichen Nutzeffekt auch der Saturnfinger – ein uranisches Leistenmuster, den Tannenbogen (siehe Seite 159), aufweisen. Meine Forschungen haben ergeben, daß eine Hand mit uranischer Diagonalleiste keine Uranuslinie benötigt. Die uranische Anlage ist im Leistenverlauf ererbt.

Der Ort des Ursprungs
(Neptunberg)

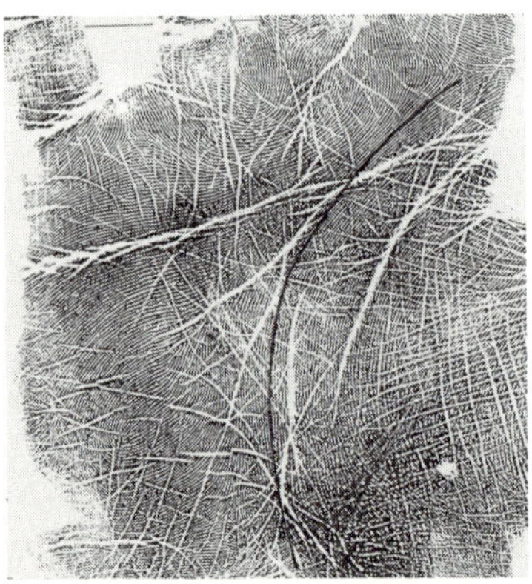

Es ist auch möglich, daß die Persönlichkeitsleiste in die Handwurzelmitte verläuft, indem der Diagonalleistenfluß rechtwinklig abbiegt. Da die von der Jupitertrirade ausgehende Leiste aufzeigt, wo das Optimum für den *Du*-Bezug dieses Lebens liegt, offenbart die in den Ort des Ursprungs laufende Leiste, daß der Handeigner auf sich selbst zurückfällt. Bei solchem Leistenverlauf fühlt sich der Handeigner isoliert. Er findet nur schwerlich Kontakt zu den Mitmenschen.

Die Finger-Leistenmuster

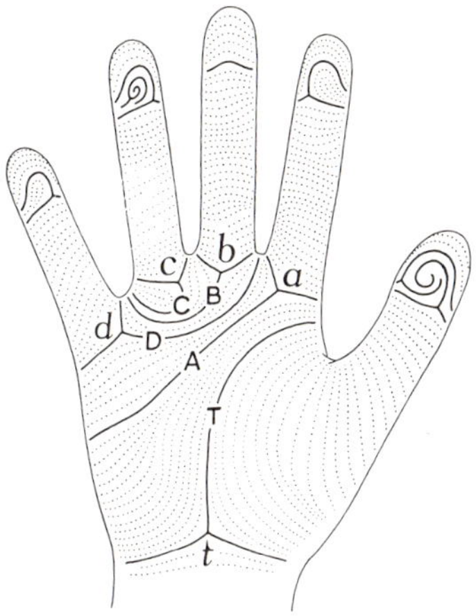

Sämtliche Fingerbeeren sind bemustert. Die Muster auf den Fingerbeeren bestehen, wie die Leisten der Handinnenfläche, aus aneinandergereihten Tastkörperchen. Der Zeigefinger, der Persönlichkeitsfinger, weist die größte Anzahl von an Nervenzellen gebundene Tastkörperchen auf. Die Leistenanordnung gibt Hinweise auf bestimmte Reaktionseigenarten des Mustereigners, die mit der Hormonzusammensetzung, der primären Temperamentsanlage des Menschen, in Beziehung stehen sowie mit der Eigenart der Hirnwindungen und der Hirnrinde. Die Struktur der Fingerbeerenmuster verrät die Geschwindigkeit der nervlich-seelischen Vorgänge, denn die Gestalt der Muster hat Beziehung zur Umsetzung objektiv empfangener und subjektiv empfundener Reize aus der Umwelt.

Nicht immer weisen alle Fingerbeeren dieselbe Musterung auf. Da jeder Finger andere Funktionen und andere Begabungen symbolisiert, zeigt das Muster auf dem jeweiligen Nagelglied die Emotion der Seele bezüglich den dem Finger unterstehenden Angelegenheiten. Befinden sich in der linken und in der rechten Hand auf den gleichen Fingern dieselben Muster, so daß sie sich handschuhartig decken, spricht man von Erbgleichheit. Bei Erbgleichheit ist die Ausrichtung dessen, was der Finger symbolisiert, einheitlich. Es besteht keinerlei Diskrepanz. Das Unbewußte und das Bewußte sind aufeinander abgestimmt. Sie widersprechen sich nicht. Die Reaktionen des Menschen sind in der zweiten Lebenshälfte jenen der ersten annähernd gleich, da in diesem Fall die Haupttemperamentsanlage zeitlebens ziemlich konstant bleibt. Maßgebend für die Realität sind die Muster der rechten Hand.

Die Planetenbeziehung zu den Leisten

Meine Forschungen haben ergeben, daß an der Papillarleistenbildung primär Merkur und Uranus beteiligt sind. Diese beiden Planetenprinzipien stehen mit dem Nervensystem in Verbindung, das heißt mit der Motorik, der Rhythmik, der Hirnhaut, dem Rückenmark und bei Drüsen mit der Schilddrüse und der Hypophyse. Für die Rhythmik der Leistenanordnung ist Uranus verantwortlich.

Die Typen der Fingerleisten

Es ist zwischen drei Grundtypen von Leistenmustern zu unterscheiden: dem Bogen, der Schleife und dem Wirbel. Alle anderen Musterarten sind zusammengesetzt.

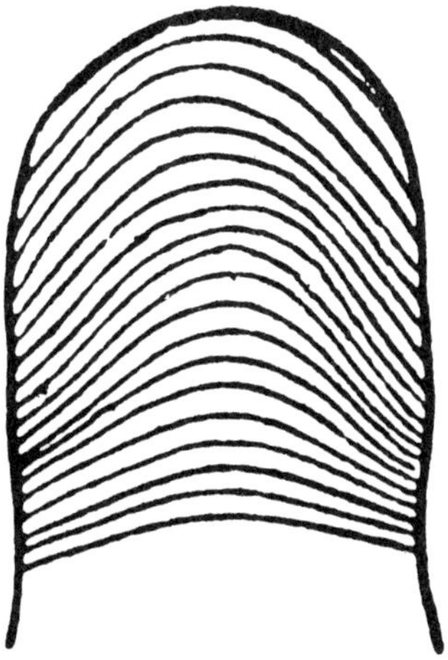

Das Bogenmuster

Der Bogen wird unterteilt in den einfachen Bogen und den Tannenbogen.

Der einfache Bogen

Der einfache Bogen ist ein einfaches Muster, einer Welle ähnlich. Die Fingerleisten laufen quer über die Fingerbeere zum gegenüberliegenden Rand. Zur Mitte hin steigen sie meist etwas an. Das einfache Bogenmuster besitzt keine Triradie.

Die psychologische Deutung des Bogens

Der Einfachheit des Leistenverlaufs entsprechend weist der Bogen auf einen bescheidenen, unkomplizierten, praktisch geschickten, zuverlässigen Menschen, der lieber etwas tut, als um die Dinge herumzureden. Er hat kaum theoretische Fähigkeiten, kann aber praktische, konkrete Aufgaben gut organisieren und auch seine Arbeit gut einteilen. Diese Menschen identifizieren sich mit dem, was sie tun. Der volle Einsatz ihrer Person ist ihnen selbstverständlich. Sie sind von leicht männlichem Einschlag. • Im Gemütsbereich zeigen sie sich eher etwas zurückhaltend, weil sie ihren Gefühlen schwer Ausdruck zu verleihen vermögen. • Alle diese Eigenschaften treten besonders markant in Erscheinung, wenn sich das Bogenmuster auf dem Daumen und/oder auf dem Zeigefinger befindet. Selbst wenn es nur auf einem Finger liegt, zeugt es von praktischen Fähigkeiten im Bereich der Fingeranlagen.

• Ein Bogenmuster auf dem Mittelfinger offenbart eine korrekte und realistische Einstellung zu materiellen Werten.

• Dem Bogenmuster auf dem Ringfinger liegend, entspricht Prinzipientreue in *Du*-Angelegenheiten. Der Besitzer kommt seinen Verpflichtungen nach, wechselt ungern Partner und will auch selber keine bewährten Gewohnheiten aufgeben.

• Befindet sich das Bogenmuster auf dem Kleinfinger, symbolisiert es Beweglichkeit in praktisch-konkreten Belangen und verrät eher eine Abneigung gegenüber Abstraktem und Theorien.

Das Tannenbogenmuster (Zeltbogen)

Nehmen die Linien einen in der Mitte steil aufsteigenden und ebenso steil abfallenden Verlauf, so daß jede die Zeltform zeigt, so spricht man im deutschen Sprachraum – wegen der Ähnlichkeit mit herabfallenden Ästen einer Tanne – vom Tannenbogenmuster. In der englischen Literatur wird das Tannenbogenmuster als Zeltbogen bezeichnet. In der Mitte des Musters ist meist eine Achse erkennbar, die dem Muster eine gewisse Symmetrie verleiht.

Die psychologische Deutung des Tannenbogens

Dieses hochgezogene Bogenmuster mit Mittelachse entspricht einer eruptiven Art. Es enthält etwas Begeisterndes und zugleich auch etwas Aufbrausendes. Das Plötzliche, Unerwartete ist diesem Muster als Erbanlage eigen. Menschen mit gutausgeprägtem Zeltbogenmuster sind begeisterungsfähig, ideenreich, originell, fortschrittlich gesinnt, geistig oder technisch interessiert. Nicht selten werden sie im Leben mit plötzlichen Ereignissen oder Situationen konfrontiert, in denen sie schnelle Entschlüsse zu fassen haben. Meistens reagieren sie denn auch blitzartig, vielleicht voreilig oder explosiv, in Zeitdruckphasen und unbewältigten seelischen Situationen Unfälle bauend. Öfters liegt das Muster auch in Händen von Eigenbrötlern und sogenannten «Spinnern» mit eigenartigen Ideen, Spleens oder Wahnvorstellungen.

• Bei gutem Niveau des Mustereigners besteht die Eignung, Verbesserungen und Umgestaltungen vorzunehmen, sich ständig neu zu informieren oder einmal im Leben etwas ganz Neues zu gestalten. Wenn der Mensch mit ausgeprägten, gutgezeichneten Tannenbogenmustern nicht seiner Bestimmung entsprechend lebt, werden Spontanereignisse seine Existenz erschüttern und ihn auf recht unsanfte Art auf die vorgezeichnete Lebensbahn verweisen.

• Fühlen sich Eigner des Zeltbogenmusters überfordert oder werden sie gereizt, geraten sie leicht in Erregungszustände. Sie verlieren denn auch öfters wegen eines überreizten Nervensystems das Gleichgewicht, und es ist durchaus möglich, ihnen, sofern sie unfähig sind, ihre Ideen zu gestalten und auszuleben, in einer Nervenheilanstalt zu begegnen.

• Befindet sich das Zeltbogenmuster auf dem Zeigefinger, ist deren Eigner begeisterungsfähig, ideenreich und geeignet, selbst etwas zu gestalten oder Bestehendes auszubauen.

• Liegt der Tannenbogen auf dem Mittelfinger, verrät das Muster von der Erbmasse her fortschrittliche, eigenwillige oder revolutionäre Vorfahren, die sich nicht um die Meinung der Gesellschaft kümmerten. •• Befindet sich der Zeltbogen auf dem Mittelfinger beider Hände, sollte der Mustereigner seine Ideen beruflich nützen. Jedenfalls sind sie es wert, sie auf ihre Verwendbarkeit zu überprüfen. Die Eigner dieses Musters haben Sinn für fortschrittliche Arbeitsmethoden und bedienen sich im Arbeitsbereich gerne der neuesten technischen Errungenschaften.

• Dem Tannenbogen auf dem Ringfinger entspricht ein ererbtes rhythmisches Talent. Öfters sind Menschen mit diesem Muster tänzerisch oder musikalisch begabt. In die *Du*-Beziehung sind sie weniger eingepaßt; sie neigen zu Extravaganzen. Für konkrete Auswirkungen gestalterischer Art bevorzugt der Tannenbogen eher den Ringfingerberg denn das Nagelglied des Ringfingers (siehe Seite 183).

• Dem Tannenbogenmuster mit Mittelachse bin ich bisher auf dem Kleinfinger noch nicht begegnet.

• Die Temperamentsanlage des Tannenbogens mit Mittelachse ist cholerisch mit leicht sanguinischem Einschlag; der Charaktertyp ist extravertiert, eher nervös gespannt denn gelöst, der Konstitutionstyp überwiegend schizothym mit starker Ansprechbarkeit des Gemütes, raschem Tempo und sehr guter Feinmotorik. •• Bei zu schmalen Fingern, zu hochgezogenem Zeltbogen sowie schwachem Daumen besteht die Gefahr, daß die Gespaltenheit des schizothymen Charakters überwertig wird.

Die astrologischen Beziehungen zum einfachen Bogen und zum Zeltbogen

Ich habe astrologisch primär die Zusammenhänge des einfachen Bogens und des Tannenbogens zum Zeigefinger untersucht. Dies ist auch der von den beiden Mustern bevorzugte Finger.

• Die astrologische Formel für Nerven und Rhythmus heißt Merkur/Uranus. Bei starker Uranusposition im Geburtsbild werden die Fingerleisten hochgezogen. Da es sich beim Zeigefinger um den Jupiterfinger handelt, ist eine Merkur/Uranus-Beziehung zu Jupiter oder zum Zeichen Schütze vorrangig. Falls die im Bogen- und Tannenbogenmuster symbolisierten Erbanlagen aktiv gelebt und genutzt werden, ist noch Mars mitbeteiligt. Da außerdem die Sonne den Wesenskern des Menschen darstellt, muß auch sie irgendwie im Planetenbild eine Rolle spielen. Oft mag beim Tannenbogen auch das Zeichen Wassermann mitbestimmend sein, indem sich dort Merkur, Mars oder der Ascendent befindet. Sehr wesentlich ist das Strukturbild.

Der einfache Bogen

Der einfache Bogen und der Tannenbogen bilden sich aufgrund gleicher Planetenverbindungen, nämlich Merkur, Uranus, Jupiter, Sonne und Mars. Doch sind die Winkelbeziehungen beim einfachen Bogen eher synthetisch und beim Tannenbogen eher analytisch. Was den einfachen Bogen astrologisch grundsätzlich vom Tannenbogen unterscheidet, ist, daß Saturn gegenüber den anderen am Muster beteiligten Planeten kosmisch stärker gestellt ist. Saturn bremst und reduziert das Uranische. Falls Neptunwinkel hinzukommen, legen sie die uranischen Blitze «lahm». Wenn die Planetenbeziehungen im 360°-Kreis anscheinend nicht hinreichen, werden sie in den Strukturbildern im 90°-Kreis erfaßbar. Beide Kreise sind zu konsultieren.

Beispiele zum einfachen Bogenmuster

1. Geburtsdatum: 23. 10. 1911, ca. 08.00 h. Einfacher Bogen auf allen Fingern. Strukturbild: Saturn/Jupiter = Uranus/Mars, plus Uranus = Sonne/Neptun = Merkur = Mars. Auf den Saturnfingern zieht sich der Bogen fast zu einem Tannenbogen hoch. Anscheinend wirkt die Spannung von Sonne/Merkur/AC im Quadrat zu Uranus in Steinbock ungewöhnlich stark.
2. Geburtsdatum: 1. 1. 32, 02.02 h, Linkshänderin, Daumen beidseits (bds.), Zeigefinger links, Saturn- und Ringfinger bds. Bogen. Geburtsbild: Jupiter Trigon Uranus Trigon Merkur, AC Waage Quadrat Saturn Steinbock.
3. Geburtsdatum: 5. 5. 37, 19.30 h. Jupiterfinger bds. leicht hochgezogener Bogen.
4. Geburtsdatum: 21. 11. 43, 10.45 h, St. Gallen, Linkshänderin. Geburtsbild: Sonne 28° Skorpion Quadrat Jupiter 26° Löwe, Merkur 4° Schütze Opposition Uranus 7° Zwillinge, Mars in 18° und Saturn in 25° Zwillinge, AC Steinbock. Strukturbild: Halbsumme Sonne/Merkur = Jupiter/Uranus, plus Uranus = Mars/Jupiter = Saturn/M. Beide Jupiter- und Saturnfinger links zeigen ein Muster zwischen einfachem Bogen und Tannenbogen. Drei Tage später, am

24. 11. 1943, wird im gleichen Spital ein Kind mit der Musterkombination Tannenbogen mit Mittelachse/Ulnareinschlag geboren (siehe Bild unten).

Der Tannenbogen

Den Tannenbogen bezeichne ich als uranisches oder Intuitionsmuster. Als Rune zeigt er den nach oben gerichteten Pfeil des Uranus. In der Regel bilden die am Zeltbogen beteiligten Planeten Spannungswinkel. Im maßgeblichen Strukturbild für den Tannenbogen finden sich meist weder Saturn noch Neptun. Ist dies doch einmal der Fall, dann sind die Spannungen von Merkur, Uranus, Mars, Jupiter oder zum Zeichen Schütze übermächtig, oder Saturn ist kosmisch schwächer gestellt als Uranus und Jupiter. Je nachdem wie sich die Spannungen von Merkur, Uranus, Mars, Sonne zu Saturn, dem MC oder dem Zeichen Steinbock verhalten, überträgt sich der Zeltbogen auch bzw. nur auf den Saturnfinger.

Beispiele zum Tannenbogen
(Zeltbogen)

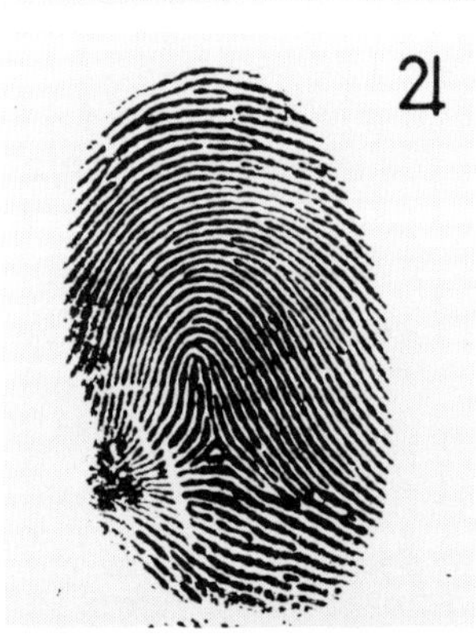

Kombination Tannenbogen/US
Linker Zeigefinger

1. Geburtsdatum: 28. 11. 24, Sonne 6° Schütze, Merkur/Jupiter 25° Schütze in Quadratur zu Mars/Uranus 18° Fische. Von diesem Datum besitze ich die Handabdrucke zweier Personen, deren Geburtszeiten eine Stunde auseinanderliegen. Strukturbild: Mars/Uranus = Sonne/Jupiter = Merkur = Venus. Resultat: Auf den Zeigefingern liegt bds. der Tannenbogen. Da die Venus im Strukturbild mitenthalten ist (135° zu Mars/Uranus), befindet sich zusätzlich bei beiden ein uranisches Muster auf dem Ringfingerberg (siehe Seite 179).

2. Geburtsdatum: 24. 11. 43, 03.00 h, St. Gallen. Sonne 1° Schütze, Merkur 9° Schütze Opposition Uranus in 7° Zwillinge, Mars 17° und Saturn 24°50 Zwillinge, AC Waage. Aus dem etwas hoch gezogenen Bogen vom 21. 11. 43 wird innerhalb dreier Tage ein Zeltbogen mit Mittelachse. Die Spannung von Merkur zu Uranus ist am 24. 11. exakter und die Sonne hat das Jupiterzeichen Schütze erreicht. Wegen des AC Waage in Konjunktion mit Mond und Venus enthält der Kern der Tannenbogenfigur knapp vor der Mittelachse eine einzelne nach ulnar auslaufende Leiste. Strukturbild: Merkur/Uranus = Mars/Sonne einerseits und andererseits Sonne = Uranus/Jupiter = Merkur.

Die Schleife oder Schlinge

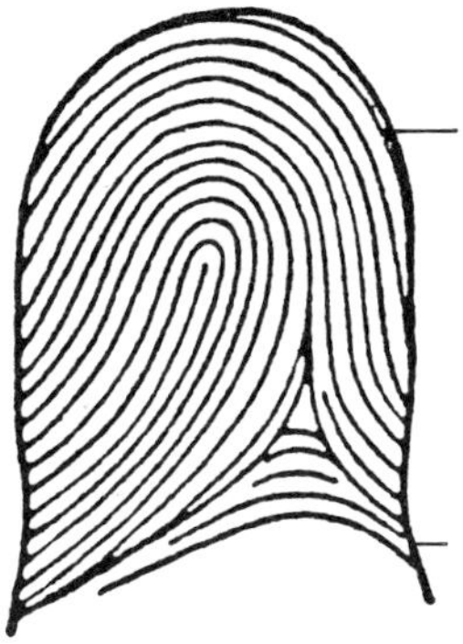

Die radial geöffnete Schleife

Die ulnar geöffnete Schleife

Dieses Muster besteht aus drei Leistentypen: den Basalleisten, dem eigentlichen Muster und den Mantel- oder Distalleisten. Die untersten Leisten verlaufen quer und bilden die Basis. Sie werden daher Basalleisten genannt. Die Umgrenzungslinien der Fingerendglieder heißen Mantel- oder Distalleisten. Dort, wo sich Basal- und Distalleisten treffen – basal heißt unten, und distal heißt oben –, entsteht ein Delta oder eine Triradie. Dazwischen befindet sich die Figur: die Schleife.

Die von Delta aufsteigende Linie ist die Grenzlinie des Musters. Die aufsteigenden Leisten sind so angeordnet, daß sie nach dem Fingerrande zurückkehren, von dem sie ihren Ausgang nehmen. • Es gibt zwei verschiedene Schleifen: die Radialschleife und die Ulnarschleife. Je nachdem ob die Schleife nach der Daumenseite oder nach der Kleinfingerseite ausläuft, wird sie Radialschleife (RS) oder Ulnarschleife (US) genannt. Radial kommt von radius = Speiche und ulnar von ulna = Elle. Bei Musterbeispielen ohne Hinweise handelt es sich immer um Abdrucke der rechten Hand.

Die psychologische Deutung der Schleife

Die Aufwärtsbewegung der Schleifenfigur symbolisiert dem Finger zur Verfügung stehende Impulse. Die Öffnungsrichtung der Schleife orientiert darüber, ob ein Teil der Energien mehr ich- oder dubezogen eingesetzt werden. Bei der Radialschleife ist die Energie primär auf die Ichdurchsetzung ausgerichtet, bei der Ulnarschleife stehen Kontaktbedürfnisse im Vordergrund. •• In einer weichen Hand mit kleinem Daumen zeugt die Ulnarschleife von zu großer Anpassungsbereitschaft. •• In einer Hand mit ausgeprägtem Jupiterberg und langem starkem Jupiterfinger sowie einer Ehrgeizlinie offenbart die Ulnarschleife, trotz Geltungsstreben und Dominationsbedürfnis, Teambereitschaft und Anpassungsvermögen.

Die Radialschleife

Daumen rechte Hand

Mittel- und Zeigefinger linke Hand

Radiale Schleifen (Marsschleifen) kommen hauptsächlich auf dem Zeigefinger vor, seltener auf dem Daumen und dem Mittelfinger.

• Die Radialschleife auf dem Daumen weist auf einen Menschen, der sich immer und überall von seiner Wesensnatur her durchsetzt. Die im Bild gezeigte radiale Daumenschleife hat sich nicht weiter vererbt, aber die Tochter des am 22. 12. 1901, ca. 12.00 h in Straßburg geborenen Mannes hat beidseitig auf dem Jupiterfinger eine Radialschleife sowie beidseitig auf dem Marsberg eine Mutschleife (Geburtsdatum: 20. 2. 34, ca. 22.00 h in Herne, Westfalen).

• Menschen mit Radialschleifen auf dem Zeigefinger passen sich den Umständen nur so lange an, als es unbedingt notwendig und für sie von Vorteil ist. Die Radialschleife weist auf einen dynamischen, impulsiven, tatkräftigen Erbcharakter. Die Radialschleife vermag auch einen allenfalls zu klein geratenen Zeigefinger aufzuwerten.

• Selten genug findet sich eine Radialschleife auf dem Mittelfinger. Sie offenbart einen Menschen, der sich realistisch mit den materiellen Werten der Welt auseinandersetzt, beruflich sehr tüchtig ist, sehr selbständig arbeitet und sich kaum gerne in ein Team einordnet. Handelt es sich um eine Frau, so ist ihr ein merklich männlicher Einschlag eigen.

Die astrologischen Beziehungen zur Radialschleife

Ich nenne die radiale Figur die Marsschleife, denn sie zeigt die schräggestellte Marsrune. Alle sich in meinem Besitz befindlichen Handabdrucke mit Radialschleife auf dem Jupiterfinger zeigen horoskopisch einen stark gestellten Mars. Für den Jupiterfinger muß Mars eine Beziehung zum Zeichen Schütze oder zu Jupiter aufweisen, oft in Spannungsaspekten zum Zeichen Schütze, beispielsweise Mars Konjunktion Jupiter in Jungfrau und im 12. Feld/Haus oder wie bei den Beispielen auf nächster Seite. Bei gutgezeichneten, beidseits vorhandenen Radialschleifen sind Pluto und der Ascendent mitbeteiligt, oft stellt auch der Knoten eine Verbindung her.

Beispiele:

1. Geburtsdatum: 19. 2. 54, Jupiterfinger Radialschleifen bds., Geburtsbild: Mars in Schütze Quadrat Sonne Fische.

2. Geburtsdatum: 21.1.25, 14.23 h Luzern, Jupiterfinger Radialschleife links, Geburtsbild: Mars im 3. Dekanat Widder, dem Jupiter-Dekanat.

3. Geburtsdatum: 6. 6. 37, 20.30 h Zürich, Jupiterfinger Radialschleifen bds., Geburtsbild: Mars in Skorpion Sextil Jupiter, AC Schütze.

4. Geburtsdatum 2. 12. 32, 22.10 h. Das nebenstehende Muster zeigt eine hochgezogene Radialschleife. Öfters sind die Figuren nur in der Vergrößerung einwandfrei zu ermitteln. Auch ist die Abdruckstechnik wesentlich. Aufgrund eines früher angefertigten Handabdrukkes, wollte ich das Muster als Tannenbogen beschriften, konsultierte aber wegen leichter Verwischungen im Kern der Figur das Geburtsbild. Da Sonne in Schütze in Quadratur zum Mars meist eine Radialschleife ergibt, wurde nochmals ein Fingerabdruck genommen, und siehe da: Es war eine Radialschleife. Durch Uranus im Widder im Trigon zu Merkur im Schützen und einem genauen Trigon zum AC in Löwe (direkte «Feuer»-Halbsumme Merkur/Uranus/AC) kommt die hochgezogene Radialschleife zustande (Bild: Zeigefinger der linken Hand).

Die Ulnarschleife

Die Ulnarschleife (US) ist dasjenige Muster, das gegen die Ulnarseite, die *Du*-Seite, ausläuft. Da alle Menschen sozial aufeinander angewiesen sind, ist es kaum verwunderlich, daß die U-Schleife das meist vorkommende Muster ist. Sie hat dubezogene, anpassungsbereite Eigenschaften.

- Das US-Muster findet sich sehr oft auf dem Daumen und offenbart als Erbanlage Flexibilität und Anpassungsbereitschaft bei der Ich-Durchsetzung. Die Ulnarschleife vermag einen etwas «sturen» Daumen einigermaßen zu korrigieren.
- Liegt sie auf dem Jupiterfinger, zeigt sie einen Menschen, der in der individuellen Persönlichkeitsstruktur ein anpassungsbereites Wesen aufweist, bei dem als Erbanlage nicht primär das Geltungsstreben im Vordergrund steht. Die U-Schleife vermag bei übermäßigen Ich-Ansprüchen Korrekturen vorzunehmen. Es ist jedoch nicht sicher, daß diese Erbstruktur immer durchdringt, aber sie ist latent vorhanden und vererbt sich auf die nächste Generation.

• Die U-Schleife auf dem Saturnfinger offenbart Teambereitschaft im Arbeitsbereich.

• Liegt sie auf dem Ringfinger, besteht von der Erbanlage her Interesse an den schönen Künsten und/oder Anpassungsbereitschaft in der Partnerbeziehung. Ist das US-Muster hochgezogen, läßt es Kunstbereiche auf höherer Ebene vermuten oder deutet auf idealistische Neigungen.

• Meistens weist der Kleinfinger eine U-Schleife auf. Sie ist auch das ideale Muster für diesen Finger. Auf dem Finger der geistigen Auffassungsgabe und deren Modalitäten, dem Finger der Kommunikation, bestehen von der Erbanlage her Geschicklichkeit in der Kontaktnahme, die Befähigung zu schneller Reaktion sowie die Gabe, sich bestmöglich auszudrücken. Diese Erbanlage ist mit der Gestalt des Kleinfingers zu kombinieren. Außerdem ist die U-Schleife Hinweis darauf, daß die vom Tagbewußtsein ins Unbewußte abgeschobenen Tagesreste (Fachausdruck) ohne nennenswerte Komplikationen gut aufgearbeitet werden können.

Die Lage der Fingerbeerenmuster

Die Fingerbeerenmuster können verschiedene Lagen einnehmen: basal bzw. niedrig, medial bzw. in der Mitte liegend oder hoch. Fehlen die Basalleisten oder sind nur wenige vorhanden, so liegt die Figur niedrig. Das nebenstehende Bild zeigt gesamthaft niedrig liegende Ulnarschleifen in der Hand eines Kunstschmiedes, geboren am 3. 5. 16, 04.00 h, Geislingen.

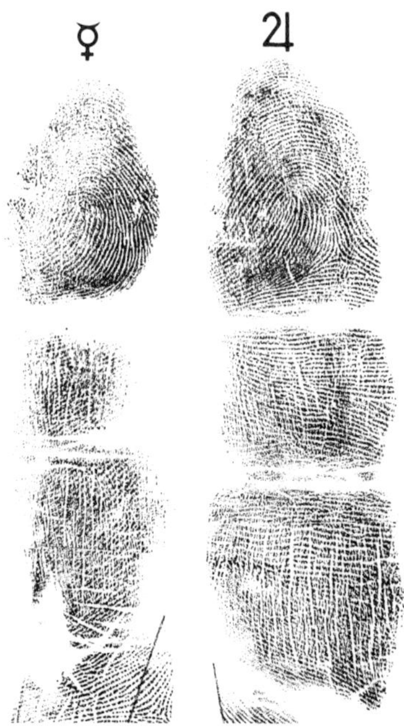

Basale Ulnarschleifen, linke Hand

• Bei niedrig liegender Figur besteht die Fähigkeit, die Begabungen des entsprechenden Fingers praktisch, materiell zu verwerten.

• Liegt das Muster hoch, hat der Handeigner theoretische, abstrakte Fähigkeiten oder es bestehen höhere Ideale.

• Nimmt das Muster eine Mittelstellung ein, so kann sich der Mustereigner beider Möglichkeiten bedienen, der theoretischen Fähigkeiten sowie seiner praktischen Begabungen, je nachdem, was für den Augenblick gerade erforderlich erscheint. Das Muster zeugt vom Geschick, Theorie und Praxis miteinander zu verbinden.

Der Wirbel

Es gibt verschiedene Wirbelformen: den einfachen Wirbel, Spirale genannt, die Doppelspirale, den kreisförmigen Wirbel, das Ovarial, den gedehnten Wirbel, den elliptischen Wirbel (meist ein Übergang zur Spirale) und den mandelförmigen Wirbel.

Die psychologische Deutung des Wirbels

Der Wirbel offenbart weibliche Eigenschaften. Die Energie des Wirbels läuft entgegengesetzt derjenigen des Bogens, des Tannenbogens und der Schleife, die einen männlichen Charakter mit einer cholerischen oder sanguinischen Temperamentsanlage zeigen und nach außen gerichtet sind. Der Wirbelträger ist ein nach innen gerichteter Mensch. Wirbelträger haben als Hauptemperamentsanlage ein phlegmatisches oder melancholisches Temperament. Sie sind entweder gelöste oder gespannte Innenmenschen.

- Meist mischen sich die verschiedenen Wirbelformen und lassen sich nicht immer gut gegeneinander abgrenzen. Wirbelträger zeigen individualistische Züge. Je nach Wirbelform sind sie hypersensibel, andere sind fixiert und wieder andere zeigen mehr narzißtische Tendenzen.

- Wenn alle Finger Wirbel zeigen, reagiert der Wirbelträger «langsam.». Die Fingerbeerenbemusterung hat eine Beziehung zu den Hirnwindungen, zum Hirn ganz allgemein, und das Mittelhirn scheint eher eine größere Rolle zu spielen als das Stirnhirn. Beim Wirbel dauert es «länger», bis die Meldung des Außenreizes das Gehirn erreicht und nochmals ebensolang, bis die Meldung umgesetzt werden kann, denn auf dem gleich «langsamen» Weg erfolgt die Reaktion, weil der Wirbeleigner die Meldung den Windungen des Wirbels entsprechend in seiner Seele umdreht. Darum bleibt der objektiv empfangene und subjektiv empfundene Reiz auch länger in der Seele haften. Den Windungen des Wirbelmusters entsprechend wird die Sache oder das Erlebte gedreht und gedreht und sich immer wieder vergegenwärtigt.

- Wirbelträger sind in ihrem innersten Kern sehr empfindsam, auch wenn sie nach außen, wegen einer Spatelhand vielleicht, körperlich robust erscheinen. Seelisch sind sie es mitnichten. Je komplizierter das Wirbelmuster sich präsentiert, desto komplizierter ist das seelische Gefüge.

- Der Mensch mit Wirbelmustern auf den Fingerbeeren verträgt keine Hast. Er faßt auch kaum vorschnell Entschlüsse. Er benötigt Zeit für Überlegungen. Plötzliche Programmänderungen sind ihm höchst unangenehm. Er kann sie seelisch schlecht verkraften. Er muß sich seelisch zuerst darauf einstellen können, die neue Situation gedanklich öfters durchspielen, sie sich immer und immer wieder vergegenwärtigen.

- Der Wirbel wirkt oft korrigierend auf eine zu stark von der Vitalis getrennte Kopflinie. Zwar bleibt die durch die Trennung symbolisierte Impulsivität bestehen, aber gehandelt wird kaum vorschnell.

- Ein scheinbares Paradoxon liegt beim Wirbel jedoch vor: Bei plötzlichen Ereignissen, die Sofortmaßnahmen erfordern, reagieren Wirbelträger schnell. Dies hat aber nichts mit einer blitzschnellen gedanklichen Überlegung zu tun, sondern mit einer instinktsicheren Handlungsweise.

Die Spirale

Als Basis dienen der Spirale die Basalleisten. Den Abschluß bilden die Mantelleisten. Dazwischen liegt die Figur, die immer zwei Triradien aufweist, manchmal auch deren drei.

Die psychologische Deutung der Spirale

Die Spirale offenbart einen besonderen Rhythmus in den seelischen Erlebnisweisen, die sich in ähnlichen Abständen wiederholen. Die Spirale weist auf ein nach innen gerichtetes Naturell, ohne aber den Kontakt nach außen zu verlieren. Die Figur zeigt ein Schneckenhaus.

Das Wesen des Spiralträgers liegt meist unter einer nicht greifbaren, aber doch vorhandenen Hülle verdeckt, ist gegensatzvoll, sehr empfindsam und leicht verletzlich. Die seelische Verarbeitung geht langsam vonstatten. In der Regel verfügen Menschen mit vorwiegend Spiralmustern über eine bedeutende Gedächtniskraft. Daher haben sie auch die Neigung, sich vergangene Begebenheiten immer wieder zu vergegenwärtigen. Einmal erlittene Niederlagen werden nie vergessen, aber auch erlebte schöne Zeiten nicht. Mit ersteren quält sich der Betroffene, von letzteren zehrt er. Die Menschen mit Wirbelmuster leben fast mehr in der Vergangenheit denn in der Zukunft. Trotzdem besitzen sie eine unbegreifliche Sehnsucht, aber sie wissen im Grunde gar nicht so recht wonach.

• Das Wasser übt auf sie eine große Anziehungskraft aus, sei es das Meer, ein See oder auch nur ein Bächlein. Ebenso würde ein Garten, wenn möglich mit Haus, der Seele des Spiralträgers wohltun, denn die Spirale birgt mütterliche Eigenschaften in sich. Die Eigner von Spiralmustern wollen etwas betreuen, seien es Menschen, vor allem Säuglinge oder kleinere Kinder, Tiere, Blumen oder Sachen.

• Viele legen das, was sie innerlich bewegt, schriftlich nieder. Andere kapseln sich wegen angeblich erlittener Beleidigungen ab, ziehen sich in ihr Schneckenhaus zurück, um zu schmollen. Doch sie halten es nie lange aus, weil sie wissen wollen, was sich draußen tut.

• Es ist ein Unterschied, auf welchem Finger sich das Spiralmuster befindet, und auch die Auswirkungen sind andere, wenn sich die Muster von linker und rechter Hand nicht decken. Die Realität zeigt sich in der rechten Hand, die Wirklichkeit in beiden Händen zusammen.

• Liegt die Spirale auf dem Daumen, zeigt der Eigner bei seiner Ich-Durchsetzung stark individualistische Tendenzen. Seine einmal gefaßte Meinung ändert er sehr ungern. Dies gilt vor allem, wenn die Spirale beidseits vorhanden ist. Der Besitzer einer Ulnarschleife in der rechten Hand reagiert flexibler.

• Bei einer Spirale auf dem Jupiterfinger zeigt sich die individualistische, gegensatzvolle Wesensart, vor allem im Kontakt mit anderen Menschen. Von der Persönlichkeitsstruktur her ist der Eigner der Spirale sehr empfindsam. Sein Selbstwertgefühl ist recht schnell angetastet. Liegt auf dem linken Jupiterfinger eine Schleife, so besteht von der Anlage her ein sanguinischer Einschlag und läßt den Besitzer sich schneller wieder auffangen. Im umgekehrten Fall ist der Mustereigner von der Anlage her sensibel, seine Reaktionen in der Realität lassen aber kaum Empfindsamkeit erkennen.

• Liegt eine Spirale auf dem Mittelfinger, so sollte der Eigner bei guten Leistungen gelobt werden. Er will wissen, ob seine Arbeit, für die er sein Bestes hergibt, gut ist. Wenn seine Arbeit geschätzt wird, gibt ihm dies Mut und Sicherheit. In der Jugend ist der Wirbelträger meist scheu, im Alter wird er selbstsicherer.

• Die Spirale auf dem Ringfinger offenbart Empfindsamkeit im Partnerschaftsbereich. Der Spiralenträger legt Wert auf ein gemütliches, schönes Heim. Auf dem Ringfinger ist die Spirale eines der häufigsten Muster.

• Eine Spirale auf dem Merkurfinger verrät einen guten Instinkt. Das Denken mag verstärkt gefühlsbetont sein. Dafür besteht weniger die Fähigkeit der Abstraktion.

Astrologisch hat die Spirale einen Bezug zu Mond/Krebs/4. Haus. Für den Jupiterfinger sind Mond/Jupiterverbindungen wesentlich, wobei dies allein nicht genügt; einer der Planeten muß noch einen Krebs- oder 4. Haus-Bezug aufweisen, z.B. Jupiter am IC. Verstärkte Spiraltendenzen ergeben sich auch bei Herrscher von I in Krebs oder in Haus 4.

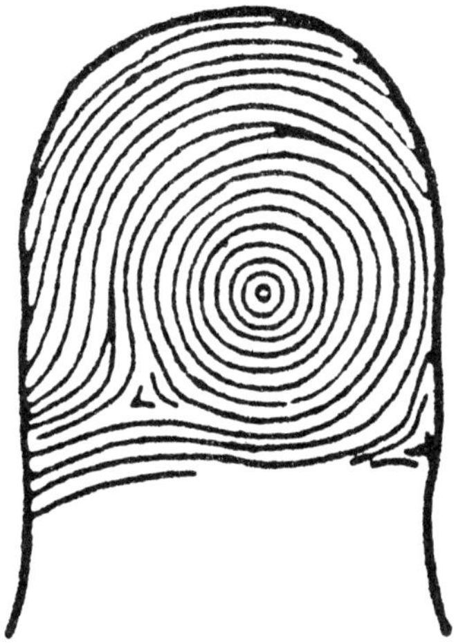

Der kreisförmige Wirbel

Der kreisförmige Wirbel besteht aus ineinandergelagerten Kreisen, beginnend mit einem Kreis im Herzen der Figur, an den sich sukzessive größer werdende Kreise reihen. Als Basis dienen der Figur wiederum die Basalleisten und als Abschluß die Mantel- oder Distalleisten. Der kreisförmige Wirbel weist immer zwei, manchmal auch drei Triradien auf.

Die psychologische Deutung

Der kreisförmige Wirbel ist ein ausgesprochen individualistisches Zeichen. Er verfügt aber nicht über die Weichheit der Spirale, im Gegenteil, der kreisförmige Wirbel besitzt etwas Fixiertes und manchmal Oppositionelles. Die Eigner dieses Wirbels sind schwer durchschaubar. Fast alle geben sich anders als sie in Wirklichkeit sind, und das mit großer Geschicklichkeit.

- Ein eigentümlicher Charme und gleichzeitig etwas magisch Zwingendes geht von jenen Menschen aus, bei denen sowohl der Daumen als auch der Zeigefinger einen kreisförmigen Wirbel aufweisen. Sie besitzen eine ausgezeichnete Konzentrationskraft mit fast suggestiver Wirkung. Oft haben sie Begabungen auf Spezialgebieten und sind Führer kleinerer Gruppen.

- Selbst wenn sich der kreisförmige Wirbel nur auf dem Zeigefinger befindet, ist die fixierende Tendenz noch immer stark wirksam. Diese Menschen brauchen einen auf sie zugeschnittenen Arbeitsbereich. Für Teamarbeit sind sie wenig geeignet. Oft machen sie sich am Arbeitsplatz unentbehrlich, indem sie sich einen Spezialbereich schaffen, worüber nur sie Bescheid wissen, wäre dies auch bloß eine Kartei. Sie sind geradezu schockiert, wenn sich jemand an ihr Heiligtum heranwagt. Dies ist besonders der Fall, wenn der kreisförmige Wirbel auf beiden Zeigefingern sitzt.

• Narzißtische Tendenzen sind dem Besitzer kreisförmiger Wirbel kaum fremd, besonders, wenn sich gleichzeitig auf dem Ringfinger ein Ovarial befindet.

Astrologisch fand ich beim kreisförmigen Wirbel, liegt er auf dem Daumen, Sonne/Pluto/Mond/Merkurbeziehungen. Wenn die Figur gleichzeitig auf dem Jupiterfinger sitzt und ein Ovarial den Ringfinger besetzt, sind zusätzlich Verbindungen zu Jupiter und zur Venus vorhanden, sei es durch Konjunktion, Sextil oder Quadratur. Diese Kombination erhöht den Charme und die narzißtischen Tendenzen des Eigners. Öfters sind auch fixe Zeichen oder fixe Häuser vorherrschend. Für den Daumen allein ist aber die Verbindung Fixstern Sonne, «fixer, magischer» Pluto und «magischer» Mond im Vordergrund (Strukturbild beachten). Geburtsdaten kann ich aus Diskretionsgründen keine angeben.

Das Ovarial

Genau wie der kreisförmige Wirbel aus ineinandergelagerten Kreisen besteht, ergibt sich das Ovarial aus ineinandergelagerten Ovalen.

Die psychologische Deutung

Das Ovarial hat einen ästhetischen Einschlag, manchmal auch narzißtische Eigenschaften und sucht Gefallen zu erregen. Es bevorzugt denn auch meist den Ringfinger. Die Besitzer von Ovarialen sind gepflegt, kultiviert, kleiden sich gerne elegant und können äußerst charmant sein. Dies fällt besonders bei Männern auf. Meistens interessieren sich Ovarialeigner für die Kunst, ihr verwandte Gebiete, oder ihre Einrichtungsgegenstände zeugen von auserlesenem Geschmack und weisen eine sehr individuelle Note auf.

• Schön gezeichnet auf dem Ringfinger gelegen, zeugt das Ovarial immer von künstlerischem Geschmack oder ästhetischen Gepflogenheiten. •• Das heißt aber nicht, daß Menschen ohne Ovariale keinen Stil hätten. Auch wohlgeformte Hände deuten auf Ästhetik und Schönheitssinn.

• Befindet sich das Ovarial auf sämtlichen Fingern, ist es des Guten fast zuviel. Die Besitzer so vieler Ovariale sind ästhetisch empfindsam, legen großen Wert auf eine gepflegte Erscheinung und achten manchmal in fast krankhafter Weise auf ihre gute Figur.

Astrologisch gesehen birgt das Ovarial venusische Eigenschaften.

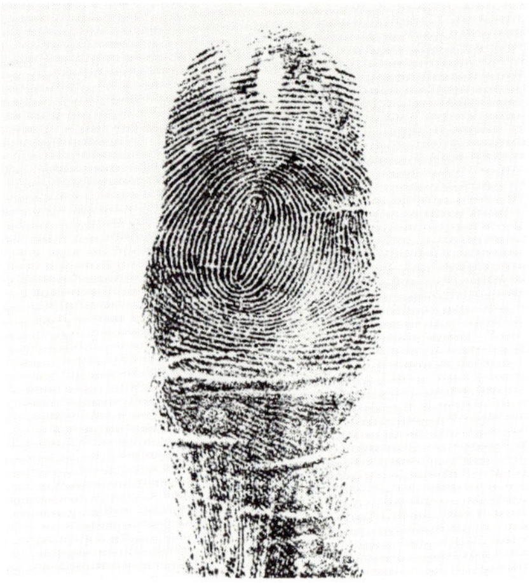

Der mandelförmige Wirbel

Wenn ein Wirbelmuster merklich in die Länge gezogen ist, ergibt sich der mandelförmige Wirbel. Oft füllt die Figur das ganze Nagelglied aus, so daß die Basalleisten und die beiden Triradien, die zum Wirbel gehören, kaum noch oder überhaupt nicht mehr sichtbar sind.

Die psychologische Deutung

Bei Menschen mit mandelförmigen Wirbeln fand ich entweder eine fehlende Verwurzelung im Elternhaus, zeitweilig belastende Partnerschaftsverhältnisse oder neptunische Partner – das können auch Künstler sein –, neptunische Interessen und Fähigkeiten sowie/oder wirtschaftliche Verwertung der Interessen parapsychologisch orientierter Menschengruppen. Gleichzeitig stammt das mir zur Verfügung stehende Handmaterial von aktiven, ideenreichen Menschen oder von Personen, bei denen das Plötzliche, auch die plötzliche Änderung einer Situation zum Bessern, auffällt.

Astrologisch ist am Muster beteiligt: Neptun/Fische/12. Haus in Verbindung mit Mond/Krebs/4. Haus, sekundär Pluto/Skorpion/8. Haus. Meistens findet sich Neptun in folgender Position: an den Achsen IC oder DC, im 1. oder 2. Horoskophaus. In der Regel bestehen synthetische Aspekte zu Jupiter und Venus, und auffallend oft ist im Strukturbild die Merkur/Uranus/Jupiter und/oder Sonne/M-Verbindung enthalten.

Beispiele (Geburtsdaten können nicht genannt werden). 1) Mandelmuster auf Daumen und Jupiterfinger bds. Die Mustereignerin fühlt sich zu Hause unverwurzelt. Die Mutter dominiert und zeigt sich aus wirtschaftlichen Gründen dem Vater überlegen. Neptun IC, AC Krebs, Mond in 12 in Krebs in Konj. mit der Ende Zwillinge stehenden Sonne. Pluto/Saturn im 1. Haus. Der Neptun am IC hat ein Trigon zur Venus und Jupiter im Skorpion ein Trigon zum Merkur in Krebs. 2) Mandelmuster auf den ersten vier Fingern links, rechts nur auf dem Daumen. Herr von 1 in 12 im Quadrat zu Mond in Fische, DC Krebs (Mond in Fische), Mond Trigon Pluto, Neptun Sextil Mars. Mustereignerin litt jahrelang unter chaotischem Partnerschaftsverhältnis. 3) Mandelmuster auf Zeigefinger bds. Mal- und Schreibmedium, kann auch heilen. Sonne Skorpion Trigon Pluto in Krebs. Pluto Halbquadrat Neptun, Mond Spitze 8 in Schütze Opposition Jupiter. Teilstrukturbild: Uranus = Merkur/Jupiter = Mond/Merkur.

Die zusammengesetzten Muster

Die Erbbiologen Heindl, H.H. Wilder, G. Geipel, W. Hirsch und H. Schade unterscheiden folgende zusammengesetzte Muster: die Zentraltasche (sie ist von der Muschelschleife abzugrenzen), die Doppelschleifen (unterteilt in Seitentasche und Zwillingsschleife) sowie unregelmäßige Muster oder zufällige Wirbel.

Zusammengesetzte Muster befinden sich hauptsächlich auf dem Daumen, dem Zeigefinger, hin und wieder auf dem Ringfinger, seltener auf dem Mittelfinger. Zusammengesetzte Muster entbehren der Klarheit der Grundmuster Bogen, Schleife und Wirbel. Mehrere solcher Muster in einer Hand können gedankliche Gespaltenheiten anzeigen.

Die Zentraltasche (Pfauenauge)

Die Zentraltasche besteht aus einer Radial- oder Ulnarschleife, in die ein Wirbel eingebettet ist. Da es sich um eine Schleife und zugleich um einen Wirbel handelt, gilt das Muster als zusammengesetzt und besitzt mindestens zwei Deltas. Die Zentraltasche wird in der englischen Literatur als Pfauenauge bezeichnet, weil die Kernfigur der Zeichnung jener auf einer Pfauenschwanzfeder ähnelt.

Ich zähle die Kernfigur von der Form her zum Ovarialwirbel. Somit hat sie venusische Eigenschaften. Sitzt die Kernfigur in einer Radialschleife, hat im Geburtsbild die Venus eine Beziehung zum Mars.

Beispiel: Radiale Zentraltasche auf dem rechten Zeigefinger. AC Stier, Regent vom 1. Haus, die Venus, im Widder im Trigon zum Mond, Herrscher von Widder, der Mars, in Wassermann im Quadrat zum AC und in Opposition zu Pluto. Die Quadraturen von Mars und Pluto auf den AC ergeben die Radialschleife, die ästhetische Venus im Widder als Herrin des AC im Trigon zum Mond erzeugt den Wirbel in der Schleife. Im Strukturbild ist Jupiter (Zeigefinger) mitenthalten: Sonne = Merkur/Uranus = Jupiter/Mond = Neptun = Mars = Venus. •• In der Regel bevorzugt das Pfauenauge den Ringfinger, gegebenenfalls aber als ulnare Zentraltasche. Menschen mit dem Pfauenauge auf dem Ringfinger verfügen über Charme und eine gute Beobachtungsgabe.

Die Doppelschleife

Die Doppelschleife besteht aus zwei zusammengesetzten Schleifen. In der Erbbiologie wird die Doppelschleife in die Seitentasche und in die Zwillingsschleife unterteilt. Bei der Seitentasche laufen die Kernleisten nach der gleichen Seite aus und der rechte Triradius liegt immer entweder über oder unter den beiden Achsen. Bei der Zwillingsschleife laufen die Kernleisten nach der entgegengesetzten Richtung aus und der rechte Triradius liegt immer zwischen den beiden Achsenlinien. Das nebenstehende Bild zeigt die Zwillingsschleife.

Die psychologische Deutung der Zwillingsschleife

Wenn die Zwillingsschleife in einer guten, festen Hand liegt, deren Gesamteindruck einen vernünftigen, intelligenten Menschen vermuten läßt, darf sie größtenteils positiv gedeutet werden.

• Die Zwillingsschleife offenbart die Gabe, Gegensätze zu überbrücken. Die Eigner vermögen sich gut in andere einzufühlen, wollen niemanden verletzen und warten daher gerne, bis sich anstehende Konflikte von selbst lösen. Zugleich verrät die Zwillingsschleife einen Menschen mit dem Bedürfnis nach einer harmonischen Umgebung, der außerdem das Alleinsein schlecht verträgt. Ein Mensch mit Zwillingsschleife kann sich nur – sei es privat oder beruflich – zusammen mit einem Partner bzw. im Kontakt zu anderen Menschen richtig entfalten.

• Menschen mit Zwillingsschleifen als Daumenmuster haben Entscheidungsschwierigkeiten. Sie mögen kein Entweder-Oder, sondern bevorzugen das Sowohl-als-Auch. •• Falls einer der Daumen ein Schleifenmuster besitzt, tut sich der Eigner bei seinen Entscheidungen leichter. • Einige sind große Zweifler wie der biblische Thomas, der den Beinamen «der Zwilling» trägt.[5]

• Auf dem Zeigefinger liegend, zeugt die Zwillingsschleife von der Fähigkeit, eine Sache oder ein Problem von allen Seiten zu betrachten und den besten Entscheid zu treffen. Sie ist günstig für Menschen mit Beraterfunktion. Diese Gabe ist bei guter Hand auch der Zwillingsschleife auf dem Daumen eigen.

• Eine auf dem Mittelfinger sitzende Zwillingsschleife kann eine schwankende Haltung im beruflichen oder materiellen Sektor anzeigen.

• Wenn die Zwillingsschleife auf dem Ringfinger auftritt, offenbart sie Entscheidungsprobleme bezüglich künstlerischer Belange oder Schwankungen im emotionalen oder Partnerschaftsbereich.

[5] Erich von Beckerath, Geheimsprache der Bilder, IBERAVERLAG, Wien 1984.

Astrologisch fand ich die Doppelschleife primär bei Waagebetonung, sekundär bei Zwilling- und Wassermanndominanz.

Beispiele: 1) Geburtsdatum: 29. 8. 38, 11.50 h, Berlin, Doppelschleife auf dem Daumen. Mond und Venus in Waage, Jupiter in Wassermann.

2) Geburtsdatum: 20. 12. 47, 00.10 h, Kovarska/CSSR, Daumen bds. Doppelschleife. AC und Neptun in Waage, Uranus in Zwillinge. Tannenbogen auf dem Jupiterfinger: Sonne Schütze, Merkur Schütze Opp. Uranus in Zwillinge, Jupiter in Schütze.

3) Geburtsdatum: 21. 4. 1922, 03.03 h, Zürich, Daumen und Zeigefinger bds. Doppelschleife. AC und Mond Wassermann, Jupiter, Saturn und Knoten in Waage. Jupiterfinger links Radialschleife: Mars in Schütze.

4) Geburtsdatum: 22. 9. 44, 21.30 h, Zürich, Daumen bds. Doppelschleife. AC Zwillinge, MC Wassermann, Venus, Mars und Neptun in Waage, Sonne knapp 0° Waage.

Die Haubenmuster

Eine Haube kann über einem einfachen Bogen liegen, sich über einen Tannenbogen wölben oder Bestandteil eines unregelmäßigen Musters sein. In den beiden ersten Fällen ist die Haube eine über einen anderen Mustertyp gestülpte radiale oder ulnare Schleife.

Linker Zeigefinger
Radial auslaufende Haube

Der Tannenbogen mit Haube

Sämtliche sich in meiner Kollektion befindlichen Muster dieses Typus sitzen auf dem Jupiterfinger und zeigen radial geöffnete Schleifen. Alle Mustereigner sind vielseitig begabt und an weniger alltäglichen Berufen interessiert. Einer ist Astrologe/Physiognome, ein anderer ist Regisseur eines Wandertheaters, eine Frau hat im zweiten Bildungsgang den Beruf einer Heilpraktikerin gewählt. Im 90°-Kreis fällt auf, daß in allen Fällen sich gleiche Planetengruppen gegenüberstehen. Mein Material ist aber nicht ausreichend, um das Muster zu eichen.

Von unregelmäßigen Mustern, auch zufällige Wirbel genannt, besitze ich keine Abdrücke.

Die Hautleistenmuster der Fingerbeeren

Einfacher Bogen

Tannenbogen

Schleife

Ovarial

Spirale

Doppelschleife

Die Hautleistenmuster auf der Handfläche

Hautleistenmuster treten nicht nur auf Fingerbeeren auf. Sie vermögen sich auch auf den Handbergen zu bilden. Überall, wo sich Muster befinden, konzentrieren sich Energien. Auf dem Thenar sind es Vitalkräfte, auf dem Marsberg marsische Energieimpulse und auf dem Hypothenar seelische Energien.

Auf der Handfläche sind folgende Muster die Regel: auf dem Thenar radiale, ulnare und karpal geöffnete Schleifen sowie Wirbel; auf dem Marsberg die radiale Schleife, auf dem Hypothenar radiale, ulnare und karpal geöffnete Schleifen sowie Wirbel und Doppelschleifen; auf dem Ringfingerberg der Tannenbogen und zwischen den Fingern im emotionalen Raum Schleifen.

- Der bemusterte Thenar ist in Normalhänden selten.

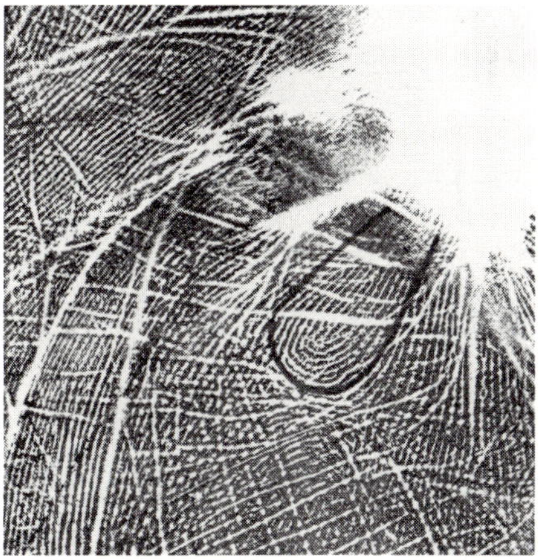

Die Marsbergschleife

Wie der Name es schon sagt, befindet sich diese Schleife auf dem Marsberg, im Raume zwischen Daumeneinschnitt und Lebenslinienbeginn. Die Schleife ist radial geöffnet. Die Marsbergschleife ist kein häufiges, aber auch kein seltenes Muster. Sie zeigt verstärkte Marsenergien und zeugt von einem angeborenen Mut und/oder verrät mutige oder streitbare Vorfahren. In einer starken, festen Hand symbolisiert die Schleife körperlichen Mut, in einer feineren eher Zivilcourage, kann aber selbstverständlich auch beides vereinen.

Astrologisch fand ich immer Mars/Pluto/Uranus/Sonne-Strukturbilder mit AC-Bezug, oft auch mit MC. Auffallend ist die Plutobeteiligung in einem Gebiet, das ich dem Tierkreiszeichen Widder zuordne. In diesem Zusammenhang mag interessant sein, daß sich in allen untersuchten Fällen Pluto in Rechtläufigkeit befand. Eine früher vermeintliche Marsschleife bei rückläufigem Pluto hat sich als feines Linienmaterial entpuppt. Die Bedeutung bleibt sich zwar gleich, aber nicht als Erbmuster.

Beispiele: 1) Geburtsdatum: 1. 9. 42, 13.50 So.Z, Wels. Strukturbild: Uranus = Sonne/A, plus Pluto = Mars/M.

2) Geburtsdatum: 22. 9. 44, 21.30 h, Zürich. Strukturbild: Sonne = Mars = Uranus = A = M, plus Pluto = Sonne/A.

3) Geburtsdatum: 6. 8. 1912, 20.00 h, Rotterdam. Strukturbild: Pluto = Uranus/A = Sonne, plus Mars/M = A/Pluto = Uranus (Mirin Dajo, der Fakir).

4) Geburtsdatum: 26. 7. 56, 08.58 h, Appenzell. Strukturbild: Pluto = Mars/Uranus = Sonne, plus A = Mars/M.

Die Hypothenarmuster

Das Hypothenargebiet ist sehr oft bemustert. Das häufigste Muster ist vom Typus Schleife.

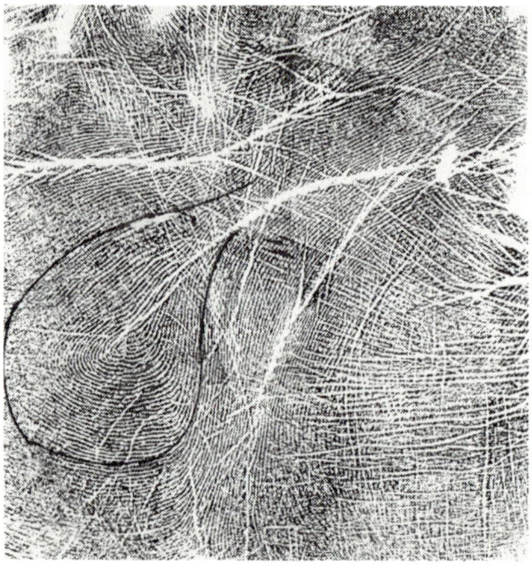

Die radiale Mondbergschleife

Die radiale Mondbergschleife ist eine Schleife, die im Hypothenargebiet liegt, gegen den Daumen geöffnet ist und einen Teil des Mondberges in sich einschließt. Meist verbindet sich das Muster mit der Kopflinie.

Die psychologische Deutung

Alle Mondbergschleifen-Besitzer sind mit speziellen Gedächtniskräften ausgestattet und/oder verfügen über Sonderbegabungen (Bild: außergewöhnliche Schleife).

• Für die Beurteilung der Mondbergschleifen-Gaben ist es wesentlich, ob sie sich in einer zarten, sensiblen oder in einer starken, kräftigen Hand befindet. •• In zarten Händen liegend zeigen sich dichterische, poetische Fähigkeiten, vor allem wenn gleichzeitig die Finger bewirbelt sind. Die Liebe für ein gemütliches Heim ist ausgeprägt, aber auch die seelische Empfindsamkeit. Einmal erlittene Niederlagen sind fast «unverdaulich». Daher ist der Magen meist empfindlich. •• In kräftiger Hand wollen die geballten seelischen Kräfte genutzt werden. Wenn gleichzeitig ein Teil der Finger Wirbel trägt, verfügt der Eigner über Heiler-Gaben und meist sind auch mediale, hellseherische Talente vorhanden, eventuell Rückerinnerungen in frühere Leben.

Astrologisch hat die Mondbergschleife eine Beziehung zu Mond/Krebs/4. Haus. In der Regel ist auch Merkur/Jungfrau/6. Haus mitbeteiligt und Pluto/Skorpion/ 8. Haus.

Beispiele: 1) Geburtsdatum 28. 6. 45, 11.05 h, Zürich, Linkshänderin, zarte Hand. AC Jungfrau, Regent Merkur in Krebs, Sonne und Saturn in Krebs, Sonne Quadrat Neptun, Venus im Stier im Trigon zu Jupiter. Der Mond in Wassermann bildet ein Quadrat zu Mars in Stier. Die weiblichen Zeichen sind betont. Strukturbild: Saturn = Sonne/Merkur (Krebs), Mond = Mars = Neptun/Jupiter, Neptun = Merkur/Jupiter = Venus/Pluto.

2) Geburtsdatum: 9. 9. 26, 11.00 h, Zürich. Kräftige Hand. AC Skorpion, Regent von eins in Krebs Quadratur Mond, Sonne und Merkur in Jungfrau, Neptun und Venus in Konj. MC in Löwe. Die weiblichen Zeichen sind betont. Strukturbild: Mond = Neptun (Venus) = Mars/Merkur, Saturn = Mars/Neptun (Venus) = Pluto/Uranus = Merkur/A, Venus (Neptun) = Merkur/M = Jupiter = Mond/ Pluto = Sonne/A, M = Jupiter = Mars/Saturn = Mond/Uranus.

Die ulnare Hypothenarschleife

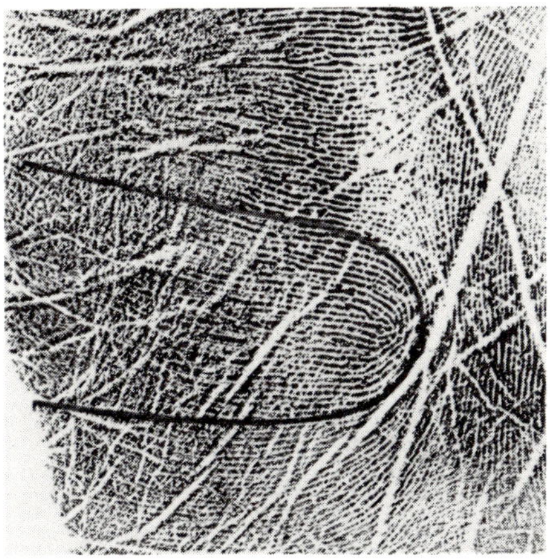

Befindet sich die radiale Mondbergschleife eher im Gebiet des Kopflinienendes und ist zum eigenen Ich hin geöffnet, so liegt die ulnare Schleife eher im unteren Hypothenargebiet und hat das Radargerät des Mondberges gegen außen gerichtet.

Die psychologische Deutung

Menschen mit der Ulnarschleife besitzen eine ausgeprägte Instinktanlage für Außenweltangelegenheiten. Sie erfühlen die Strömungen, die von Menschen, Tieren und Dingen ausgehen. Viele haben ein Gespür für Naturzusammenhänge und einige sind begabte Wünschelrutengänger und Pendler. Andere besitzen eine besonders gute Hand für Pflanzen und Blumen. Die gefühlsmäßigen Handlungen dieser Menschen sind die besseren als die intellektuell überlegten. • Die ulnar auslaufende Hypothenarschleife findet sich auch in etwa 70 Prozent der Hände mit dem Langdon-Down-Syndrom. Mongoloide überleben denn auch eher aufgrund ihres Instinkts denn wegen ihres Stirnhirns.

Astrologisch fand ich in allen sich in meinem Besitz befindlichen Handabdrukken mit der ulnaren Hypothenarschleife starke Beziehungen zu weiblichen Zeichen einerseits und einen Kontaktbezug nach außen andererseits, sei es zu Menschen oder zur Natur. Zum phlegmatisch/melancholischen Temperament gesellt sich etwas Sanguinisches. Im Vordergrund stehen Mond/Pluto-Verbindungen, sei es durch Mond Quadrat Pluto, Mond Opposition Pluto oder Mond im Skorpion. Zusätzlich sind immer noch Uranus und Saturn im Spiel sowie die sanguinischen Zeichen Zwillinge und Waage, sekundär auch Wassermann, sei es durch den Ascendenten, Mars oder den Sonnenstand.

Beispiele: 1) Geburtsdatum: 23. 10. 11, ca. 08.00 h Zürich, Mond in Skorpion 135° zu Pluto und Opp. zu Saturn, Uranus in Steinbock, Mars in Zwillinge, Sonne/Merkur/AC in Waage Quadrat Uranus + Neptun (obiges Bild).

2) Geburtsdatum: 18. 7. 15, ca. 10.00 h, Zürich. Mond in Waage Quadrat Venus/Saturn/Merkur/Pluto in Krebs, AC Jungfrau (Merkur in Krebs), Sonne und Neptun in Krebs, Uranus in Wassermann und Mars in Zwillinge.

3) Geburtsdatum: 12. 6. 41. Mond in Wassermann Opp. Pluto, Merkur und Venus in Krebs, Sonne in Zwillinge, Saturn/Uranus in Stier Trigon Neptun.

4) Ein weiteres Geburtsdatum: 29. 8. 38, 11.50 h, Berlin.

Die karpale Hypothenarschleife

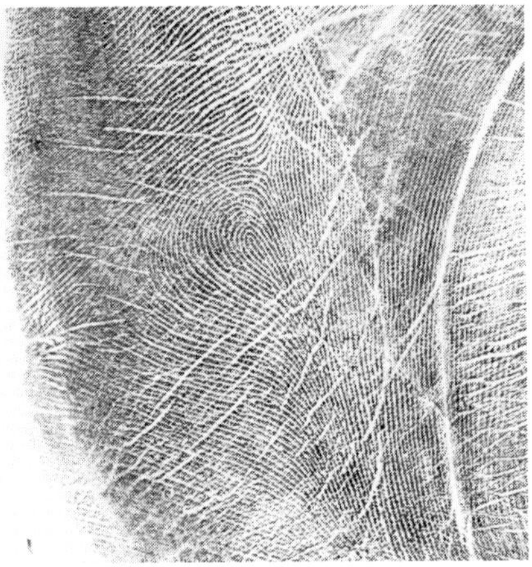

Eine karpale Hypothenarschleife ist eine Schleife, die gegen die Handwurzel, astrologisch übersetzt den Neptunberg, geöffnet ist.

Die psychologische Deutung

Die gegen den Neptunberg geöffnete Schleife symbolisiert ein Auffanggefäß für Inspirationen. Die Radarstation des Mondberges ist auf «außerirdischen» Empfang eingestellt. Menschen mit dem Inspirationsmuster besitzen eine lebhaftere Tätigkeit der Zirbeldrüse bzw. der Epiphyse.

Die Eignerinnen aller sich in meinem Besitz befindlichen karpalen Schleifen zeigen mediale Fähigkeiten, sind aber nicht das, was man unter einer Wahrsagerin versteht. Sie alle haben Wahrträume. Sie sehen im Traum kommende Ereignisse in bildhafter, also symbolischer Art, deren Bilder sie zu übersetzen haben. Die Übersetzung spielt sich mit der Zeit ein, so daß die Träumerinnen genau wissen, was die Bilder bedeuten. Weniger angenehm ist es, wenn eine Träumerin im Traum gleichzeitig die Weisung erhält, das eben Geträumte bestimmten Personen mitzuteilen. Wird der Aufforderung nicht Folge geleistet, weil die Mustereignerin nicht gewillt ist, in der Realität als «Spinnerin» dazustehen, wiederholen sich die Träume. •• Bei beidseitigem Muster sind nicht nur Symbolträume üblich, sondern richtige Sachverhalte, die sich nachher in der Realität genau in der geträumten Reihenfolge abspielen. •• Die Eignerin des obigen Musters weiß auch um die Augenblicke der Gefahr bei Familienangehörigen. Das ist aber eine zusätzliche telepathische Gabe und liegt nicht auf der Ebene zukünftigen Geschehens.

Astrologisch bezieht sich das Inspirationsmuster auf eine Mond/Neptun-Beziehung, oft auch mit Pluto sowie einem uranisierten Mond oder Uranus im Strukturbild.

Beispiele: 1) 30. 5. 1929, 09.45 h, Brugg. Muster bds., Mutter war medial, die väterliche Erbmasse ist uranisch. Mars steht am AC in Löwe, Neptun im 1. Haus in Opposition zum Mond in Wassermann.

2) Geburtsdatum: 28. 8. 1927, 21.05 h, Luzern. Wesentlichstes Strukturbild: Mond = Pluto/Merkur = Neptun.

3) Geburtsdatum: 6. 7. 1947, 09.40 h, Muster links, rechts radiale Mondbergschleife. Wesentlichstes Strukturbild: Mond/Jupiter = Uranus/Neptun, plus Neptun = Pluto/Mars = Mond.

Der Mondbergwirbel

Wie bei den Fingermustern beschrieben, vermag der Wirbel verschiedene Formen anzunehmen. Die Spirale und der kreisförmige Wirbel im Hypothenargebiet

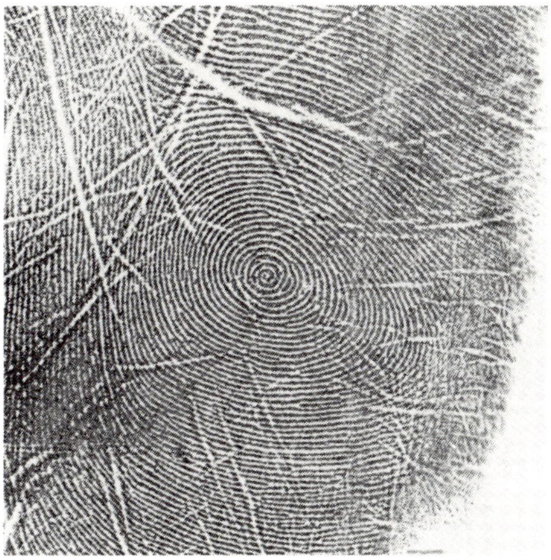

sind nur im Zusammenhang mit der übrigen Erbstruktur der Handleisten und im Vergleich mit dem Gesamtbild der Hand deutbar, da der Wirbel auf verschiedene Art ausgelebt werden kann.

Der Wirbel im Mondberg offenbart eine Konzentrierung seelischer Kräfte. Erbbiologisch ist der Unterschied zwischen seelisch krank und seelisch gesund nur quantitativer Natur. Wie bei der Schicksalsanalyse von Szondi geht es um die Menge. Die Dosierung kritischer «Triebgene» ist bei normalen Individuen kleiner.

Mit der Spirale lebt es sich meist leichter als mit dem kreisförmigen Wirbel, der etwas zu Fixierungen geneigt macht.

• Der Wirbel mag in einer Hand mit weicher Konsistenz und schwachem Daumen Komplexe bedeuten, in einer starken Hand mit gutem Selbstwertgefühl und entsprechender Durchsetzungskraft die Gabe, den ersteren in seinen seelischen Schwierigkeiten zu beraten; ein anderer wiederum benutzt die starken seelischen Ströme des Unbewußten zu künstlerischen Gestaltungen oder vermag sich mit einer Rolle so zu identifizieren, wie es für einen talentierten Schauspieler Voraussetzung ist.

• Meine Kollektion an Mondbergwirbeln ist bescheiden. Alle besitzen horoskopische Ähnlichkeiten. Bei dreien befindet sich der Mond nahe dem MC und wirft bei zweien davon Quadraturen auf AC und DC. Bei einem der beiden letzteren Geburtsbilder quadriert der Mond gleichzeitig den Saturn am DC, im anderen steht der Mond sinngleich in Steinbock und schickt zur Entlastung ein Trigon auf Saturn in Jungfrau 6. Haus, der seinerseits eine Quadratur zur Geburtssonne bildet. Der erste Mond macht eigentlich etwas Ähnliches. Er wirft eine Quadratur auf den Saturn, der Saturn entlastet sich durch ein Sextil zur Sonne, die Sonne steht in Krebs (Mondhaus) und der Mond in Löwe (Sonnenhaus), also in Rezeption. • Die andere Wirbeleignerin, mit dem Löwemond und der Krebssonne hat AC Skorpion. Sie berät Menschen in seelischen Konflikten und setzt auch ihre Heilkräfte ein. • Die dritte Wirbeleignerin, auch mit AC Skorpion, hat Mond, Venus, Uranus und Pluto im X. Haus (Berufshaus) in Jungfrau stehend, die logischerweise alle eine Opposition auf das IV. Haus (Heim, Haus, seelische Substanz) werfen. Sie studiert zur Zeit Philosophie.

Die Zwillingsschleife

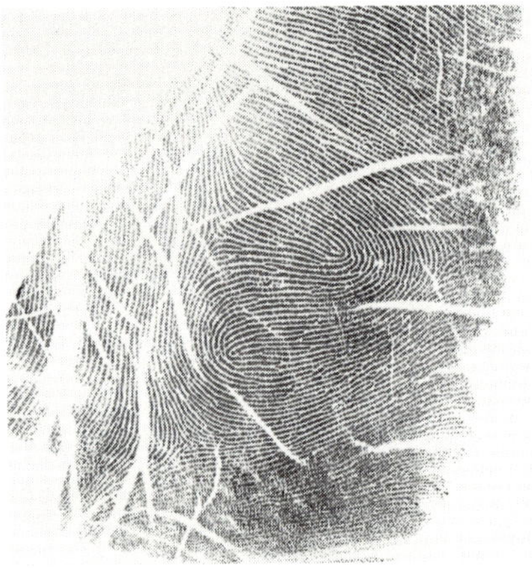

Die Hautleistenstruktur der Zwillingsschleife im Hypothenar entspricht jener, die auf Seite 174 für den Daumen beschrieben ist.

Die psychologische Deutung

Beim Zwillingsmuster oder der Doppelschleife im Mondberg geht es um einen Doppeleffekt im Gemüthaften, Unbewußten. Es ist sehr wesentlich, in wessen Händen sich die Zwillingsschleife befindet.

• In starken, stabilen Händen mit gutem Daumen und Zeigefinger kann sich die Zwillingsschleife vorteilhaft auswirken, weil sich ihr Besitzer psychologisch geschickt den jeweiligen Erfordernissen gegebener Situationen anzupassen vermag. Dies trifft für den obenstehenden Abdruck zu, der von der Hand eines tüchtigen Gechäftsmannes stammt, dem auch die auf Seite 18 abgebildete Rumpfhand gehört.

• In Fingerhänden verleiht die Zwillingsschleife die Fähigkeit, seelische Komplikationen aus verschiedenen Gesichtspunkten zu beurteilen. Sie wird öfters bei guten Beratern, Sozialhelfern, Psychologen und Psychiatern gefunden und daher in der englischen Literatur als Psychologen-Twin bezeichnet. Zeitweilig werden diese Fachleute bei sich selbst seelische Komplikationen feststellen. Das scheint mir auch wesentlich, denn die besten Berater und Helfer sind immer die, die um die Schwierigkeiten ihrer Mitmenschen aus eigener Erfahrung Bescheid wissen.

• In den Händen zarter, feinnerviger, labiler Menschen offenbart die Zwillingsschleife schwankende Gemütsverfassungen mit der Neigung, sich seelisch zu zersplittern. Sie zweifeln an sich und sind oft am Verzweifeln. Sie sind die Kunden der vorerwähnten Berufsgattung.

Astrologisch fand ich, wie bei der Zwillingsschleife als Daumenmuster, Luft- oder Kontaktzeichenbesetzung, und da es sich um ein Hypothenarmuster handelt, stehen die Hypothenarplaneten Pluto, Mond und Uranus im Vordergrund.

Beispiele: 1) Pluto in Krebs, Mond Konj. Uranus, Zwillings-AC sowie Merkur und Mars in Zwillinge.

2) Pluto in Löwe Quadrat Mond in Skorpion, Uranus/Merkur-Konj. und Saturn in Zwillinge.

3) Pluto in Krebs Quadrat Mond in Waage, AC Löwe Konj. Neptun, Sonne, Merkur und Venus in Wassermann, Uranus Spitze 8 in Fische.

Das uranische Papillarleistenherz

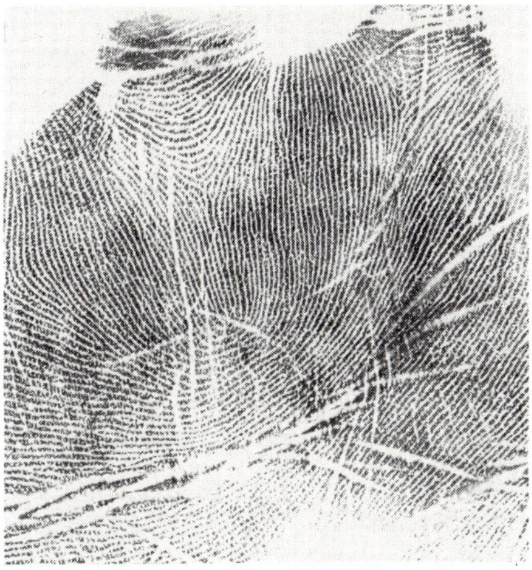

Mit uranischem Papillarleistenherz ist ein Tannenbogenmuster gemeint, das, gegen die Finger geöffnet, auf dem Ringfingerberg liegt.

Die psychologische Deutung

Da die Hautleistenfigur auf der *Du*-Seite sich im emotionalen venusischen Bereich befindet, muß sie sich logischerweise auf konzentrierte Energien im *Du*- oder künstlerischen Bereich beziehen, die mit Gemüts- oder subjektiven Wahrnehmungssituationen in Verbindung stehen. Das ist denn auch bei diesem Muster der Fall. Es besteht die Erbanlage zu rascher Reaktion auf Sinnesreize, hochgradiger Erregbarkeit, Gestaltungskraft, künstlerischen Fähigkeiten, intuitiven Erkenntnissen, Interesse an Mystik oder an parapsychologischen Phänomenen.

3) Gleiches Geburtsdatum: Leistenherz nur links (Erklärung auf Seite 184).

den intensive *Du*-Beziehungen zu pflegen, sei es im Partnerschafts- oder Öffentlichkeitsbereich oder zu Personen mit gleicher Geisteshaltung. Plötzliche Krisen im Partnerschaftsbereich werden kaum ausbleiben, wobei – wenn man sich arrangiert – es keineswegs zu Trennungen kommen muß. • Organisch sind nervös bedingte (funktionelle) Herzrhythmusstörungen möglich sowie Schwankungen im Kreislaufsystem (Neptun/Uranus-Beteiligung).

Astrologisch besitzt das Muster die Formel: Venus = Uranus/Mars = Pluto/Neptun. Wenn das Papillarleistenherz nur in einer Hand liegt oder schlecht gezeichnet ist, sind wohl die gleichen Planeten beteiligt, aber im Strukturbild meist anders geordnet.

Beispiele: 1) Geburtsdatum: 14. 11. 29, 02.00 h, Lausanne. Papillarleistenherz rechts. Strukturbild: Venus = Mars/Uranus, plus Pluto/Mond = Venus/Uranus = Neptun (wegen des Mondes im Strukturbild und starker Skorpionbetonung liegen außer dem uranischen Leistenherz bds. radiale Mondbergschleifen im Handbild).

2) Geburtsdatum: 28. 11. 24. Leistenherz bds. Strukturbild: Venus = Mars/Uranus = Pluto/Neptun.

3) Gleiches Geburtsdatum: Leistenherz nur links (Erklärung auf Seite 184).

4) Geburtsdatum: 10. 10. 32, Leistenherz nur links.

5) Geburtsdatum: 12. 6. 41. Leistenherz rechts gut gezeichnet, links schrägliegende Sonderstruktur.

Das magische Auge

Äußerst selten anzutreffen ist das magische Auge, ein Hautleistenmuster im emotionalen Raum zwischen Saturn- und Ringfinger. Es hat mit «magischen» Gaben zu tun. Der Eigner der Figur ist sich seiner Fähigkeiten bewußt. Wer sich auf

dem Gebiet der Magie auskennt, weiß, was mit Gedankenkonzentration alles vollbracht werden kann, und zwar positiv wie negativ. Glücklicherweise fallen Mißbräuche auf den Sender zurück, sobald sich der als Empfänger Gedachte zu schützen weiß.

Das Geburtsdatum zum Bild kann aus Diskretionsgründen nicht bekanntgegeben werden. Die astrologischen Konstellationen sind: Die Herrscher von AC und MC, Saturn und Pluto, befinden sich zusammengestirnt an der Spitze des 8. Hauses (plutonisches Haus) in Löwe. Venus und Merkur liegen auf Spitze 7. Haus und haben ein Sextil zum Mond einerseits und ein Trigon zu Jupiter nahe dem MC andererseits. Aufgrund der Mondposition in Jungfrau und drei weiterer Planeten im Tierkreiszeichen Krebs ergibt sich in beiden Händen noch eine radiale Mondbergschleife.

Zu den Strukturbildern

Es ist nicht gleichgültig, aus welchen Tierkreiszeichen sich die Strukturbilder zusammensetzen. Außerdem wirkt jedes Strukturbild verstärkt, wenn der Geburtsgebieter mitbeteiligt ist, und auch der Jahresregent ist keine Märchenfigur, wenngleich letzteres viele Astrologen nicht gerne gelten lassen.

• An den Beispielen 2 und 3 von Seite 183 soll die Wirkung des Geburtsgebieters veranschaulicht werden. Bei Beispiel 2 liegt das uranische Leistenherz beidseits unter dem Ringfinger. Geburtsgebieter ist Mars, das Aktivitätsprinzip. Bei Beispiel 3 des gleichen Geburtstages ist Geburtsgebieter Neptun. Das Leistenherz liegt nur links. Gleichzeitig bestätigt dieser Umstand die primäre uranische Vererbung mütterlicherseits.

Die Schleifenmuster zwischen den Fingerbergen

Außer den besprochenen Hautleistenmustern auf der Handfläche gibt es noch Schleifengebilde zwischen den Fingerbergen. Sie ebenfalls aufzuführen, würde den Rahmen des Buches sprengen.

VII. Anhang

Die Fußfurchen

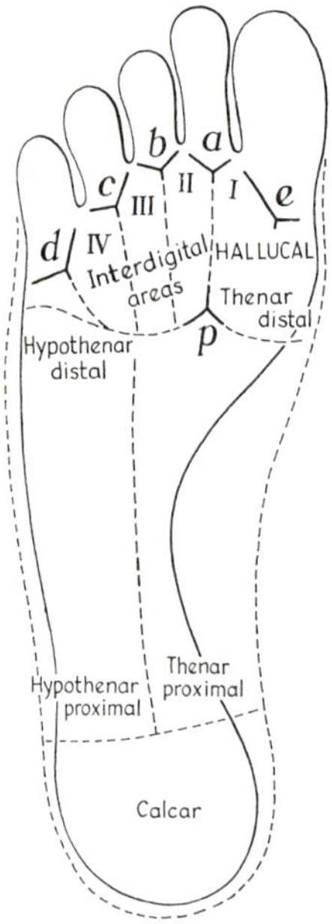

Die Felder der Fußsohle

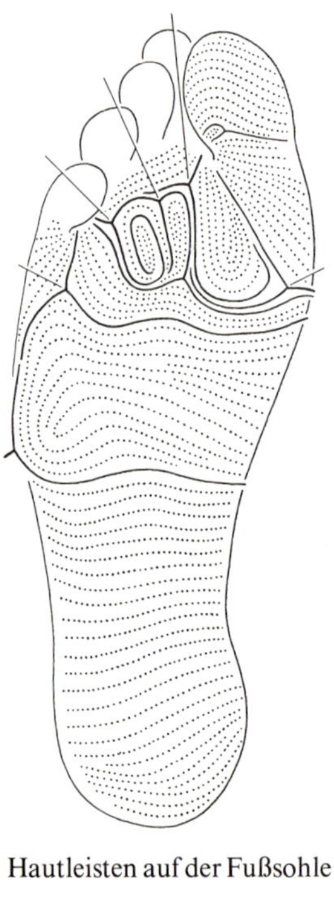

Hautleisten auf der Fußsohle

Fußabdrucke sind komplizierter anzufertigen als Handabdrucke. Zugleich versteht sich kaum jemand auf die Technik des «Fußlesens».

Zwar ist den Genetikern und den Dermatoglyphenforschern hinlänglich bekannt, daß nicht nur die Hautleisten und die Triradenanordnung der Hand bezüglich Erbkrankheiten aussagekräftig sind, sondern auch die Fußleisten auf eine geistige Fehlentwicklung und chromosome Anomalien Hinweise zu geben vermögen. Doch an die Erforschung der Fußlinien zu gehen, mag weder der Erbbiologe noch der Mediziner. Wen wundert das? Die Fußliniendeutung gehört ja zum Bereich der Psychodiagnostik.

Eine Persönlichkeit, die sich auf dem Gebiet der Hand- und Fußlinienforschung einen Namen machte, ist der Schweizer Psychologe Dr. phil. Hugo Debrunner. Seine Forschungsarbeiten erstrecken sich auf die Linien in Säuglingshänden und -füßen, Unterschiede zwischen weiblichen und männlichen Fußfurchenbildungen, Hand- und Fußlinienveränderungen nach Psychotherapien, und in den fünfziger Jahren interessierte ihn auch das Furchenbild der Füße von Tanzbegabten. Außerdem verdankt die Fachliteratur Debrunner eine Menge statistischen Materials wie z.B. jenes über die Stufen der quantitativen Furchenentfaltung in der Hand, vorgenommen an Neugeborenen, Schülern, Offizieren und Soldaten sowie die Arbeiten über den morphologischen Grundplan der ballenbedingten Handfurchen bei Primaten.

(Bilder links aus: The Genetics of Dermal Ridges von Sarah B. Holt.)

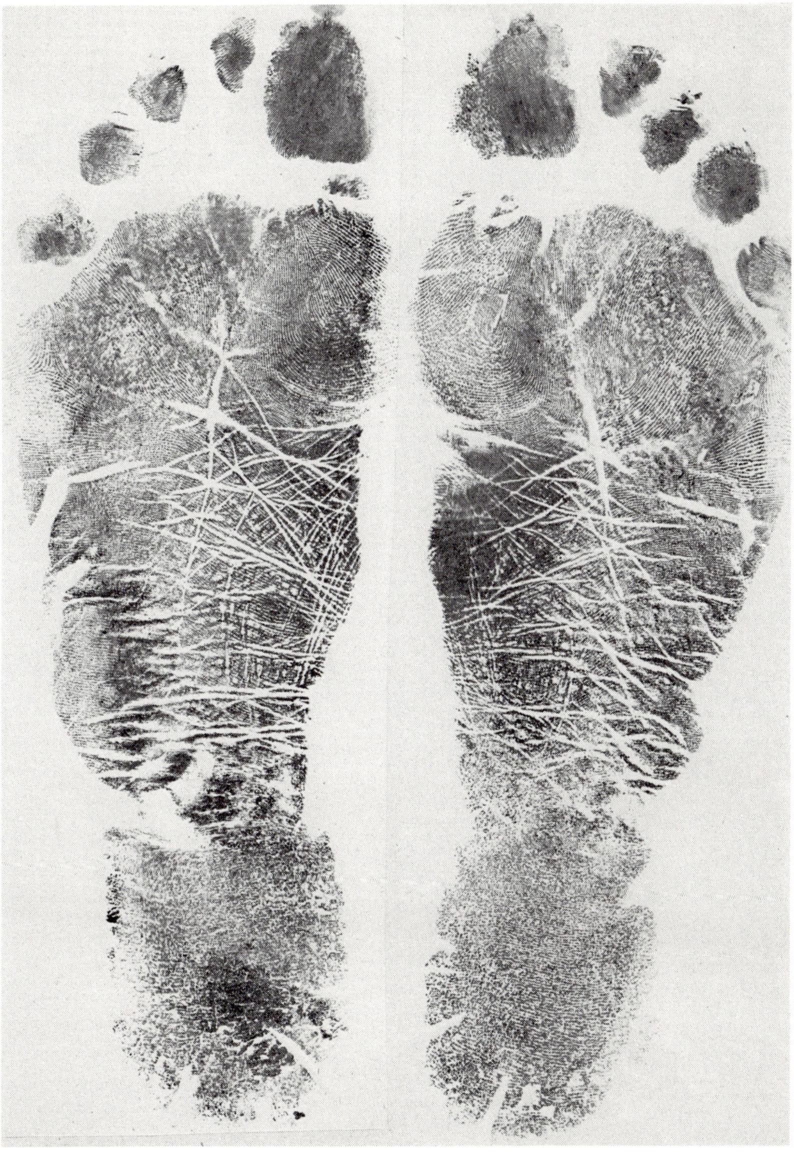

Jan Veen (USA), Tänzer
(Archiv H. Debrunner)

Embryonale Finger

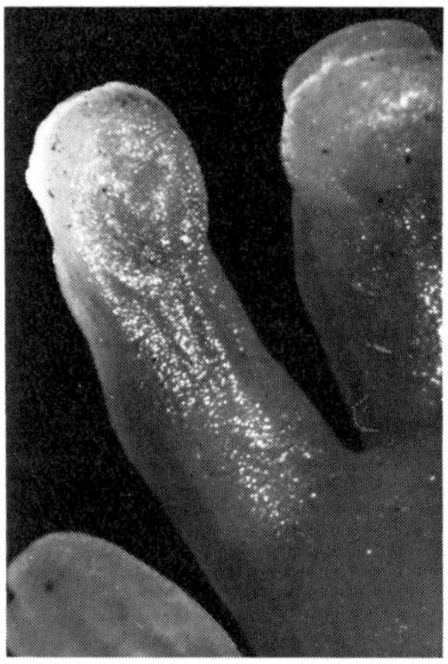
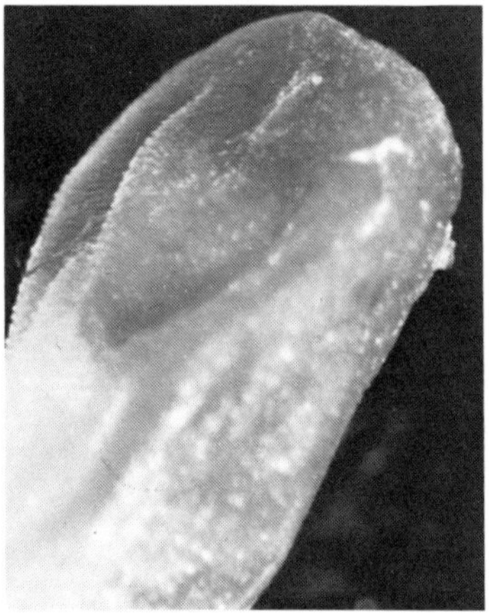
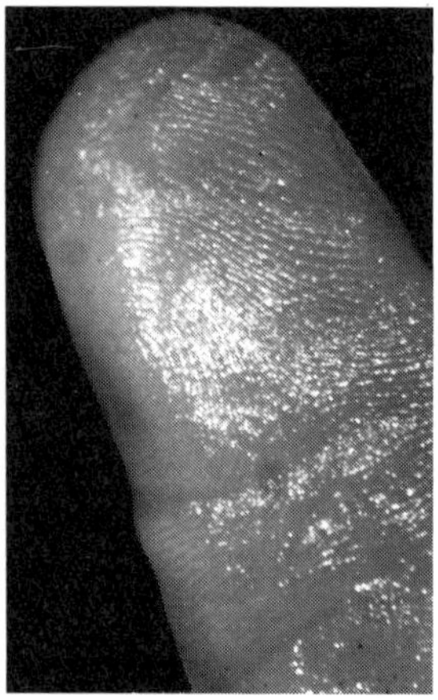

Etwa 12. Schwangerschaftswoche

Etwa 16. Embryonalwoche

Mit freundlicher Genehmigung des Anatomischen Institutes Zürich
Aufnahmen: Helga Weber-Kahlo

Die unterschiedliche Gestalt des Kleinfingers

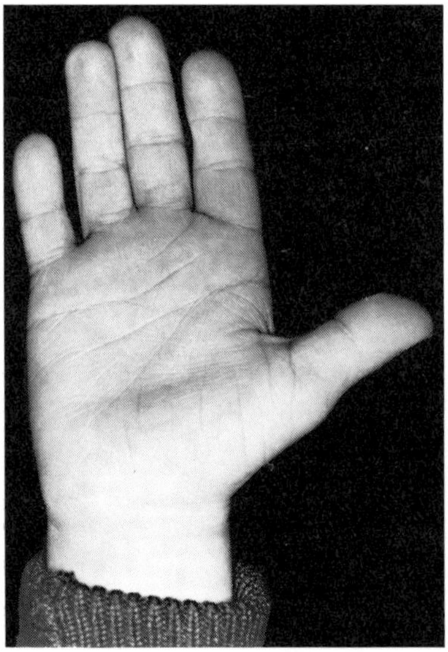

2 Glieder

3 Glieder

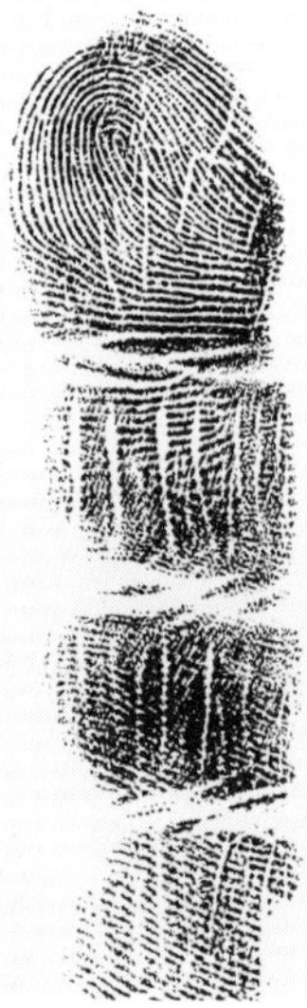

4 Glieder

Hand eines Neunzigjährigen

mit gesamthaft größten Nagelgliedern

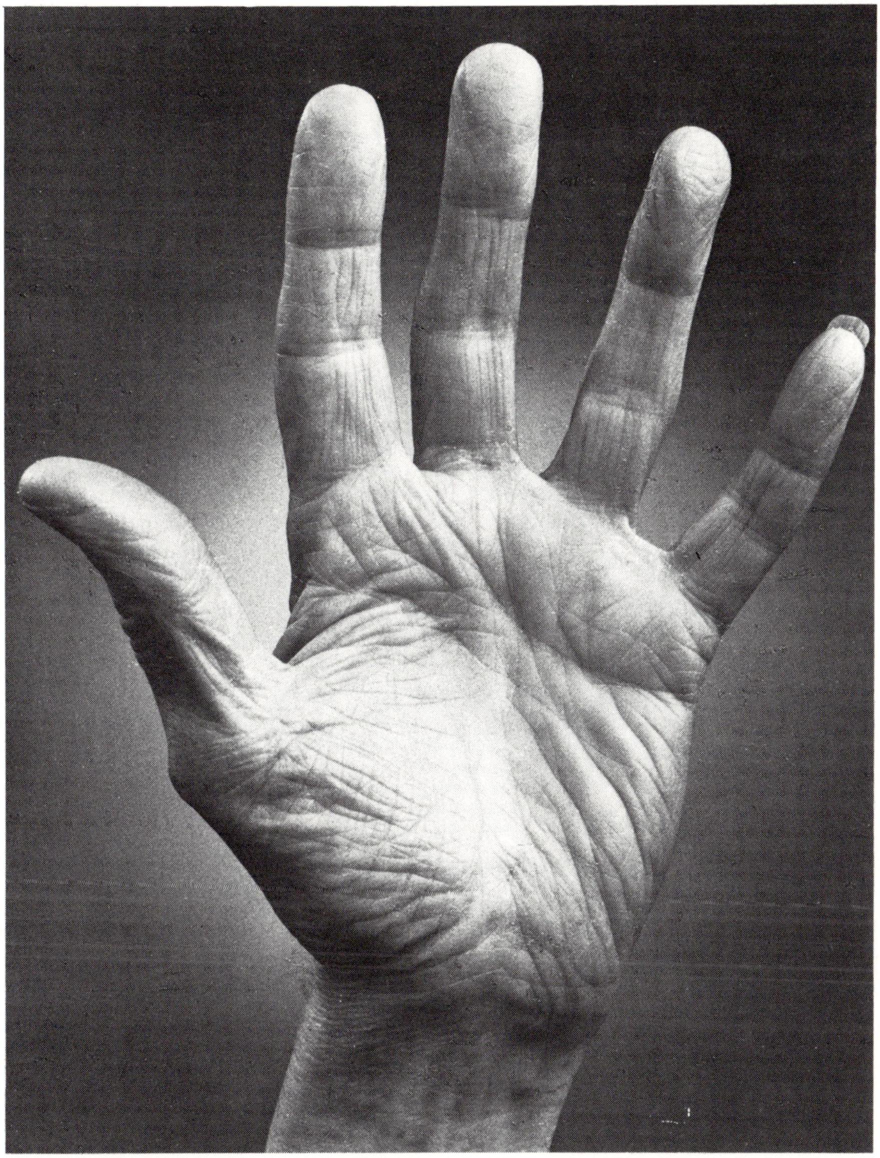

Erich v. Beckerath

15. 12. 1891 – 16. 5. 1981

Die Belegung der Tierkreisgrade mit Namen und Symbolen

Grade	Haus	Zeichen	Symbol	Regent	Symbol
0–30	I	Widder	♈	Mars	♂
30–60	2	Stier	♉	Venus	♀
60–90	3	Zwillinge	♊	Merkur	☿
90–120	IV	Krebs	♋	Mond	☽
120–150	5	Löwe	♌	Sonne	☉
150–180	6	Jungfrau	♍	Merkur	☿
180–210	VII	Waage	♎	Venus	♀
210–240	8	Skorpion	♏	Pluto	♇
240–270	9	Schütze	♐	Jupiter	♃
270–300	X	Steinbock	♑	Saturn	♄
300–330	11	Wassermann	♒	Uranus	⛢
330–360	12	Fische	♓	Neptun	♆

Die Häuser gelten nur als Schema. Sie sind individuell verschieden und hängen davon ab, welches Tierkreiszeichen im Augenblick der Geburt am östlichen Horizont aufsteigt.

Hand und Horoskop: Das GIH-System

Die Planetenhand

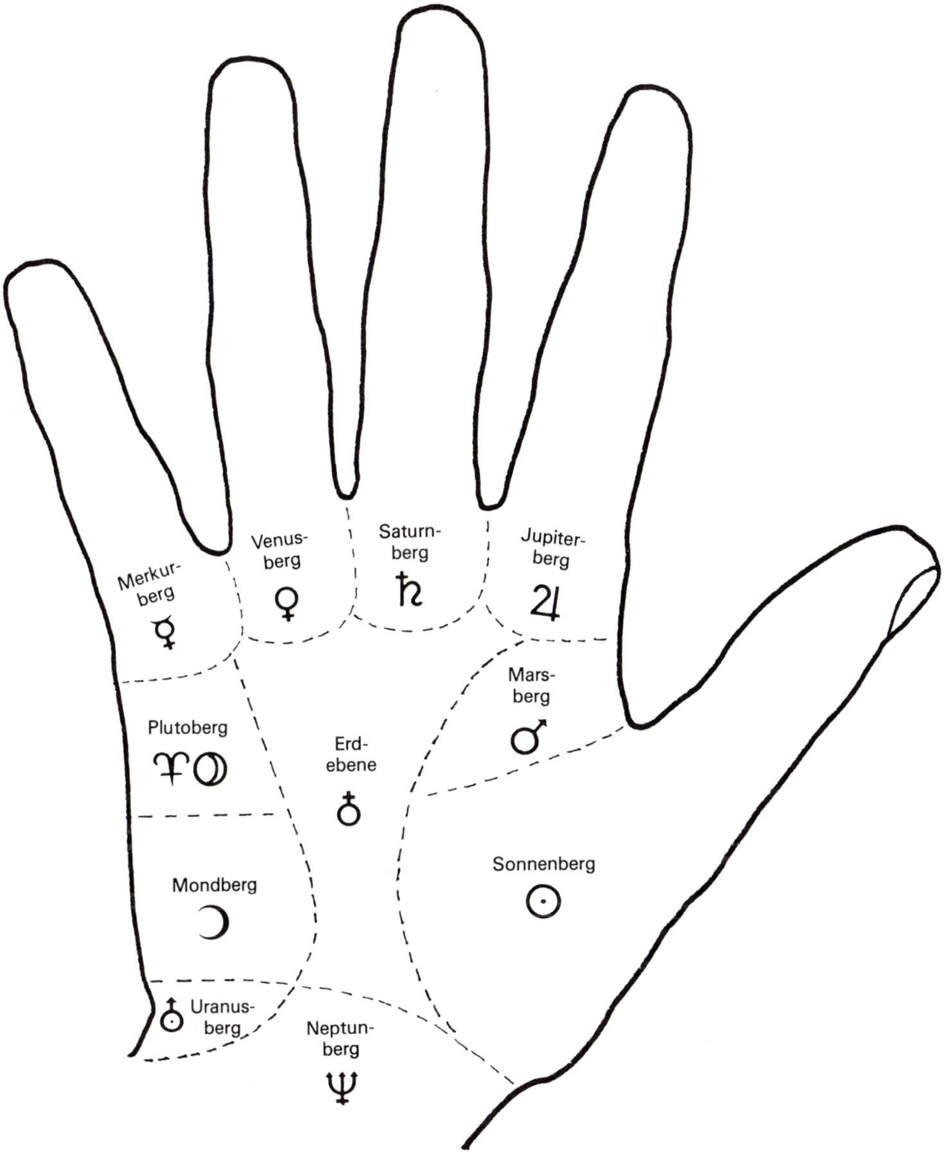

Hand und Horoskop: Das GIH-System

Tierkreiszeichen in Handfläche und Fingern

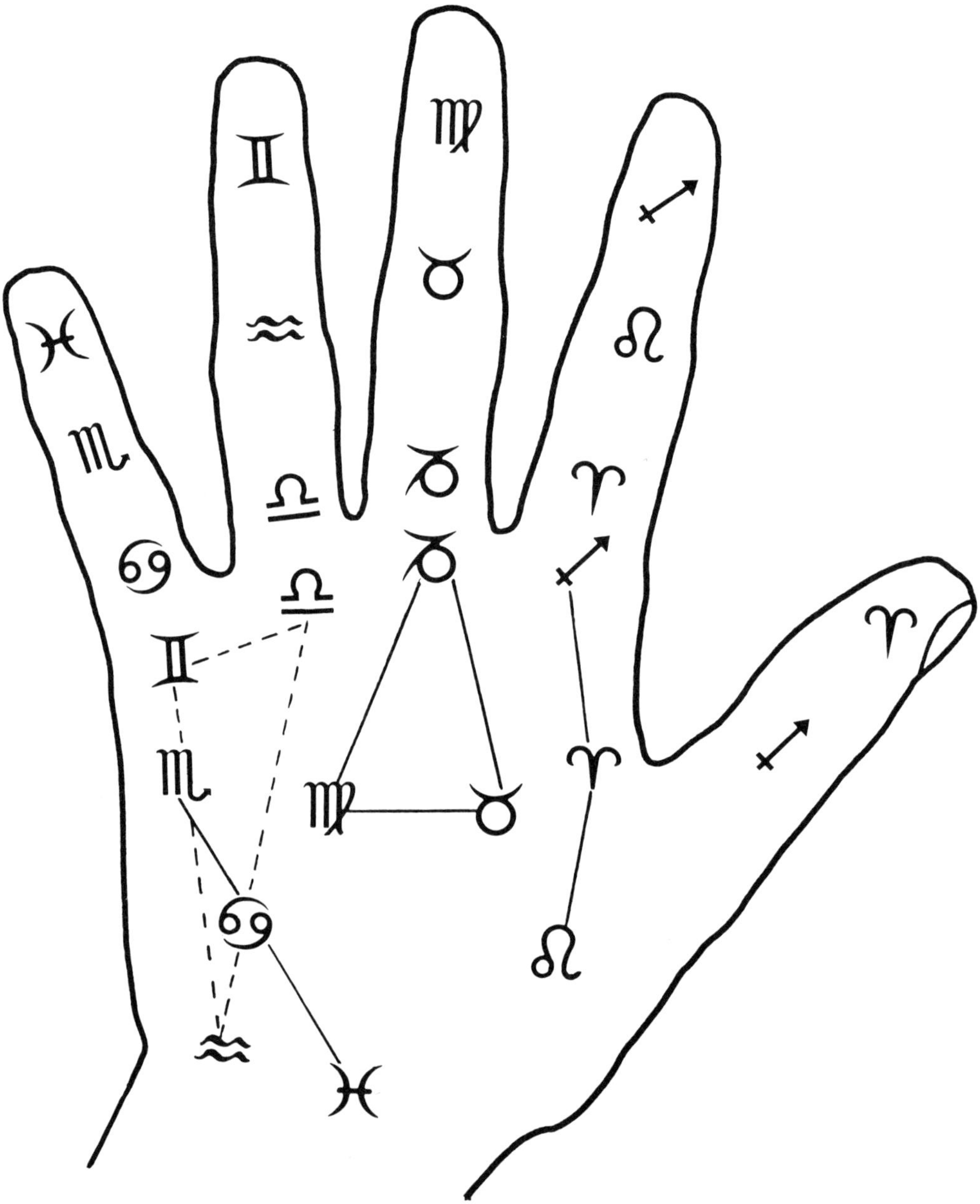

Hand und Horoskop: Das GIH-System

Die Handfläche: Die Trigone der Elemente

Feuer: Auf der aktiven Seite der Hand liegen die Tierkreiszeichen Widder, Löwe und Schütze: das Feuertrigon.

Erde: Im Bereich der Handmitte befinden sich die realitätsbezogenen Tierkreiszeichen Stier, Jungfrau und Steinbock: das Erdtrigon.

Luft: Auf der Ulnarseite, der *Du*-Seite liegen die Tierkreiszeichen Zwillinge, Waage und Wassermann: das Kontakt- oder Lufttrigon.

Wasser: Größtenteils im unbewußten Teil der Hand, dem passiven weiblichen Bereich, befinden sich die Tierkreiszeichen Krebs, Skorpion und Fische: das Wassertrigon.

Nach dem Prinzip wie oben so unten, in diesem Falle wie unten so oben, müssen sich die Tierkreiszeichen der Handfläche entsprechend in den Fingern wiederholen.

Die Finger: Das kardinale, fixe und bewegliche Kreuz

	Grundglied	Mittelglied	Nagelglied
	kardinal	fix	beweglich
Zeigefinger	Widder	Löwe	Schütze
Mittelfinger	Steinbock	Stier	Jungfrau
Ringfinger	Waage	Wassermann	Zwillinge
Kleinfinger	Krebs	Skorpion	Fische

Der Daumen nimmt eine Sonderstellung ein. Er bildet den «Kopf» der Hand und zeigt im Nagelglied das Kardinal- und Willenszeichen Widder, im zweiten Glied die vernünftige veränderliche Angepaßtheit des 9. Hauses = Schütze und im Grundglied das fixe 5. Haus = Sonnenzeichen Löwe als Triebgrundlage. Die Regenten dieser Zeichen Mars, Jupiter und Sonne sind Antriebs- und Durchsetzungssymbole, Jupiter im Sinne zu optimalen Leistungen antreibend.

Die Zuteilung der Wasserzeichen zum Kleinfinger mag überraschen. Der Kleinfinger hat aber viel mit dem Unbewußten zu tun, und astrologisch gesehen ist es nur Merkur, der sich allen Planetenprinzipien und Tierkreiszeichen anzupassen vermag, d.h. immer deren Färbung übernimmt. Was das Tierkreiszeichen *Fische* im Nagelglied des Kleinfingers betrifft, so beobachtete der Neurologe Henry Head eine Parallele zwischen Fuß und Kleinfinger. Das Tierkreiszeichen *Skorpion* hat mit den Geschlechtsdrüsen zu tun, und es ist erwiesen, daß bei sexueller Unterentwicklung und bei Mongoloismus der Kleinfinger Unförmigkeiten aufzeigt. Bei Mongoloismus ist der 5. Finger meistens zu spitz, zu kurz oder hat nur zwei Glieder. Zum Tierkreiszeichen *Krebs* im Wurzelglied ist zu sagen, daß viele Chiromanten die Gebärfähigkeit der Frau im Grundglied des Kleinfingers suchen.

Hand und Horoskop: Das GIH-System

Die astrologischen Häuser

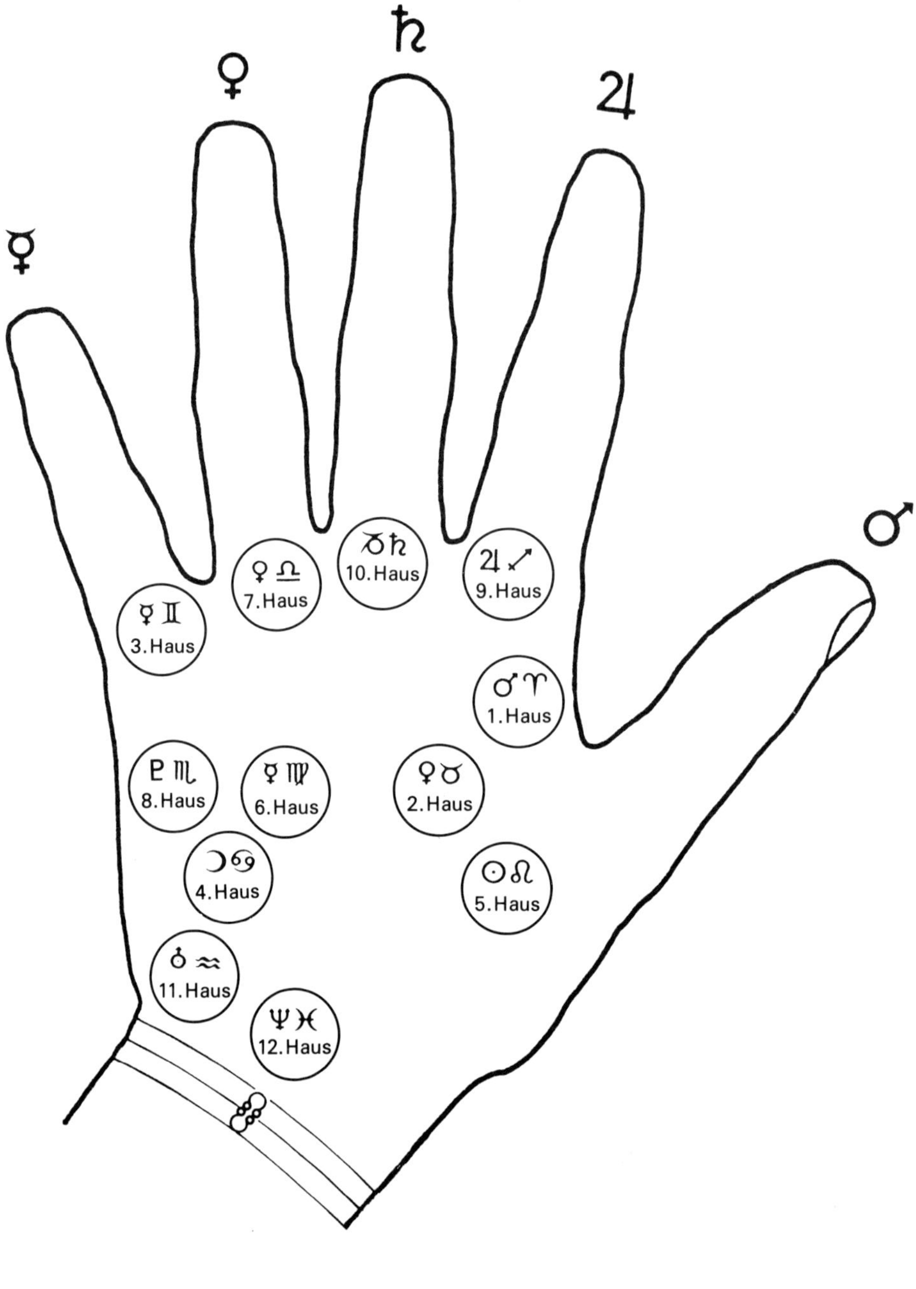

Das Geburtsbild der Autorin

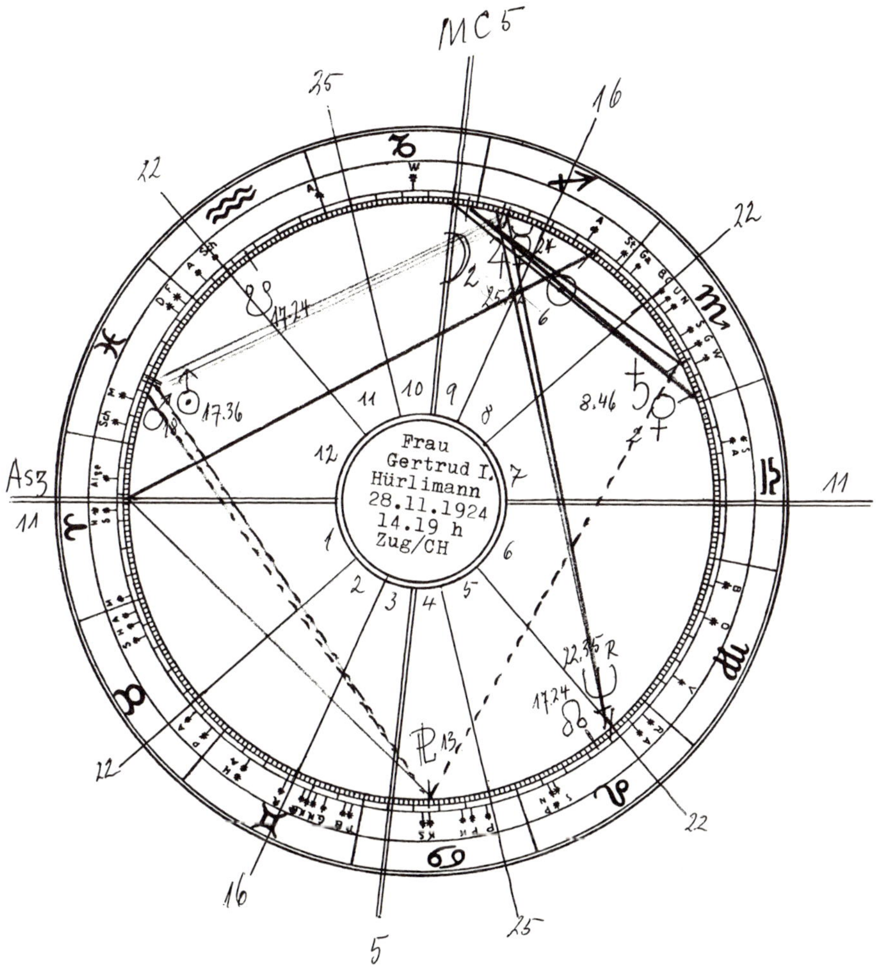

Knapper Umriß einer Horoskopdeutung
Für Frau Gertrud I. Hürlimann, Zürich
geb. 28. November 1924, 14.19 h, Zug/CH

Deutungstext gemäß der klassischen Methode	*Begründung*
Wacher aufgeschlossener Typ, lebendige Geisteshaltung	Sonne im Feuerzeichen Schütze, Ascendent Widder, Sonne Trigon Ascendent (die Eigenschaften von Sonne im Schützen und Widder müssen als bekannt vorausgesetzt werden)
Bemerkenswertes Interesse und Befähigung für höhere geistige Dinge, hohe Moralität, charakterliche Aufrichtigkeit, starkes Gerechtigkeitsgefühl	Das Zeichen Schütze steht hoch am Himmel, nahe MC, und ist besetzt durch Sonne, Jupiter und Merkur; Merkur und Jupiter erhalten ein Trigon des Neptun im Löwen von Spitze VI. Jupiter und Merkur stehen hierbei in IX!
Spezielle Befähigung für psychologische und chirologische Gebiete, die durch klare Erfolge gekrönt sind	Der Psychologenplanet Neptun steht im Trigon zu Jupiter und Merkur im Schützen in IX. Merkur als Herr des Luftzeichens Zwillinge, das Arme und Hände beherrscht, nimmt an diesem Trigon teil (Merkur = Hände). Den astrologischen Regeln nach assimilieren sich die Eigenschaften des Merkurs mit denen des Jupiters durch die Konjunktion. Bester und erfolgreichster Aspekt des ganzen Horoskopes
Die beruflichen Arbeiten werden mit großem Fleiß, größter Aufmerksamkeit und größtem Verantwortungsgefühl durchgeführt	Das 10. Haus (Beruf) liegt im Steinbock, dessen Herr Saturn in Konjunktion mit Venus im Skorpion steht. Beide bilden ein schönes Sextil (Venus exakt) zum Mond, der (noch in IX) den Steinbock besetzt. Das Sextil zwischen Mond und Saturn (mit Venus) garantiert Gründlichkeit und Ernsthaftigkeit der beruflichen Arbeiten

Verstärkung der psychologischen und chirologischen Arbeiten mit entsprechenden Erfolgen

Die Konjunktion des aufsteigenden Mondknotens mit Neptun Spitze VI (Arbeit) stützt die genannte Befähigung

Bemerkenswerte Beziehungsmöglichkeit zum Publikum, zur Öffentlichkeit, zu Frauen, insbesondere zu hilfe- und ratsuchenden Frauen und Mädchen. Diesen gegenüber besteht die ständige Hilfsbereitschaft, das soziale Verständnis für ihre seelische Lage und die Geeignetheit zu einer richtigen Beratung

Mond am MC in Steinbock deutet auf die Beziehung zur Masse, zu Frauen; Sextil Saturn/Venus auf die erfolgreiche Beziehung zu diesen. Das soziale Verständnis und die Hilfsbereitschaft ergeben sich aus dem Jupiter in seiner stärkstmöglichen Position, unterstützt durch die Schützesonne, deren Dispositor Jupiter ist. Mond im Steinbock Sextil Saturn deutet auf den Ernst und die Zuverlässigkeit der entsprechenden Arbeiten

Das Horoskop ergibt ferner eine klare starke Befähigung für graphologische Arbeiten

Merkur als Herr der Schrift steht mit dem starkstehenden Jupiter zusammen und nimmt an dessen Erfolgen teil

Man erkennt aus dem Horoskop die Möglichkeit erfolgreicher Beziehungen zu Behörden, höheren maßgebenden Institutionen, sozial höherstehenden Personen, Ämtern. Solche Beziehungen würden das Ansehen vermehren und berufliche Erfolge stützen

Dies ergibt sich aus der durch astrologische Erfahrung gesicherten Analogie zu höheren staatlichen Stellen und den damit zusammenhängenden Personen

Das aus dem Horoskop ersichtliche ernste Forschen, der starke Sinn für Geheimnisvolles und Verborgenes, macht die beruflichen Arbeiten besonders wertvoll. Die genannten Befähigungen und Eigenschaften dürften bis ins hohe Alter erhalten bleiben

Saturn im Skorpion deutet nach astrologisch gesicherter Erfahrung auf ein tiefes Forschen, Geheimnissen nachzuspüren. Dies wird durch den Geburtsgebieter Mars in XII, der im Bezirk der Geheimnisse steht, unterstützt. Bei Anerkennung genügender Orbisweite kann man hier noch ein Trigon der in XII stehenden Konjunktion Mars/Uranus zum Pluto im Krebs in IV zulassen. Alter = IV, dort steht Pluto in schwachem Aspekt einerseits zu Mars/Uranus, andererseits zu Saturn/Venus in VII, in beiden Fällen erfolgversprechende Trigone

(Erich von Beckerath,
Vom Deutschen Astrologenverband zum Altmeister der Astrologie ernannt)

Anmerkungen zum Buch

1) Spiesberger, Karl: Die Aura des Menschen, Hermann Bauer Verlag, Freiburg i. Br. 1963.
2) Leadbeater, C. W.: Die Chakras, Hermann Bauer Verlag, Freiburg i. Br. 1965.
3) Sterneder, Hans: Der Schlüssel zum Tierkreisgeheimnis und Menschenleben, Drei Eichen Verlag, Hermann Kissener, München 1956.
4) Long, Max Freedom: Kahuna Magie, Hermann Bauer Verlag, Freiburg i. Br. 1966.
5) Beckerath, Erich: Geheimsprache der Bilder, Iberaverlag, Wien 1984.
6) Walter, Hans-Jörg: Entschlüsselte Aspektfiguren, Ebertin Verlag, Freiburg i. Br. 1981.
7) Ebertin, Reinhold: Kombination der Gestirneinflüsse (KdG), Ebertin Verlag, Aalen/Württ. 1940/50.
8) Glas, Norbert: Die Hände offenbaren den Menschen, J.C. Mellinger Verlag, Stuttgart 1966.
9) Steindamm-Ackermann, Hugo & Elsbeth: «Hand und Persönlichkeit», A. Marcus & E. Weber's Verlag, Berlin W 35, 2. Auflage 1947.

Literaturhinweise

Bauer, Paul: Die Sprache der Hände, H. E. Günther-Verlag, Stuttgart 1950.
Brobeck, Fr.: Die Physiognomie der Hand, Helioda-Verlag, Zürich.
– Das «M» in unserer Hand, Helioda-Verlag (1974).
Buttkus, R.: Die Rätsel der Hand, Hermann Bauer Verlag, Freiburg i. Br. 1968.
Debrunner, Hugo: Seelisch bedingte Fuß- und Handlinien, Z. Der Psychologe (1951).
– Männliche und weibliche Fußfurchenbildung, Z. Der Psychologe (1951).
– Vergleiche zwischen Fuß- und Handabdruck, Z. Der Psychologe (1951).
– Schicksalsweg, Träume und Furchenbild, Z. Der Psychologe (1953).
Debrunner, Ingo: Morphologischer Bauplan der ballenbedingten Handfurchen bei Primaten, Z. Antrop. Morph. (1955).
Ebertin, Reinhold: KdG, Kombination der Gestirneinflüsse, Ebertin-Verlag.
– Kosmopsychologie, Ebertin-Verlag.
– Anatomische Entsprechungen der Tierkreisgrade, Ebertin-Verlag.
Ehrlich, Miska M.: Lehrbuch der wissenschaftl. Handlesekunst, Chirome Verlag, München 1951.
Erne, Hans: Über das Papillarleistensystem und die Palmafurchen in Familien mit einem oder mehreren Fällen von Mongoloismus, Dissertation, Zürich 1953.
Freimark, Hans: Wie deute ich mein Schicksal aus Form und Linien der Hand, Verlag W. Vobach, Berlin, Leipzig, Wien, Zürich.
Gärtner, Fritz: Kosmische Psychologie, Saeculum-Verlag, Memmingen.
Geipel, Georg: Anleitung zur erbbiologischen Beurteilung der Finger- und Handleisten (vergriffen).
Glas, Norbert: Die Hände offenbaren den Menschen, Mellinger-Verlag, Stuttgart.
Heide, Fr. C.: Die Sprache der Hand, ABC der Chirologie, Verlag und Vertrieb «Sonne», Köln.
Hirsch, W.: Hautleisten und Krankheiten, Grosse Verlag, Berlin.
Hiteshew, Frank & Brady, Martha: Lies Dein Schicksal aus der Hand, Falken-Verlag, Berlin.
Huber, B. + L.: Der Mensch und seine Welt, API-Verlag, Adliswil.
Hutchinson, Beryl: Your life in your hands, Sphere books, London.
Issberner-Haldane: Chirosophie, Hermann Bauer-Verlag, Freiburg i. Br.
– Die medizinische Hand- und Nagel-Diagnostik, Otto Zluhan.
Kurth, Hanns: Menschenkenntnis auf den ersten Blick, Ariston-Verlag.
Lausch, E.: Manipulation: Der Griff nach dem Gehirn, dva.
Laveuve, Ludwig: Astrologie im neuen Licht, Drei-Eichen-Verlag, München.
Lawrance, Myrah: Handanalyse, Ramon F. Keller Verlag, Genf.
Leadbeater, C. W.: Die Chakras, Hermann Bauer-Verlag, Freiburg i. Br.
Lewis, Ursula: Horoskope selbst gestellt, Krüger-Verlag.
Leo, Alan: Esoterische Astrologie, Ansata-Verlag, Schwarzenburg.

Lomer, Georg: Die Sprache der Hand, H. Baumgartner, Warpke-Billerbeck.
Long, Max Freedom: Kahuna-Magie, Hermann Bauer-Verlag, Freiburg i. Br. 1966.
Mangin, Henri: Wie die Hand – so der Mensch, Rascher-Verlag, Zürich.
– Medizinische Hand-Diagnostik, Rascher-Verlag, Zürich.
– Die Hand, ein Sinnbild des Menschen, Rascher-Verlag, Zürich.
Morgan, J. M.: Hände und Charakter, F. S. Herbig, München, Berlin.
Nestler, Julius: Lehrbuch der Chiromantie, Verlag Max Altmann, Leipzig 1922.
Nürnberger, C. W.: Medizinisch-wissenschaftliche Diagnose aus der Hand. Arkana-Verlag, Heidelberg 1979.
Oerterer, Manfred: Chirologie, Ein Lehrgang zum Selbststudium, München.
Pakraduny, T.: Die Welt der geheimen Mächte, H. Löwit, Wiesbaden.
Papus: Comment on lit dans la main, Librairie Ollendorf, Paris 1895.
Platon: Das Gastmal, Goldmann Nr. 560.
Remplein, Heinz: Psychologie der Persönlichkeit, E. Reinhardt Verlag, München 1965.
Riemann, Fritz: Lebenshilfe Astrologie, Pfeiffer, München.
Ring, Thomas: Tierkreis und menschlicher Organismus, Ebertin-Verlag.
– Astrologische Menschenkunde, Bauer Verlag, Freiburg i. Br.
– Kombinationslehre, Bauer Verlag, Freiburg i. Br.
Roberts, Jane: Gespräche mit Seth, Ariston-Verlag, Genf.
Spiesberger, K.: Die Aura des Menschen, Hermann Bauer Verlag, Freiburg i. Br.
Spring, Rudolf: Kosmisches Handlesen, Eigenverlag, Zürich.
Steindamm, Hugo & Ackermann, Elsbeth: Mysterium Mensch, Eine Einführung in die Psychologie auf Grund der Hand, E.O. Erdmenger, Berlin/Leipzig 1938.
– Hand und Persönlichkeit, A. Marcus & E. Weber's Verlag, Berlin W 35, 2. Auflage 1947.
Sterneder, Hans: Der Schlüssel zum Tierkreis-Geheimnis und Menschenleben, Drei Eichen Verlag Hermann Kissener, München 9.
Walter, H. J.: Entschlüsselte Aspektfiguren, Ebertin-Verlag.
Werle, Fritz: Kosmos und Psyche, O. W. Barth-Verlag, Weilheim.
Wolff, Charlotte: Die Hand des Menschen, O. W. Barth-Verlag, Weilheim.
Wolff, Hellmut: Gib Deine Hand, Otto Walter-Verlag, Olten.
– Horoskopie und Handexpertise, Eigenverlag, München.

Hinweise

Fotos	Helga Weber-Kahlo, Oberrüti/AG (außer Hände Erich von Beckerath) Die Wiedergabe der embryonalen Aufnahmen geschieht mit freundlicher Genehmigung des Anatomischen Institutes Zürich
Zeichnungen	Gertrud I. Hürlimann (ausgenommen Fingerleisten-Schemata)
Material aus Archiv H. Debrunner, Biberstein/AG	Handabdruck: Croiset Seite 73, mongoloides Mädchen Seite 87, Tänzer Alexander von Swaine Seite 87, Fußabdruck des Tänzers Jan Been, Seite 187
Material aus Archiv Maria Manns, Cloppenburg	Hand mit zwei Kleinfingergliedern Seite 188, Aufnahme Foto Meiners, Cloppenburg
Gestaltung	Gertrud I. Hürlimann
Druck	Gasser AG, 7000 Chur

Ein methodisch aufgebautes Lehrbuch mit astronomischen Grundlagen
Format 17 × 24 cm, gebunden mit Schutzumschlag
351 Seiten, ca. 100 Abbildungen, zum Teil vierfarbig
ISBN 3-7214-3002-6
Fr. 34.—, DM 38.—
1. Auflage 1983
2. Auflage 1983
3. Auflage 1984

GERTRUD I. HÜRLIMANN

Astrologie

Dieses Buch von Frau G. I. Hürlimann gibt dem astrologieinteressierten Leser ein wirkliches Arbeitsinstrument in die Hand. Dieses Buch bildet die echte Grundlage, bevor man sich weiteren Studien zuwendet und mit den verschiedenen Richtungen der Astrologie arbeitet.

M&T Verlag AG, 8040 Zürich

M&T Verlag AG

M&T Verlag AG, 8040 Zürich

M&T Verlag AG

Expeditionen ins Reich der Fühligkeit
Format 17 × 24 cm
Gebunden mit SU
200 Seiten
S/w-Illustrationen
ISBN 3-7265-3021-5
Fr. 38.–, DM. 44.–

THEO OTT

Sie leben mit dem sechsten Sinn

In seinem neuen Buch läßt uns der Autor durch einen ganz persönlichen und sehr spannenden Erfahrungsbericht teilhaben an dem allmählichen Erwachen der ins Abseits verdrängten Sinne – wie die Sensibilität für Empfindungen, die Intuition, die zum ganzen Menschen gehörende Fühligkeit.

M&T Verlag AG, 8040 Zürich